国際移動時代の
国際結婚

日本の農村に嫁いだ中国人女性

賽漢卓娜
Saihanjuna

勁草書房

はしがき

　国際移動が頻繁に行われるようになった今日、国際結婚はもはや空の彼方の存在ではなくなり、わたしたちの周りでも日常的に発生しうる身近な事柄となってきている。とはいえ、国際結婚といっても、欧米人と日本人のカップルか、それともアジア人と日本人のカップルか、自由恋愛結婚かそれとも見合い結婚か、あるいは仲介業者経由の結婚か、さらにカップルが農村に居住するのかそれとも都市に居住するのか、などのさまざまな要素によって国際結婚の中身は多様になっている。

　こうした新しい現象に対する関心が高まり、近年は日本でも国際結婚に関する専門的研究が増えている。ただし、日本人男性と結婚する欧米人女性や外国人男性と結婚する日本人女性に関する研究と、日本人男性と結婚するアジア人女性の研究とを比較すると、それぞれの研究の基本的視点がかなり異なっていることがわかる。とりわけ、日本人男性と結婚したアジア人女性に関するほとんどの研究は、日本社会側から彼女たちを分析しようとしている。そのまなざしは、異文化を経験する当事者であるアジア人女性自身の姿にはあまり向けられず、むしろ地域社会、往々にして村社会、さらに日本人家族に焦点がより当てられている。こうした基本的視点の特徴は、研究アプローチの違いをも物語っている。欧米人「妻」や日本人「妻」に関する検討は、個人の文化体験をより重視する「異文化適応」研究と名付けるならば、アジア人「嫁」に関する検討は、日本社会への一方的な適応を強いられる過程を記述する「同化」研究と称するべきであろう。

　このように、アジア人女性と日本人男性の国際結婚に関する研究は、日本国内の視点に設定されており、かつ、その出身国や出身地域にかかわらず、アジア人女性をひとくくりに捉えがちであり、アジア人女性を主体的な「行為者」

として把握してこなかった。そのため、アジア人女性たちは受動的な「被害者」や「判断力喪失者」として扱われ、彼女たちが主体として持つさまざまな側面は日本の国際結婚研究において見落とされてきた。それだけに、これまでの「同化」研究を乗り越えるには、結婚移民を移動する主体として把握し、主体の生活意識を実証的に明らかにする必要がある。

そこで本書は、日本の国際結婚において、相手側の外国人のなかで数が最も多い中国人女性結婚移民に焦点をあて、日本の都市近郊農村で行われている国際結婚を社会学的に分析する。分析枠組みは次の３点である。①送り出し国から受け入れ国への移動、②行為者としての結婚移民の行動、③行為者自身の移動に関する解釈と物語り。

そして方法論としては、ⓐ中国人女性結婚移民の送り出し側である中国の出身地域と、受け入れ側である日本都市近郊農村の双方での長期間にわたるフィールドワークに基づき、ⓑ中国人女性の「ライフストーリー」を中心にして質的・量的諸資料を収集し、ⓒ彼女たちの移動のプロセスとそれを取り巻く両国の社会・文化環境の仕組みを多角的に検討する。ⓓ研究のなかでは、調査対象者とのラポール関係をとりわけ重視している。

さらに、分析し考察するうえで重視するのは、日中両方の社会構造や文化の違いを背景に存在する、排除や周辺化、同化といったポリティクスである。具体的には次のような構造を指摘するであろう。

女性結婚移民は、出身社会で何らかの不利な生得的地位をリセットし、結婚によって獲得的地位を得てやり直すことを期待して、上昇婚というべき国際結婚による移動を選択した。しかし、移動先社会において彼女たちは、都市─農村（場合によって中国の都市─日本の農村）、男性─女性、日本人─外国人、マジョリティ─マイノリティの諸関係に直面しなければならない。この移動により、本国のそれとは異なる、さらなる周辺化を経験する恐れも待ち伏せている。それでも、女性たちは「被害者」というのではなく、多重に周辺化された状況に応じて、主体的かつ戦略的に行動する行為者であり、「強い移民」ともなるのである。

本書は以上のような研究方針を踏まえながら、「国際結婚」研究の刷新を目指すものである。本書の全体の構成は以下の通りである。

第Ⅰ部では、日本における国際結婚の先行研究を批判的に整理するなかで、調査対象者である女性結婚移民を主体性のある「行為者」として捉えることの重要性を確認し、本書における国際結婚研究の基本的視点を提示する。

　第Ⅱ部では、日本へ移動してきた中国人女性の国際結婚に伴う経験を浮き彫りにするため、中国と日本の家族理念、女性を取り囲む社会構造を分析し、グローバル化時代の中国人女性のクロスボーダー的な結婚移動と、受け入れ国・地域の現状をマクロ的に把握する。

　第Ⅲ部では、フィールド調査で出会った中国人女性結婚移民のより具体的な「ライフストーリー」を、彼女たちの「国際結婚」を選択する過程、移動後の「農家の嫁」への適応過程、子どもへの教育戦略と彼女たちがもつ将来の展望、のそれぞれについて、日本の近郊農村に嫁いできた中国人女性家庭での長期の参与観察に基づき、彼女たちの語りに立脚して、考察していく。

　最後に、以上の考察を通して、女性結婚移民の周辺化の解消や受容性の高い社会に向けていかなる提言ができるかについて、受け入れ社会および送り出し社会の政府、自治体、NPO団体、日本人家族、結婚移民自身それぞれの課題を指摘する。

　なお本文中では、プライバシー保護のために、仮名を使用し、本質に及ばない範囲で一部データを改変した部分があることを事前にお断り申し上げたい。

国際移動時代の国際結婚
日本の農村に嫁いだ中国人女性

目　次

はしがき

第Ⅰ部 「国際結婚」研究への視角

序　章　課題の設定……………………………………………………3
　第1節　国際結婚をめぐる状況……………………………………3
　第2節　農村の外国人「嫁」問題 ………………………………9
　第3節　「国際結婚」の表記………………………………………12
　第4節　本書の構成 ………………………………………………14

第1章　「国際結婚」に関する先行研究……………………………19
　第1節　「国際結婚」研究の動向──外国人「妻」をめぐって………19
　第2節　「異文化」間の「国際結婚」……………………………23
　　　　　──欧米人「妻」と日本人「妻」に関する研究
　第3節　「同化」的な「国際結婚」──アジア人「嫁」……………29
　第4節　先行研究の特徴と枠組み…………………………………34

第2章　「国際結婚」研究の視点と枠組み …………………………40
　第1節　「国際結婚」研究の課題…………………………………40
　第2節　分析の枠組み ……………………………………………44
　第3節　「国際結婚」研究におけるライフストーリー法 ………53
　第4節　フィールド調査の概要 …………………………………57

第Ⅱ部 「国際結婚」の送り出し側と受け入れ側

第3章　中国の伝統と「国際結婚」に至る背景……………………69
　　　　　──送り出し側のプッシュ要因

第1節	中国の婚姻と家族	69
第2節	周辺化された女性たち	73
第3節	「渉外婚姻」と中国からみた中日「国際結婚」	78
第4節	誰が海を渡る花嫁となるのか	82

第4章　日本の農村と「家」——受け入れ側のプル要因　86

第1節	「家」と「村」	86
第2節	「家」の矛盾と農家の女性	90
第3節	「国際結婚」をもたらす背景——日本におけるプル要因	93
第4節	裕福になった近郊農村——A市について	96

第Ⅲ部　移動する中国人女性のライフストーリー

第5章　中国人女性の「周辺化」と結婚移動　103

第1節	女性結婚移民——移動する者としての視点	103
第2節	調査概要および調査対象	104
第3節	中国人女性結婚移動の要因	106
第4節	中国人女性結婚移民の周辺化	117

第6章　中国人「農家の嫁」の準拠集団選択　126

第1節	「農村の嫁」の適応問題 ——人間関係と準拠集団の結びつき	126
第2節	調査概要および調査対象	129
第3節	相互作用における準拠枠の葛藤	132
第4節	準拠枠の変化と準拠集団の選択	139

第7章　子どもへの教育戦略と「移動の物語り」……………146
　第1節　「国際結婚」における外国人母親 ……………………146
　　　　　──子育てを捉える視角
　第2節　調査概要および調査対象 ……………………………151
　第3節　中国出身母親の教育戦略 ……………………………155
　第4節　教育戦略の映し鏡としての「移動の物語り」………166

終　章　日本における中国人女性の「国際結婚」……………172
　第1節　本書の要約 ……………………………………………172
　第2節　理論的インプリケーション …………………………176
　第3節　実践的インプリケーション …………………………182
　第4節　今後の研究課題 ………………………………………192

引用・参考文献 ……………………………………………………197
あとがき ……………………………………………………………207
人名索引 ……………………………………………………………211
事項索引 ……………………………………………………………213

第Ⅰ部
「国際結婚」研究への視角

序　章

課題の設定

　本書は、中国人女性と日本の都市近郊農村の男性との結婚をめぐる状況、とりわけ女性の国境を越えた移動に伴う社会と個人、マジョリティとマイノリティ、男性と女性の軋轢や葛藤の諸相を明らかにし、それらをもたらす背景を浮き彫りにすることを目的とする。

　上記の問題意識のもとで、本書は、「国際結婚」の現状と先行研究の結果を踏まえて、中国人女性が「国際結婚」を選択する過程、移動後の適応過程、彼女たちがもつ将来の展望を取り上げる。その上で、女性結婚移民の周辺化された状況、生き延びるための妥協や戦略とその多様性を考察し、複合的マイノリティとしての移民女性の結婚移動における問題点を整理し、さらに改善のための提案を試みる。

　以下、序章では、国際結婚をめぐる状況を紹介した上で、農村の外国人花嫁の問題と国際結婚の表記における問題を示し、最後に本書の構成を提示していく。

第1節　国際結婚をめぐる状況

（1）　日本における「国際結婚」

　高度経済成長期以降、多数の外国人がさまざまな理由で来日するようになっている。とりわけ、近年のグローバル化の波に押され、国境を越える人的移動はさらに頻繁になってきている。日本人の渡航や訪日する外国人の増加のもと、日本人と外国人との「国際結婚」も増え続けている。しかし、「国際結婚」の

増加、とくに日本人男性とアジア系外国人女性との婚姻の増加現象には、国際移動がもたらした人の移動により出会い結ばれた結婚だけでなく、お見合い結婚の国際版として、男性の結婚難から生み出された「国際結婚紹介所」の介在で作り上げられた「国際結婚」が含まれ、しかも急増している。こうした状況に起因して、「国際結婚」はもはや都会だけではなく、過疎化が進んでいる農山村でも決して珍しくなくなっている。

戦後の「国際結婚」の歴史を遡ると、1966年日本国内で届け出のあった日本人と外国籍者の結婚の婚姻件数は3976件であり、その年度の婚姻総件数の0.4％に過ぎなかった。1983年に1万件を超え、婚姻全体に占める割合も1.4％となり、1989年には2万2843件に達して、初めて3％台となった。平成に入って以降3％台を維持し、1990年代において、「国際結婚」は珍しくなくなった。2001年になると3万9727件まで増加して婚姻総件数の5％に達し、ついに2006年に4万4701件となり、婚姻総件数の6.1％まで上昇した。ただ、2009年に3万4393件で婚姻総件数の4.9％となり、上昇一方であったものにストップがかかった（厚生労働省人口動態統計2010）（表序―1）。それでも、現状の5％に近い割合は、40年前とは隔世の感がある。今後、増加、減少、それとも横ばいなのか、「国際結婚」件数変化の傾向に目が離せないところである。

「国際結婚」をするカップルの性別における特徴についてみると、1970年代半ばまでは、国際結婚は件数そのものが少ない上に、「妻が日本人で、夫が外国人」の比率が「夫が日本人で、妻が外国人」より高かった。そして、日本人女性の結婚相手は、米国を筆頭とする欧米人男性が圧倒的に多かったのである[1]。

そして、少しずつ「夫が日本人で、妻が外国人」の日本人婚姻総件数に占める比率が増加していき、1976年についに「妻が日本人で、夫が外国人」より多くなる（実数は1975年に逆転）。その後、比率の差は拡大して、「妻が日本人で夫が外国人」は1998年に1％台に乗ってからほぼ同じ水準で推移し2009年1.1％の比率にとどまっているのに対し、「夫が日本人で、妻が外国人」は1985年に1％を越えると最高時の2006年には4.9％に達し、2009年3.8％となった（厚生労働省人口動態統計2010）。このように、国際結婚全体の比率が増える中で、「夫が日本人で妻が外国人」の比率の伸びが著しい点は特徴的である。

表序―1 日本における「国際結婚」の推移

		1966年	1976年	1986年	1996年	2001年	2006年	2007年	2008年	2009年
婚姻登録総件数		940,120	871,543	710,962	795,080	799,999	730,971	719,822	726,106	707,734
夫妻とも日本人		936,144	865,221	698,433	766,708	760,272	686,270	679,550	689,137	673,341
夫婦の一方が外国人		3,976	6,322	12,529	28,372	39,727	44,701	40,727	36,969	34,393
夫日本人・妻外国人		1,056	3,467	8,255	21,162	31,972	35,993	31,807	28,720	26,747
妻の国籍	韓国・朝鮮	846	2,049	3,515	4,461	6,188	6,041	5,606	4,558	4,113
	中国	115	646	1,841	6,264	13,936	12,131	11,926	12,218	12,733
	フィリピン	…	…	…	6,645	7,160	12,150	9,217	7,290	7,290
	タイ	…	…	…	1,760	1840	1,676	1,475	1,338	1,225
	米国	43	163	218	241	175	215	193	215	179
	英国	…	…	…	88	93	79	67	59	56
	ブラジル	…	…	…	551	347	285	288	290	273
妻日本人・夫外国人		2,920	2,855	4,274	7,210	7,755	8,708	8,465	8,249	7,646
夫の国籍	韓国・朝鮮	1,108	1,564	2,330	2,800	2,477	2,335	2,209	2,107	1,879
	中国	166	229	349	773	793	1,084	1,016	1,005	986
	フィリピン	…	…	…	56	83	195	162	165	156
	タイ	…	…	…	25	55	54	68	51	58
	米国	1,433	604	896	1,357	1,416	1,474	1,485	1,445	1,453
	英国	…	…	…	234	267	386	372	363	367
	ブラジル	…	…	…	199	243	292	341	322	290

注:フィリピン、タイ、英国、ブラジルは、1991年まで「その他の国」に含まれる。1992年より、人口動態調査で、フィリピン、タイ、ブラジル、ペルーの個別データが加えられたことからも、日本人男女とも、外国人、とくにアジア系外国人の件数の増加が示唆される。
厚生労働省大臣官房統計情報部編『人口動態統計』、2010年より作成

　第二次世界大戦後、占領軍である米軍やその関係者と出会い、結婚する日本人女性が増加した。この時期までの「国際結婚」において、日本人女性は当時経済力などにおいて劣位であった日本から欧米へ移動するという傾向があった（石井 1995）。しかし、1970年代に入ってから状況が変わった。高度経済成長期を経て、経済発展を遂げた日本は、「周辺のアジア諸国に対して経済的に優位となり、『憧れ』の対象となった」のである（石井 1995：81）。

　一方、1975年以降の経済低成長の日本国内において、男性の社会上昇が容易ではなくなるが、他方で女性は依然として上の社会階層に属する男性と結婚するというハイパガミー（上昇婚）傾向に影響され、経済力の低い、あるいは

上昇の見込みが少ない男性を結婚相手として選ばない（山田 2000：94）。このような「結婚できずに余った層、経済力の低い男性」（山田 2000：94）は、経済力が低くても、発展途上国の女性にとっては「よりよく生まれ変わらせる」夢を与える。そのため、日本人男性と発展途上国に属するアジア系外国人女性との結婚が増える（山田 2000, 嘉本 2008）とされている。

　日本人男性の「国際結婚」における相手国を見てみると、中国は韓国・朝鮮を 1995 年に抜いてから 2005 年まで 1 位で、2006 年にわずかな差でフィリピンに 1 位を譲ったものの、2007 年以降再び 1 位に戻った（厚生労働省人口動態統計 2010)[2]（図序―1）。

　2006 年に日本人男性とフィリピン人女性との結婚が急増した原因は、国連女子差別撤廃委員会の最終意見やアメリカ国務省の人身取引報告書で監視リストに掲載されるなどの外圧があり、日本で 2004 年に「人身取引対策行動計画」が策定されたことが背景にある。具体的には、2005 年に「興行」の在留資格を得るための「外国の国若しくは地方公共団体又はこれに準ずる行使の機関が認定した資格を有すること」と基準が削除されたことに伴い、それまでの「興業」の在留資格で来日できなくなったフィリピン人が、「結婚」という形で来日したものと考えられている（東京新聞, 2006 年 3 月 23 日)[3]。これは一時的な現象で、2007 年にフィリピン人女性との結婚数は大幅に落ち込み、1 万 2000 件前後でほとんど変動がなかった中国が再び 1 位になった。

　また、外国人新規入国者数の統計によると、外国で結婚手続きをしてから入国する形態を含む、「日本人の配偶者等」の在留資格での入国者は、2009 年において中国人が 6251 人である（法務省入国管理局 2010）。同年の日本人男性と中国人女性との「国際結婚」が 1 万 2733 組であることを考えると、その半分弱が中国で結婚手続きしてからの入国であると推測できる。このように、中国人との日本人の結婚は、結婚の時点において、夫婦両者ともが日本国内に滞在するパターンと、中国で結婚してから中国人側が来日するパターンがあり、また、統計に反映されないが、夫婦両者とも中国に滞在するパターン、「国際結婚」に至るパターンが単一ではないことがうかがえる。

　なお、ブラジルからも「日本人の配偶者等」[4]での入国者が 2006 年には 6745 人いたが、日本経済が低迷した 2009 年には 483 人に減少していることか

図序―1　日本における外国人妻の国籍別増加数の推移

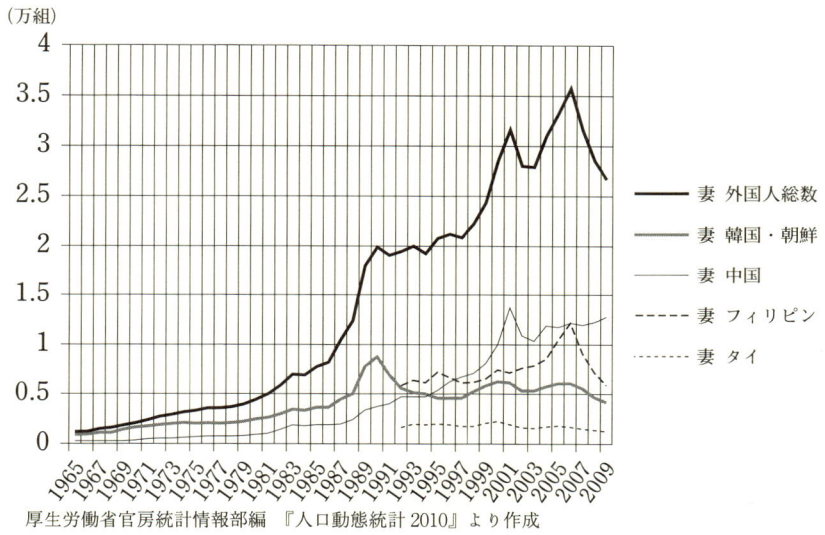

厚生労働省官房統計情報部編　『人口動態統計2010』より作成

らもわかるように、この数字の大半は日本人の子に当たる日系2世によるものであるため、日系人の来日の多い国について「日本人の配偶者等」の在留資格での来日者数を「国際結婚」の件数を示すものと把握することは妥当ではない。

(2)　日中間の「国際結婚」

以上の統計資料の分析から、日本人男性と中国人女性との婚姻件数が非常に多く、かつ急増していることがわかる。さらに、後述する日中国際結婚に関する研究の不足や、中国国内の複雑な状況や経済発展に伴う急速な社会変化が指摘できる。それゆえ、調査対象として詳細な分析を行う必要に迫られている。そこで、本書では、日中間の国際結婚に焦点を当て、日本人男性と中国人女性のカップルを研究対象とする。さらに、本書の研究対象は、文化背景やアイデンティティの違いなどをより浮き彫りにするため、国籍のみを判断要件とせず、研究対象者の日本人男性側については、いわゆるオールドカマーである在日中国人などの華僑と華人[5]を除く日本人とし、中国人女性側については、中国生まれ、中国育ちで成人[6]してから来日した中国人であることとした。したがっ

て、中国出身の女性は、たとえ現在帰化して日本国籍を取得している場合でも、本書の研究対象とみなす。

　日中国際結婚の歴史は、古い時代まで遡ることができるが、ここでは第二次世界大戦後に限ってみることにしよう。1945年の日中戦争の終戦以来、1972年に日中両国の国交正常化をめぐる「日中共同声明」が結ばれるまでの間、日本と中国の交流には空白に近い時期があった。その間、日中国際結婚はごくまれであり、年間300組以下の水準にとどまっていた。しかも、その場合の中国人のほとんどは、在日中国人であったと推測される。1970年代から、日中国際結婚は徐々に増え始めている。

　1970年代末以降の中国の改革開放に合わせたかのように増加し、日中国際結婚は1981年に1000組を超え、そして、その8年後の1989年には3000組を突破した（厚生労働省人口動態統計2010）。1990年代に入ると、その数はさらに急速に増加している。最も数が多かったのは2001年の1万3936組で、この時期は中国での国際結婚数が7万9000組と最も多かった時期に当たる。中国での国際結婚が4万9000組と減少してきた2009年現在でも「夫妻の一方が日本人で、一方が中国人」の数字は、日本では年間1万3719組と同水準を維持しており、「夫妻の一方が外国人」のトップとなっている（中国の現状については第3章第3節参照。なお、外国での結婚の場合には、一方の国に届出をしても他方の国に届出がされているとは限らないため、日本での結婚が必ずしも中国の統計に反映されていない場合がある）。その内訳は、「夫が日本人で、妻が中国人」が1万2733組であり、夫妻の一方が中国人である「国際結婚」の93％を占める（厚生労働省人口動態統計2010）。

　一方、日本における外国人登録上も中国人は増加しており、1991年に17万1071人（外国人登録全体のうちで14％）であったものが2009年には68万518人（同31.1％）へと18年間で4倍になっている。このうち、「日本人の配偶者等」の在留資格を有する人は、1996年3万9948人から2009年5万6510人と増加しており、これは他国と比較しても顕著である。最短で、結婚3年後に永住や帰化申請が可能になる。「永住者」数も、1996年3万376人であったものが、2009年15万6295人と大幅に増加している（法務省登録外国人統計2010）。

　このほかに中国人の帰化も無視できない集団を形成している。日本への帰化

数は、全体的に見ると、2000年から2009年の10年間で最も少ない2002年が1万3344人、一番多い2004年で1万6790人で、10年間合計15万1453人である。中国人は毎年韓国朝鮮に次いで2番目になっており、一番少ない2004年で4122人、一番多い2009年で5392人10年合計で4万136人が帰化している（法務省帰化許可申請者等の推移2010）。

このように、各種データからも、中国出身の人々が日本に定着してきている状況が示されている。

第2節　農村の外国人「嫁」問題

日本の農山村におけるアジア人女性と日本人男性の「国際見合い結婚」は、過疎化を食い止めるための手段として、行政によって導入されてきた[7]。農家の後継ぎ男性、あるいは農山村に住む男性の結婚難は、村や地域の存続にかかわる深刻な問題である。そして、外国人の「お嫁さん」を迎えることで、この問題を緩和できると期待されていた。じっさい、外国人女性の「嫁入り」によって、子どもが誕生したり、外国人女性の参加で地域振興ができたりして、地域の活性化が実現したケースもある（松本・秋武1994、1995）。

しかし、華やかな地域振興の舞台の裏には、「国際結婚」の増加をめぐって、いろいろな課題も顕在化してきている。たとえば、それまでに外国人とともに暮らす経験のなかった日本の農山村では、どのように外国からやってきた「お嫁さん」とつき合うのか、行政はどのように彼女らを受け入れるのかなどの課題が住民や自治体を悩ませている。そして、受け入れ側と移り住む者との間で、文化の違いによる衝突も生じる。有識者の間では、日本文化への同化の圧力のもとで、アジア人女性の人権侵害問題が生じることも懸念されていた（宿谷1988）。さらに、異なる文化から生まれる子どもたちが、日本人父親の文化しか受け継がないなどの問題も生じている（桑山1997）。

「嫁入り」したアジア人女性の境遇は、日本人の農村女性の地位と役割に関連がある。E. W. バージェスとH. J. ロックは、家族が「制度的家族」から近代家族の「友愛的家族」に変質していると指摘した（Burgess & Locke 1945）。近代以前の社会において、家族はもっぱら家共同体や地域共同体の行為規範、つ

まり社会規範としての制度に依拠して形成されていた。近代における家族は、そうした制度から解放され、個人の自由な結婚から成立するようになってきた、というのである（木下2001）。しかし、近代の日本農村の家族は、直接の生産機能とともに、再生産機能を持つ。すなわち農村家族が生産単位としての経済機能を持ち続けているので「制度的家族」および「友愛的家族」の両方の性質をもっているといえよう。

　日本人女性は、きびしい労働と少ない農業収入、乏しい自由時間、そして、婚家の両親との同居と煩雑な家事や育児などの理由によって、農家との結婚を敬遠するようになった（内藤2004）。このような現状を踏まえ、「国際結婚に頼るしかない」（宿谷1988：82）と認識した自治体は、外国から嫁を受け入れることを試みた。

　外国からやってくる「農村の花嫁」に関する調査は、山形県をはじめとする東北地方の過疎地で集中的に行われていた（宿谷1988、佐藤1989、桑山1995）。過疎の町の結婚難は、町の存亡にかかわる深刻な問題であるため、いくつかの役場は、町の後継者対策として、青年たちの結婚問題に取り込むようになった。そのなかで、山形県の最上地方は行政主導の「国際結婚」で一躍有名になった。1985年、山形県の朝日町役場は、独身男性とフィリピン人女性との集団見合いを企画し、賛否両論の世論を沸き起こした（宿谷1988）。

　世論から批判を受けたため、行政が次第に手を引くなか、「過疎地の後継者不足解消」の大義名分を掲げ、斡旋業者が動き出した。たとえば、フィリピンで花嫁を募集する斡旋業者では、花嫁の条件として、高卒以上かつ英語を話せること、中流家庭の出身で親への仕送りが不要なこと、来日したことがなく日本語を知らないことが共通に挙げられていた（池田1989）。来日したことがなく日本語を知らないことは、女性が過去に「ジャパゆきさん」ではないことへの保証である。「ジャパゆきさん」とは、1970年代後半から急激に増えた、日本に出稼ぎに来る東南アジア人女性のことを指して呼んだ言葉である。それに対し、日本人男性には、「学歴、年齢、身長、職業、親との同居など、国内での見合いでは障害となるような条件が一切不問」（池田1989：74）であった。結婚難に悩む日本人男性は、現地への「お見合いツアー」に参加し、先述の条件で募集した女性たちと、わずか数日で結婚を決める。こういった結婚は、「イ

ンスタント国際結婚」と批判されている(池田 1989：77)。

　この「インスタント国際結婚」は、町おこしの希望を与えたが、他方でさまざまの問題を引き起こした。外国人女性たちは、来日前、男性側の情報が十分に与えてもらえないことや、来日したあと、結婚相手の現実が当初聞かされた内容とは違うことなどを訴えている。そして、外国人女性は、言葉も文化も習慣も名前までも、一方的に夫の側に合わせなければならないなど、日本人になるように家族から要求されている(笹川 1989)。このような農村型の「国際結婚」では、離婚や女性の失踪などによって、結婚生活にピリオドを打たれることが少なくない。結婚、離婚の時期のずれや都市農村の区分がされないので、参考にすぎないが、2009 年の日本人男性と中国人女性の年間結婚件数 1 万 2733 件と離婚件数 5814 件で比較すると、46％が離婚で終わっている計算になる(厚生労働省人口動態統計 2010)。ほかのアジア人の女性の離婚率も同様の計算をすると 58％で高い水準である。さらに、移住してきた外国人女性のなかで、来日後ストレスで精神的不安定を患う者が多いことも報告されている(桑山 1995)。

　過疎地を抱える広域農業地域である東北地方にみられた「国際結婚」は、1990 年代後半から 2000 年代前半にかけて日本全国に広がっていった。農村部の「国際結婚」は、都市のそれと比べ、直系制家族などの伝統が色濃く反映されている。しかし、戦後日本は経済発展と都市化がかなり進行したにもかかわらず、「農村型の家あるいは直系制家族の伝統、およびそれに結びつく価値観がまだ根強く持続し、すでに多数派になっている都市型の職業と家族のありようにもそうした要素が影響を残し続けたことは否めない」(石原 2002：16-17)。言い換えると、農村の現状は都市と無縁ではなく、影響し合い、両者は価値観を共有しているのである。すなわち、「『都市圏』の拡大と周辺地域の都市化による構造的変容、農村とくに近郊農村の混住社会化、さらには全般的な都市化生活の普遍化などが進展し都市と農山村の多面的な関連性が深化」(渡邉 1988：45) している。

　本書では、とりわけ都市の影響を受け、「混住社会化」が進む近郊農村の変化に注目したい。過疎地である東北地方農村部だけではなく、近郊農村を調査する意義は大きい。近郊農村は、都市と農村の間に位置しており、地理的、産

業的、人的移動の面から、両者との類似性が高いと思われるが、実際の状況はまだ把握されているとは言い難いからである。

第3節 「国際結婚」の表記

これまでに述べてきた日本の「国際結婚」の問題点と密接に関連して、「国際結婚」という表現自体にも問題があると考える。本節では、「国際結婚」という表現について、他国での使い方と歴史的経緯を参照しながら、この表現が帯びる文化的、歴史的意義を抽出し、検討していく。

「国際結婚」という言葉は、一般的に日本国籍を保有する者と、外国籍を保有するものとの結婚に対する用語である。広辞苑（1994）によれば、「国際結婚」とは、国籍を異にする男女が結婚することである。「国際結婚」という表記は、日常生活においても、研究分野においても、一見市民権を得た用語である。しかし、慎重に検討する必要がある。

ヨーロッパおよびアメリカでは、「国際結婚」の直訳に当たるinternational marriage は使用されていない。従来は、mixed marriage（雑婚）が中心で、近年ではintermarriage（交婚）が主に使われている。これらの呼称の下位概念として、interfaith marriage（異宗教結婚）、interracial marriage（異人種結婚）、interethnic marriage（異民族結婚）がある（Gordon, Albert I., 1964, Spickard. Paul R., 1989 etc）。そのほかに、cross-ethnic intermarriage（異民族交婚）, cross-cultural marriages（異文化結婚）などの表現も挙げられる（Breger & Hill, 1998）。欧米の研究者は、結婚する者同士の国籍ではなく、彼らが異なる文化、宗教、人種、エスニシティなど個人の属性をもつといった側面に焦点をおいて研究する傾向が見受けられる。その背景について、嘉本（2001：9）は以下のように示唆している。

「もちろん、西洋にも国境がある。国籍を異にする婚姻もある。だがしかし、西洋社会ではどこの国民（ネーション）かよりもむしろ、それぞれの社会内部の境界線、つまり、ある社会内部の集団間による配偶者選択の規範のほうが問題となってきた。その規範は、『人種、民族、宗教、文化、

エスニシティ』という境界線に付与された社会的価値によって形成されている。その境界を越境する婚姻が雑婚である。国境が戦争によって度々変更を余儀なくされてきた社会において、強く意識される境界線は、国境よりもむしろ社会内部の境界線なのだ。」

　このように、欧米の文脈においては、換言すれば個人が所属する社会内部の境界線の違いにより重点がおかれている。それは、欧米において、先述の国境線が度々に修正されてきたことや、人々の移動が頻繁に行われていた経緯も背景にあると考えられる。一方、西洋の国々と地理的、文化的異なる歴史を歩んできた日本では、明治時代に「雑婚」という訳語があったが、大正時代に「国際結婚」という言葉が定着した（嘉本 2001）。国際結婚の「国際」という接頭詞は、近代国家間の関係性を示している。「国際結婚」の成立に至る経緯には、明治日本政府が「文明国」として認めてもらうために、制定した法律、とりわけ 1874 年制定の「内外人民婚姻条規」が日本人と外国人の結婚を認め、結婚した場合の身分保障の限界を定めたことがかかわっていた。

　現在に至って、海外の intermarriage 研究の影響を受け、インターマリッジ（嘉本 1996）や「二文化家庭」（Nitta 1988, Nitta 1989＝新田 1992）などの呼称があるものの、依然として「国際結婚」という表現は日常生活や研究者の間でも市民権を得ており、国籍のみ重視されるこの表現が強力に定着している。「国際結婚」という表現は日本の歴史と文化を踏まえた独自の使い方といえよう。そして、この「国際結婚」の表現の定着自体が日本社会の「規範」を物語っており（嘉本 1996）、すなわちそのことは「日本がほとんど単一民族単一言語からなるホモジニアスな社会という常識的見解」（Nitta 1988：207-208）が強固に存在することを示している。石井（1995）や嘉本（1996）は、欧米の「インターマリッジ」研究と対比しながら、「国際結婚」という用語により、日本において国籍が重視され、「国際的な結婚」が「国内結婚」から排除され、周辺化されるという特質に強い違和感を示した。嘉本（2001：10）は、以下のように「国際結婚」への違和感を述べている。

　「いみじくも中根（千枝）が『日本人という単位』と指摘したように、

国際結婚とは日本社会内部の集団の婚姻ではなく、日本人と外国人の婚姻を示す。〈日本人〉という境界線がストレートに問題となる婚姻、それが国際結婚なのである。」

このように、日本で生じた「国際結婚」という表現は、国籍で一括され、人種、民族、文化、宗教などの異なる属性がしばしば無視され、外国人配偶者の国籍という「境界線」(嘉本 1996：57) をあくまで重視するものである。したがって、インターマリッジや異文化結婚 (cross-cultural marriage)、あるいは異民族結婚 (interethnic marriage) を使用すべきかとも思うが、本書は、日本社会を舞台とするため、日本の特徴的な用法を使用したほうが理解されやすいと考える。すなわち、上述の分析からわかるように、日本では個人的な属性よりも国籍という境界線がより重視され、とりわけそのことが日本人男性とアジア系外国人女性との結婚に強く現れていると考えられるため、本書ではカギ括弧付きの「国際結婚」を使用することにしたい。

第4節　本書の構成

第Ⅰ部では「国際結婚」研究への視角について論述する。

序章では、「国際結婚」をめぐる状況の概要を、日本における「国際結婚」の推移と現状の全体像を概観したあと、日中間の「国際結婚」に焦点を置き、とくに農村の外国人花嫁問題を紹介し、それらを踏まえて、「国際結婚」の表記の検討を行なった。以後の各章は次のとおり構成されている。

第1章では、日本における「国際結婚」の全体動向と研究対象別の先行研究を検討する。第1節では、「国際結婚」研究の全体動向を紹介し、従来の「国際結婚」研究における「妻」への視座を提示する。第2節では、「国際結婚」研究における欧米人「妻」と日本人「妻」に関する研究をレビューすることで、これらの研究がもつ「異文化間」の「国際結婚」研究という特徴を見出す。第3節では、「国際結婚」研究におけるアジア人「嫁」に関する研究をレビューすることで、これらの研究が「同化」的な「国際結婚」研究であるという特徴を指摘する。

第２章では、「国際結婚」研究の視点と枠組みを鳥瞰する。第１節では、第１章で行なった二つの研究対象者別の先行研究へのレビューを踏まえて、アジア人嫁の主体性が軽視されていることの課題を指摘する。第２節では、本書の分析のキーワードが、「移動」「行為者」「物語り」であることを提示する。そこでは、ライフストーリー法でマイノリティ女性の語りを記述し、マイノリティからマジョリティ社会へ発信することの重要性を記述する。これを実現するための、質的研究とライフストーリー法について検討し、さらに解釈的客観主義アプローチの概要を第３節で説明する。第４節では調査対象である日本と中国の調査地、そしてインフォーマントについて記述し、最後にラポール関係を重視する調査方法を説明する。

　第Ⅱ部では、「国際結婚」の送り出し側と受け入れ側、それぞれの結婚移動を促進した背景と要因を検討する。

　第３章では、国際結婚の背景となる送り出し側のプッシュ要因に触れる。まず第１節で、中国の婚姻と家族像を概説的に提示する。第２節では、現代中国で周辺化された女性の置かれた状況について、農村出身の出稼ぎ若年女工に注目し、彼女たちが置かれた環境の厳しさや、人為的な制度による構造的な社会排除を描く。それには、農村―都市戸籍の弊害や農民という身分の逆転不可の現実などが含まれる。国際結婚はこういった彼女たちにとってどのような意味をもつかを描く。第３節では、最新データによる中国の「国際結婚」、とりわけ日中国際結婚の現状を紹介し、地域格差を分析する。第４節では、日中国際結婚が頻繁に行われている各省、直轄市、自治区の国際結婚を管轄する民政庁へのインタビューから得た情報に基づき、海を渡る花嫁となる中国人女性像を探る。

　第４章では、受け入れ社会である日本の「国際結婚」におけるプル要因を、日本の農村社会に限定して分析する。まず日本の「家」および「村」観念を明らかにする。そのうえで、農村の既婚女性が置かれている状況を解明する。このように、「家」観念と農村の「家」のあり方を背景に生じた、農村の「嫁不足」問題という「国際結婚」のプル要因と、「国際結婚紹介所」の働きという媒介要因を検討する。最後に、調査地であるＡ市の状況を踏まえて具体的に近郊農村の「国際結婚」のプル要因を分析する。

第Ⅲ部では、移動する中国人女性のライフストーリーを分析する。
　本書の中心部分をなす第5章から第7章は調査に基づく具体的な分析にあたり、互いに関連性をもつ。第5章では、中国人女性移民自身の語りおよび越境する前の送り出し側の定位家族、親戚、村人など出身地域の関係者の語りを通し、結婚移動へのプッシュ要因を描き出す。第6章では、越境した後、受け入れ側での新たに結合した生殖家族、村などの地域での、彼女らの適応過程における戸惑いや奮闘ぶりを明らかにする。さらに、第7章では移住先における子育てをめぐる文化環境や子どもの教育戦略を通じ、女性たちのアイデンティティを検討すると同時に、彼女たちを取り囲む社会との相互作用も検討する。具体的には以下に示す通りである。
　第5章では、「アジアの花嫁」を女性結婚移民としてみなし、移民研究の観点から送り出し社会におけるプッシュ要因を分析する。従来の研究では、受け入れ社会＝マジョリティ社会の視点からのみで「アジアの花嫁」を扱う傾向にあるため、「アジアの花嫁」は受け身的でステレオタイプ化された存在となってきた。この章では、農村出身者の女性と都市出身者およびその定位家族成員などの語りを通じ、女性結婚移民のプッシュ要因を検討する。プッシュ要因に注目することで、「アジアの花嫁」は移動の主体となり、先行研究で取り上げられている経済的要因以外の要因も存在することが明らかになる。これにより、女性たちは中国社会でジェンダー的、文化的、経済的等の複合的な要因によって周辺化され、国際結婚を選択したことがわかる。
　第6章では、農家に嫁いだ中国人女性が、移住先である日本の農村社会でいかに準拠集団を選択するのかを分析する。準拠集団選択の分析を通して、中国人女性をめぐる親密度の高い人間関係と「農家の嫁」への適応過程を明らかにする。大都市・地方都市・農村出身のそれぞれ農業未経験の中国人女性たちの語りから、来日後の日本人家族から期待された「農家の嫁」役割に対して、全員が葛藤していることが判明する。そして日本人家族が行う、中国人女性の葛藤に対する「農家の嫁」役割への再定義内容の違いによって、中国人「嫁」たちは移住先で全く異なるベクトルをもつ準拠集団選択を行い、多様な「農家の嫁」への適応過程をみせた。これは、彼女たちを「行為者」とみなすことで発見したことである。

第7章では、母親になった中国人女性が子どもに対してとる教育戦略を通して、女性移民の移動の物語りを分析する。教育熱心な中国都市出身の母親3人の語りを通し、彼女たちが子どもに「自立できる・移動できる」という目標に向かって戦略を立てていることが明らかになる。しかし、3人の母親の「自立できる・移動できる」戦略の具体的な内容はそれぞれに異なる。それは教育戦略が、母親の結婚移民女性としてのプロセスから生じる「移住の物語り」と映り鏡的な関係にあるためと考えられる。さらに、圧倒的に強い日本文化一色の環境のなかで、中国人母親たちは教育理念の違いに戸惑い、また日本人家族との葛藤を経験しつつ、現在の教育戦略に至ったことが分かる。女性たちは、拘束性の高い環境においても、ただの「被害者」ではなく、次世代への教育ストラテジーに主体的に意味を付与していることが明らかになる。

　終章では、本書の要約を整理した上で、複合的マイノリティである中国人結婚移民の移動にともなうプロセスの特徴、リスクや、彼女たちの戦略をまとめ、そしてほかのアジア系外国人女性結婚移民について研究する際の示唆を提示する。これらのインプリケーションによって、「国際結婚」研究への新たな視座を打ち出す。さらに、社会の下部に置かれるマイノリティの視点を重視するという視座を用いて見えてきた農村部「国際結婚」の問題点を提示する。最後に、調和的な多文化共生社会をめざして、「国際結婚」を抱える地域社会への提言を行なう。

注
1) 「妻が日本人で、夫が米国人以外の外国人」の合計が、「妻が日本人で、夫が米国人」を超えたのは、1990年のことである。
2) これに対し、日本人女性の「国際結婚」の相手国は、人数の多い順で韓国・朝鮮、アメリカ、中国、イギリスである。日本人女性の場合は、日本人男性の場合のように、相手の国籍がアジアのいくつかの国に集中しておらず、アメリカ、イギリスなどの欧米出身者が多い。ただ、いわゆるニューカマー、とりわけ中国人男性との「国際結婚」も着実に増えている。
3) 「来日フィリピン人女性　興行ビザ4割減」『東京新聞』2006年3月23日付。
4) 「日本人配偶者等」は、日本人と結婚した人や日本国籍を取得しなかった日本人の子に与える在留資格である。

5) 中国大陸、台湾、香港、マカオ以外の国家や地域に移住しながらも、中国国籍を持つ漢民族を指すのは「華僑」であり、「華人」は外国籍取得者である。
6) 中国における成人の年齢は、日本と違い、18歳である。本書は、中国人インフォーマントにおいて18歳を基準とする。
7) 日中間の「国際結婚」が、農村部と都市部のいずれに多く発生しているのかについては、既存の統計からのみでは判別し難い。しかし、本節のはじめで触れたように「国際結婚」については、従来の自由恋愛というイメージではもはや通用せず、お見合い結婚の国際版として、「国際結婚紹介所」が介在する「国際結婚」も多数存在している。そして結婚難がとくに深刻である農村部でこのような結婚が急増していることは間違いない。

第1章

「国際結婚」に関する先行研究

第1節 「国際結婚」研究の動向——外国人「妻」をめぐって

本節では、本書の基本的研究方向の解明につとめ、さらに、「国際結婚」研究を研究対象別に比較し検討する作業を通じて、日本における農村部で生きるアジア人女性研究の問題と具体的な課題を浮き彫りにする。

(1) 研究の動向

日本における「国際結婚」の増加は、家族社会学研究に重要な課題をもたらしている。「国際結婚」は異なる文化・社会圏の出身者同士の結婚であり、新たな視点を提示する可能性を持つ。例えば、「国際結婚」家族に現れてくる「家」意識の変容やアジア人女性の適応などの問題は、「異文化」を背負う個人がどのような経緯で「国際結婚」に至るのかという視点を持つことで、「家族」が形成されるダイナミクスを明らかにする可能性を開く。また、1980年代以降、日本の結婚に生じてきた個人化、多様化、選択肢の拡大などといった変化は、「国際結婚」にさらに顕著に表われており（篠崎1996）、「国際結婚」研究は日本の家族の特徴を幅広い文脈で理解する視座を与えてくれる。

欧米では、「国際結婚」にあたる intermarriage に関する研究は、主に社会学、人類学、エスニシティ研究、女性学、歴史学、地域研究などの分野で行われている。Intermarriage に関する社会学的な研究において、60年以上経った今でも、マートン（Merton）の交換理論（exchange thesis）は相変わらず論争の中心的観点である（Kalmijin 1998）。マートン（1941）は、intermarriage をして

いる黒人と白人カップルの性別ごとの組み合わせにおける比率の違いに基づき、intermarriage プロセスの理論を発展させた。この理論において、婚姻は交換として見られる。黒人男性は、収入や職業などの有利なステータスをもって、低い人種カーストを相殺し、白人女性と結婚する機会を得る（Merton 1941）。つまり、人種とエスニシティにおける社会的不利は、社会的資源および経済的資源をもって交換できるということである。一方、黒人女性は当時の社会ではそのような資源を獲得しにくいので、黒人女性と白人男性との婚姻は少ないという。また、マートン研究の影響を受け、ウィルソン（1978）は、① intermarriage をしているマイノリティ・グループのメンバーは、より多い社会経済的資源をもっているはずであり、② intermarriage をしている中産階級の場合は、性別の違いの影響は弱まる、もしくは消失するはずであると主張している。

しかし、長い間 intermarriage 研究に影響力を持っていた交換理論について、批判も寄せられている。ブレガーとヒル（1998＝2005）は、このような機能主義的な結婚研究が、生身の人間である当事者を無視していたと評している。マートンをはじめとする機能主義的研究は、人種と性別の作用を過大評価している。その結果、個々の人の経験は着目されず、人間の外にある社会規範のなかに埋もれてしまうというのである。

（2） 外国人妻という「余所者」

家族社会学では家族や親族関係という親密性の高い関係のなかでも権力が存在すると指摘される。家族は複数のパーソナリティの結合体からなる「奮闘の場（アリーナ）」（Schvaneveldt 1966）でもある。そのため、「国際結婚」家族における権力関係を念頭に置きながら、研究を進める必要がある。ブレガーとヒルは、異文化間結婚における外国人妻の共通する課題を、次のように述べる。

> 「彼女たちの結婚は、第一に、よそ者（自らが生まれ育った集団外の者）と結婚することは何を意味するのか、第二に、誰がよそ者と結婚し、誰がよそ者と結婚しないのか。そしてそれはなぜなのか。第三に、そのような結婚ではどのようなことが起こるのか、と言う三つの主要な行動と密接に結

びついている。」(Breger & Hill 1998 = 2005：16)

　以上の3点は、異文化間結婚をしている外国人妻についての研究の基本的な課題であると考える。このほかに、日本におけるアジア系外国人妻の「国際結婚」の現状を鑑みて、さらに付け加えたい課題がある。それは、第四に、彼らはこのような結婚のなかでどのように変わったか、そしてどのように周囲を変えたのか。第五に、彼女らは、このような結婚をどう認識するのかである。第四の課題は、外国人妻の適応と生存にかかわる戦略の課題であり、第五は、当事者の解釈の課題である。

　「国際結婚」を扱う研究は、妻、とりわけ外国人妻に関する研究が主流といえる（嘉本、1992）。それは外国人妻が「余所者」であることと、移り住む先である特定の社会の既存の性別役割関係の二重の過程において、排除（exclusion）と周辺化（marginalization）を受けているため（Strier & Ezra 2006：52）、より深刻な課題を抱えやすいからである。さらに、ジンメル（Simmel 1979）も、結婚相手の出身社会で外国人として生活すること自体、マジョリティ社会の周縁に置かれやすいため、「余所者」となると指摘している。さらに、結婚移住者は、女性である場合、ジェンダーにおける周辺化も受けることで多重の意味で「余所者」になりうる。そして、結婚相手の国に移住した「余所者」である外国人女性のなかでも、出身国や人種によって、さらにピラミッド化されている。

　次世代に両親のどの言語を学習させるかに関して、日本社会から定める外国人女性の国別、人種別、言語別のピラミッド化がもっとも顕著に現れている。バイリンガリズムは、言語の序列に影響され、非対称片方向的である。そして、二言語・二文化を背景としながら成長する子どもは、バイリンガルになることについて単に潜在的な可能性をもつに過ぎない（山本2007）。この潜在的可能性というのは、言語、社会、政治、経済などさまざまな要因に左右され、最終的に家族の言語選択と関連する（山本2007）。例えば、日本社会で生活を送る欧米人母親の大半は、社会環境に妥協する側面があるものの、家庭内での子どもとの会話は自分の母語を使用している（Nitta 1992）。しかし、ピラミッドの下部に位置する非英語圏出身の外国人女性は、同じように母語を選択できるとは限らない（桑山1995、1997等）。さらに、日本の農村部に住むアジア系外国人

女性は、こうしたジェンダーとエスニシティの関係以外に、日本国内の都市―農村という不均衡な関係の下にも置かれ、諸々の力関係の末端に位置づかせられている。

（3） 外国人女性と日本人男性の「国際結婚」研究

　日本では、「国際結婚」の急増を反映して、外国人妻を対象とした実証研究も急速に蓄積されつつある。日本の「国際結婚」に注目する諸研究は、結婚対象の出身国や性別を限定しない一括りの研究[1]と、対象を限定している研究と大まかに二つに整理できる。しかし、研究動向など全体を俯瞰した研究はきわめて少ない。

　そのなかで、唯一「国際結婚」に関する先行研究を全体的に検討し、レビューを行ったのは竹ノ下（2003）である。彼は、研究におけるアプローチの相違により「エスニシティ研究の視点を重視」する研究[2]と、「家族社会学における夫婦関係の視点を重視」する研究[3]とに分けて検討した。前者については、日本人男性と結婚したマイノリティ女性たちが、日本社会や家族内で直面する葛藤や不平等、同化圧力を論じ、女性であること、日本社会における民族的マイノリティであることに伴う困難に焦点を当て、ジェンダーとエスニシティの二重の非対称性について考察している。後者では、「国際結婚」夫婦のいかなる局面が当事者の結婚満足度を規定するかについて、統計的に検証を行い、夫婦間の文化的相違と、夫婦が共有する世帯の経済的資源が有意的効果を持つことを明らかにしている。

　以上のような既存の「国際結婚」に関する総合的な研究レビューは、次の点で不十分である。第一に、「国際結婚」研究の発展に見合わず、研究レビュー的な論文が相対的に少ない。第二に、唯一全体的なレビューといえる竹ノ下論文（2003）は、取り上げた先行研究がフィリピン人女性を中心としたアジア人女性に偏っており、「国際結婚」の全体像をつかめていない。以上の課題を克服するため、本章では研究対象別に研究を整理し分析する。

　対象を限定した研究はさらに二つに整理できる。それは、日本人女性と外国人男性の「国際結婚」に関する研究と、外国人女性と日本人男性の「国際結婚」に関する研究である。さらに後者は、研究対象が欧米人女性と日本人男性

による結婚と、アジア人女性と日本人男性による結婚とに分類される[4]。したがって、以下では次の三つに研究対象を分類したい。
① 日本人女性と外国人男性の「国際結婚」[5]
② 欧米系外国人女性と日本人男性の「国際結婚」
③ アジア系外国人女性と日本人男性の「国際結婚」

　第2節と第3節では、「国際結婚」研究を、以上の研究対象別に整理し、相違点を分析する。そうすることによって、それぞれの研究対象の現状および、抱える問題を明らかにする。さらに、従来の研究者が無意識のなかで抱える研究の視点の偏りを指摘しようとするものである。第2節では、「異文化」的結婚の特徴を帯びるとみなされてきた外国人男性と結婚した日本人「妻」、日本人男性と結婚した欧米人「妻」の、「国際結婚」に関する諸研究について、続いて3節では、「同化」的結婚の特徴を持つとみなされてきた日本人男性とアジア人「嫁」との「国際結婚」の先行研究について検討を行う。それぞれの研究上の特徴を物語るように、前者の研究は、しばしば「妻」という表現を使用するのに対し、後者はたびたび「嫁」という表現を使用している。本章において、それぞれの特徴を反映させるため、先行研究のままに援用することにする。

　なお、序章第1節で述べたように高度経済成長期において、1975年を境に日本人男性の「国際結婚」件数が日本人女性のそれを上回ったという質的な変化が起こった。本章ではこうした新しい状況に注目し、以下で扱う研究は1975年以降の問題を扱ったものに限定する[6]。以下では、研究対象別の蓄積を整理したうえで、その限界を指摘し、本書の具体的な視角を提示したい。

第2節　「異文化」間の「国際結婚」
――欧米人「妻」と日本人「妻」に関する研究

　本節では、日本人男性と結婚する欧米人女性および、外国人男性と結婚する日本人女性を扱った研究を分析する。これらの研究においては、当事者である女性の異文化適応、アイデンティティの変容などが考察の中心となる。

(1) 日本人男性と結婚した欧米人「妻」

欧米人「妻」と日本人夫の「国際結婚」に注目する研究は、あまり豊富とは言い難いが、1980年代から少しずつ登場していた。それらの研究は、主に家族社会学、社会心理学、文化人類学などの分野からアプローチされている。

これらの研究によれば、日本人男性と結婚し、日本で暮らす欧米人女性には、主に出会いの場所によって、2通りの結婚に至るパターンがある。一つは、アメリカもしくはヨーロッパで夫と出会い、結婚後日本に移住するパターンと、もう一つは欧米人女性が日本で夫と出会うパターンである。二つのパターンには、それぞれ顕著な特徴があるとされている。前者の場合は、欧米にいたときに欧米のスタイルに合わせてくれた夫が日本に戻った後に日本社会のルールに切り替えることに対する妻の不適応が特徴である。後者の場合は、日本的習慣に懸命に適応し、妻が自己の文化的要求を抑えるうちにアイデンティティ喪失に遭遇することが特徴である（佐藤1989）。ここからうかがえるように、欧米人妻に関する研究は、おおむね性別役割分業を課題とした研究および、文化的差異と異文化適応に重点を置いた研究に区別できる。

まず、性別役割分業への分析を中心に扱う研究として、イマムラ（Imamura 1990）が挙げられる。イマムラは、ナイジェリアと日本のそれぞれに居住する欧米人「妻」を中心にした適応問題を取上げ、外国人妻が周辺化されやすい原因を3点挙げている。第一に、彼女たちが移住する前に母国で経験した個人の社会化の過程、第二に、移住先であるホスト社会の類型、すなわち欧米のようなオープンな社会かそれとも家父長制社会かといった類型、そして第三に、その社会の類型によって彼女たちの役割が制限されたこと、である。

次に、文化的差異と異文化適応に重点を置いた研究としては、ニッタ（Nitta 1992）や、ディグス（Diggs 2001）、渋沢（1994）。佐藤．H．バーバラ、（1989）が挙げられる。ニッタは、日本に在住する日本人男性と米国人女性の家族に焦点を当て、家庭内バイリンガリズム、親子および夫婦関係などについて調査した。ニッタは、米国のように夫婦間の関係が家族運営の軸であるのではなく、母子関係が家族の構造の中核にあること、および日本社会の明確な性別役割分業こそ日米夫婦が遭遇するさまざまな問題の根源にあると論じた。こうしたニッタの研究に対しては、欧米中心的な考えが根底に流れているとの批

判がある（嘉本 1992, 1996）。

　ディグス（Diggs 2001）は、日本人男性と結婚した米国人女性の異文化適応に焦点を当てた研究において、日本と米国の間に大きな文化的差異があるゆえに、引き起こす問題は表れ方として日米カップル以外の「国際結婚」のカップルにおいても見られるが、これらの夫婦の関係悪化に文化的な違いが強く影響していると指摘する。

　渋沢（1994）は、「男性優位の社会構造」である日本に居住する日本人男性と米国人女性のカップルについて考察した結果、「一般的に米国人女性と日本人男性の組み合わせのほうが日本人女性と米国人男性の組み合わせよりも問題が多い」という一般論を認め、夫婦間のコミュニケーションの問題が最も多いと指摘した。日本人夫が米国人妻の「個人としてのパワー」を「夫である自分を変えようとする抑圧的なパワー」として理解するような文化的コミュニケーションの齟齬が存在すると分析した（渋沢 1994）。異文化結婚をしている夫婦が本来相互に対等であるためには、二つの言語、二つの文化を持つ「二重な（dual）世界」が形成される必要があるのにもかかわらず、現実には彼らを取り巻く環境は一つの言語、一つの文化という「単一（mono）の世界」という「不公平な状況」がある。渋沢はこの「不公平な状況」に対して夫婦として、とくに日本人夫が妻との共通理解を持たないこと、またアメリカ人妻たちが夫は日本人ゆえに問題があるとあきらめがちだということを指摘した。

　佐藤. H. バーバラ（1989）は、欧米社会で結婚し、後に日本に移住した欧米人女性は家族のあり方、親族関係、子どもの教育について、夫あるいは夫の親族との間に葛藤が生じることで、アイデンティティの危機に陥るほどに深刻であると問題を指摘した。結婚で来日した欧米人女性は、日本の習慣を積極的に学ぶ意欲が強いにもかかわらずフラストレーションを持つ。その原因として、欧米人妻らは「日本的」非合理的行為を理解できずにいたためと分析されている。

　以上で見てきた日本人夫と結婚する欧米人「妻」に関する研究は、性別役割分業の分析を中心に扱う研究にせよ、文化的差異と異文化適応に重点を置いた研究にせよ、日本社会と女性の出身社会との間における差異が前提として強調されること、および女性が異文化と接触する際の不適応、コミュニケーション

障害などの現象を明らかにしている。しかし、これらの先行研究は、日本社会の文化的価値観を背景としては指摘するものの、夫婦をめぐる具体的な地域社会および日本の家族のあり方には十分に触れていない。

(2) 外国人男性と結婚した日本人「妻」

　欧米人「妻」に関する研究に比べ、日本人女性の「国際結婚」については社会学、人類学、心理学、異文化コミュニケーションなど多方向からアプローチした研究があり、そして研究自体が多い上に歴史も長く、整備された分野である。

　たとえば、主なものとしては、鎖国時代、明治時代の「国際結婚」における日本人女性の研究（小川1995、竹下2000、嘉本2001）、第二次世界大戦後に米国軍属関係者と結婚渡米した「戦争花嫁」や台湾植民地時代の日本人「妻」に関する研究（安富2000、2001、竹下2000、坂岡2004）がある。近年における日本人妻に関する研究は、居住地域については、欧米居住とアジア居住の日本人「妻」についての研究、さらに異宗教結婚、「戦争花嫁」の延長線である米国軍人妻についての研究と豊富に存在する。

　欧米居住の日本人「妻」に関する研究としては、レフシング（Refsing 2005）や、竹下（1999）が挙げられる。デンマーク在住の日本人とデンマーク人のカップルにインタビュー調査を行ったレフシングは、異文化結婚をした後に夫の社会へ移住した女性は、出身母集団のアイデンティティを強く有すれば有するほど、移住先の集団アイデンティティを形成する際に、「内的自己喪失」になりがちであると指摘した（Refsing 2005）。

　竹下（1999）は、EU 10 カ国に移住した日本人「妻」に対して、アンケート調査を実施した。彼女の研究では、日本人「妻」の居住地への適応に対する妻本人および夫の評価ともに、社会的要因よりも文化的要因が重要であることがわかった。また、夫が日本食を食べる頻度が高いほど「妻」の生活満足度が高いという分析から配偶者の文化に一方的に適応するのではなく、夫婦双方の文化を統合することが「国際結婚」にとって必要と結論づけた。

　アジア居住の日本人「妻」に関する研究としては、竹下（2004）、鈴木一代（2000）が挙げられる。親日・知日家が多い反面、日中戦争を経験したという

複雑な歴史的背景を持つ台湾に嫁ぐ日本人「妻」の結婚満足度に関して、竹下は以下の考察を行った。日本人「妻」の結婚満足度は、台湾人の友人から受ける情緒的サポートによって規定されることが多い。台湾人夫が自営業の場合で、夫の親族のなかに妻に親しくしてくれる人物がいない日本人「妻」の結婚満足度は最も低い。それは、自営業の場合、妻が頻繁に夫の親族と接するゆえである。また、夫と妻の結婚満足度は、台湾への日本人「妻」の適応や社会環境との関連が認められた。それは、台湾は家父長制的で、夫優位の規範が根強く、女性が妻、母、嫁としての役割を遂行するためには、文化的にも社会的にも台湾に適応せざるを得ないためであると分析されている（竹下 2004）。

鈴木一代（2000）は、インドネシアのバリ島に移住した日本人「妻」の異文化適応をドイツ語圏、英語圏出身の外国人妻の適応との比較を通して心理学的に浮き彫りにした。外国人妻たちの異文化適応の様相として、①同国人志向（同国人コミュニティ志向）、②現地人社会志向、③同国人・現地人社会双方向志向、④孤立志向、⑤「インターナショナル」志向、⑥自国（出身国）志向、⑦二国間移動志向（文化間移動志向）などがみられた。日本人女性には「現地社会志向」が多くみられ、インドネシア人夫の大家族的家族関係、性役割期待も容認している。その理由として、鈴木は「日本とインドネシアの文化・社会には類似点も多」い（鈴木 2000：196）と説明する。そのほかに、他の外国人と交流せず出身国のコミュニティを好む傾向や、バリ島に愛着が強く、離婚しても現地にとどまる傾向もあるという。

居住地域別の研究のほかに、日本における異宗教婚研究において、日本人妻とイスラム圏夫に関する研究が、最近注目を浴びている[7]。日本では、1980年代の一時期にイラン人の男性が多数入国し、さらにパキスタン人男性、バングラデシュ男性などイスラム圏男性の入国が続いたことによって、彼らと日本人女性の結婚する機会が増えた。日本人は一般的に宗教意識が希薄であり、さらに歴史的にも馴染みの薄いイスラム教信者との結婚によって、改宗、食事制限、服装規定などの摩擦が生じている。日本人女性とムスリムとが結婚する場合、イスラム教に改宗することが前提となる。日本のイスラム圏男性と日本人女性の「国際結婚」を扱う代表的研究者は、量的研究を進める社会学者の竹下である（竹下 2000、2003、2004）。竹下（2004）は、結婚満足度の規定要因の研究を

通して、イスラム教がほかの宗教に比べ、日常生活の細部にわたって規制する傾向があるため、日本人「妻」の適応が問題になりやすいと考察した。たとえば、イスラムへの適応において、妻が礼拝し、かつヒジャーブを常に着用することは、夫と妻の結婚満足度の規定要因となることがわかった。さらに、妻が夫方親族を大切にしないことは夫の満足度を下げる要因として挙げられた。竹下は、その背後に戒律の厳しい宗教の優位性と、男性の優位性が潜んでいると指摘した。さらに竹下（2003）から、ムスリム夫の教義の遂行度が高い場合には、妻が専業主婦である傾向があり、妻が専業主婦でムスリムネットワークの中で生活することを夫から強く期待されることによって、妻に葛藤が生じ、深刻化することが判明した。

　以上の結婚満足度や宗教の表出の根源となる日本人「妻」のイスラム教への適応について、竹下（2004）は、改宗した日本人「妻」のイスラム教への適応を、順序を追って「受け身」、「葛藤」、「拒否」、「柔軟」、「傾倒」の五つに類型化した。ムスリムと結婚して3年未満で子どものいない女性は「受け身」でイスラム教を受容するまでは容易であっても、次第に生活や価値観を変えなければならなくなると「葛藤」が生じる。「葛藤」を夫婦でうまく乗り越えずに「拒否」となるケースと、「葛藤」の結果「柔軟」を選ぶケース、さらに「葛藤」を克服して「傾倒」に到達するといった適応パターンを提示した。

　最後に、日本人「妻」を扱う研究としては、米軍人妻の研究もある。アメリカ在住の米軍人の妻である日本人女性の生活史を描いた坂岡（2004）は、「国際結婚」による移動は結婚という個人的な動機による海外移住でありながら、国際関係および国策と緊密に関係していることに着目した。さらに、戦前生まれの旧世代層の米軍人妻は、当時の日本で得られなかった社会的な労働の持つ価値への認識や経済的な自由を体験しており、それらによってライフスタイルが決定されている。それに対し、新世代層の女性は専業主婦志向の強い人と、仕事とボランティアを組み込んだ人生を志向する人とがはっきり分かれることが明らかにされている。

　以上の先行研究を整理すると、以下のことが言える。レフシング（2005）のいうように、「カップルが選んだ生活の場は、それがどのような社会であるか、文化的環境がどのようなものであるか、カップルに与えられた選択肢の幅が狭

いか広いかによっても影響を受け」る（Refsing 2005：254）。その「選択肢の幅」というのは、結婚に際して、存続可能な力関係やジェンダーに関連した関係のパターンを作り出そうとする行動の範囲のことである（Refsing 2005）。デンマークのように専業主婦がきわめてまれで、北欧社会の「2人の父がいる家族」（Refsing 2005：261-268）とさえ言われている男女平等社会もあれば、台湾、イスラム社会などのように比較的保守的で家父長制が支配する社会で外国人夫と暮らす日本人妻もいる。後者の場合、拡大家族や性別役割分業など日本社会と類似している点があるため、日本人妻の方は、欧米などからやってきた外国人妻よりも適応しやすい傾向がある（鈴木2000）。しかし、文化とりわけ宗教が大きくかけ離れている場合は、例えば日本人女性とムスリム間の「国際結婚」が、日本人妻にとって一つの試練になる。海外に移住した日本人妻にしろ、日本に住む日本人妻にしろ、これらの研究によれば、異文化への適応に向かい、日本人女性は一種の柔軟性を見せていることがわかる。欧米人女性などに比べ、その柔軟性はとりわけ性別役割分業を明確にする社会あるいはその意識をもつ男性との結婚に顕著に現れる。逆に、この柔軟性を持つからこそ、日本人女性は異なる宗教などを最初から抵抗なく受け入れる傾向があるが、それは後に葛藤に転じやすい。これに対し、より男女平等な社会への移住は、新しいジェンダー・アイデンティティを確立した後、日本的な古いジェンダー・アイデンティティの束縛から解放され、更なる自己実現を図る可能性があることが読み取れよう。

　日本人「妻」に関する研究の全体を通してみると、文化的適応については、多くの研究があり、詳細にさまざまの側面から考察がなされている。異文化結婚における日本人女性に関する研究は、結婚相手の文化、宗教、生活習慣ないし海外ホスト社会への適応プロセスとパターンが紹介されることに主眼がおかれている。

第3節　「同化」的な「国際結婚」──アジア人「嫁」

　増えつつある日本人男性とアジア人女性による結婚は、とりわけ研究対象としての重要性を示している。アジア人女性と日本人男性の結婚に関する研究は

農村社会学、地域社会学、心理学、歴史家族社会学の分野から行われている。本節では、第2節に引き続き、アジア人女性と日本人男性との「国際結婚」に関する研究を概観しつつ、どのような特徴をもつのかを明らかにしたい。

　まず、日本人男性と結婚したアジア人女性に対する呼称について考察しよう。アジア人女性、とりわけ農村地域の日本人男性と結婚したアジア人女性の呼称について、これまで「アジアから来た花嫁」（宿谷1988）、「アジア人花嫁」（五十嵐1995）、「輸入花嫁」（葛1999）、「外国人花嫁」（春日1993、遠藤1998、仲野2001）、「花嫁」（佐藤1989）、「外国人妻」（安達1995、松本・秋武1994、1995、中澤1996、松本2001、石沢2004）、「定住配偶者」（桑山1996）、「アジア人妻」（右谷1998）などの使用がみられる。比較的中立的であるのは、「配偶者」や「妻」という表現である。しかし、研究者の間では、「花嫁」という表現が広範囲に使用されていることが目立つ。「嫁」には、性別役割分業的な意味合いが上述の二つの表現よりも色濃く感じられる。それは、日本人男性と結婚した欧米人女性が、「妻」と一貫して表現されていることと対照的である。アジア人女性の日本人男性との結婚が、日本的な性別役割分業への統合であることが、研究者において無意識のうちに重要な側面として取り扱われていることの表れである。

　石井（1995）、定松（1996）は結婚までの経緯に基づき、それらの結婚を「出会い型」「仲介型」に分類し、そのなかでも、とくに「仲介型」に焦点を当てている。「性風俗産業」への集中と「農村花嫁」がマスコミで大きく取り上げられたことから、世間は「風俗業女性」と「国際結婚」にアジア系外国人女性を二分化してしまう傾向にある（笠間1996）。それは、まさに「想像上の境界線」である（Nakamatsu 2005）。その影響を受けたためか、日本のアジア人妻に関する研究は、農村地域に集中し、なかでも東北地方の「仲介型」アジア人女性に集中している。日本人夫・アジア人「嫁」に注目する諸研究は、「国際結婚」をめぐる社会環境に焦点を当てる研究と、アジア人「嫁」そのものに焦点を当てる研究に区分できる。以下では、それぞれについて詳述しよう。

（1）　アジア人女性との「国際結婚」をめぐる社会環境

　日本人男性とアジア人女性の「国際結婚」に関する研究の大多数は、受け入

れ側の変容に注目している。松本邦彦・秋武（1994、1995）は地域社会の住民を対象とする調査研究を行い、山形県の地域住民の「国際結婚」に対する意識の変化を捉えた。2回にわたる調査の結果、住民が当初消極的で仕方なく受け入れていたが、国際結婚の数が増えるにつれ、積極的な「いいこと」へと受け取り方が変化していたことがわかった。地域住民意識を転じさせた要因の一つは、この地域の行政的役割として「国際結婚」を含む国際交流を積極的に取り込んできたからという。また、地域が「国際結婚」を容認する理由は、結婚が個人的選択であると捉えられるようになる一方、独身者が減り、後継者が生まれることで地域が活発になり、家や村が存続できると地域全体が意識するようになり、地域住民が過疎や後継者問題を包括して「国際結婚」を理解するようになったためであるとされている。

右谷（1998）は、国際結婚に伴う農村社会と「家」の変化について、外国人女性への「嫁」役割が、両親との同居・介護が主なものになっていると指摘した。かつての「家」に付与された財産の継承といった物質的な側面は、現代の「家」では「親の老後の世話」へと移行してきた。日本人男性やその家族は、日本人女性が農村社会から離れた理由について反省を行わないままに同様のことをアジア人女性に強要しており、「嫁をもらう」ことに性急で、異文化結婚を巡る諸問題を想像すらできなかったのではなかろうかと考察した。さらに、「主体性の欠けた」跡継ぎ男性は、日本人女性と結婚できないため、「やむにやまれずの結婚」であるため、それが異文化結婚であるという意識が希薄であるとも指摘する。

宿谷（1988）の報告は、アジア人女性を迎える日本側に対して批判的立場に立ち、社会的に問題を提起し、反響を呼んだ（伊藤1989）。宿谷は、斡旋を介した「国際結婚」を「カギカッコつきの国際結婚」とし、従来の「国際結婚」と区別した（宿谷1988：7）。この「カギカッコつきの国際結婚」を誕生させた背景として、日本人男性の結婚難の現状と、よりよい生活を求めるフィリピン人を中心としたアジアの女性があり、その結びつきには日本とアジアの経済格差が作用していると指摘する。また、仲介による結婚はさまざまのトラブルになりうる要因を孕んでおり、結婚前の「インスタントお見合い」（宿谷1988：250）で知り合ってから結婚までの期間が短いため、アジア人「嫁」が日本で

の生活について理解不足に陥り、日本人夫が宣伝文句によって女性へのステレオタイプ像を抱いたままであることも明らかにされている。さらに、「カギカッコつきの国際結婚」のトラブルの原因をもたらす根源として、①日本人男性や結婚仲介業者の都合による交際期間の短さ、②エゴイズムで男性優位の社会を維持する上に、アジアからの女性に都合よく同化を求めること、③アジア人女性の対等な人権を無視すること、④結婚難問題が潜んでいる農村部であることを指摘した。そして、過疎を解消するための自治体、利益のための斡旋業者、イエの存続のため嫁を求める日本人家族が、それぞれの都合で外国人女性を迎えることは、「当然のことだが、彼女につながる家族や社会、国までをも引き込む」のであり、「迎える側」としての日本人男性やその家族、さらに言えば日本社会が「その自覚」（宿谷 1988：308）を持っているかと問いかけている。

　日本人男性と外国人女性、とりわけアジア系外国人女性との「国際結婚」が大幅に増加した 1990 年代から、すでに十数年も経っており、こうしたカップルの間に生まれた子どもも増加している。そして、農村部に嫁いだ外国人女性は、時間の経過により、「アジアから来た花嫁」から「アジア出身の母親」になってきている。日本への移住は、子どもの誕生により、新たな局面を迎えつつある。従来のアジア人女性と日本人男性との「国際結婚」研究においては、どちらかといえば異文化出身のカップルの適応に焦点を当てるものが多く、異文化をまたがる家庭での子育てを対象とする研究は全体的に少ない。少ないなかで、桑山（1997）は、東北地方農村部の跡継ぎ男性と「アジアから来た花嫁」の「国際結婚」から生まれた子どもの社会環境に着目している。この子どもたちは、学校で「意外と」いじめにあっていないと報告している。その理由として、子どもに外国にもルーツをもっていることを意識させないほどに「圧倒的なニッポンの子らしく」日本人祖父母に育てられたことが判明し、背景には、日本人家族はあくまでも日本人のお嫁さんを求めていたが、やってきたのは日本人ではなく、「負の印象」を帯びるアジアの女性というコンプレックスがあったと指摘している（桑山 1997）。

（2）アジア人「嫁」の意識と適応

　次にアジア人「嫁」本人に焦点をおいた研究を見てみたい。アジア人「嫁」

に着目する研究は、アンケートによる量的調査が多いが（中澤 1996、松本 2001、石沢 2004、王 2005）、異文化適応のメカニズムに踏み込んだ研究は全体的に少ない。実態調査として例えば、中澤（1996）は、山形県の農山村に「ヨメ入り」したアジア人女性の生活・居住意識に対してアンケート調査を実施した結果、彼女らは、家庭や地域社会による二重の疎外状況を原因に、日本での生活に完全に溶け込めていないことを明らかにした。その背景には、斡旋により短時間で結婚に踏みきったことや、彼女たちの独自の文化を否定し、生活の細部まで過度に「日本人化」が要求されることが要因として存在することが挙げられた（中澤 1996）。

　異文化適応をより詳しく扱った研究としては、桑山（1996、1997、1999）の報告がある。先に挙げた宿谷（1988）が描いたのは、1986 年から始まる行政主導による「国際結婚」の開始から 3 年間の動きであった。1990 年代に入り、「アジアから来た花嫁」は急速に増え、より大きな社会現象として注目された。その社会的背景のなか、精神科医で NGO スタッフである桑山は、東北の農村で日本人の嫁、妻、母となるフィリピン人女性を中心とするアジア人「嫁」[8]の「ストレス」を分析した。東北地方のアジア人「嫁」の家庭内おけるストレスには、家庭における夫の存在感のなさや結婚後早期に起こる妊娠や出産が挙げられる。なかでも最も大きなストレスには、「日本人家族との人間関係」（桑山 1996：32）であり、例えば、互いの母語の理解が不可能であったり、夫や家族が妻の文化に無関心であるゆえにコミュニケーションが欠如したり、姑が家庭内で絶対的な支配力をもっていることなどがある。本来は、個人のストレスを減軽する存在として位置づけられる「家族」は、山形県のアジア人の妻にとっては、「葛藤の場としての家族、不平等が実践される場としての家族」（竹ノ下 2003：3）になる。さらに桑山（1999）は、アジア人「嫁」の適応段階における「やま場」について、大きく 3 段階に分けている。初期適応段階については、1 ヵ月目のやまを「不安」、3 ヵ月目のやまを「怒り」、6 ヵ月目のやまを「疲れ」と定義している。中期適応段階について、2 年目のやまを「飽き」、5 年目のやまは「祖国との対比」が始まり、移住したことを後悔する「人生上の対比」があり、そして最後に十年目のやまとして「自信喪失」がある（桑山 1999：22-26）。

以上のアジア人「嫁」に関する研究は、東北地方をフィールドとして外国人妻とそれをめぐる家庭、地域、日本社会の特徴に焦点を当て、直系制の「家」、過疎地の農山村地域、さらに経済発展に伴う農村と都市の関係および男女の不均衡的関係を浮き彫りにした。しかし、地域社会の存続や、家の存続のために、日本人女性の身代わりとしてのアジア人「嫁」の姿が描かれたとはいえ、どちらかといえば受け入れ側の地域社会、家族の意識に、より重点が置かれている傾向がある。たとえば、中澤（1996）はアジア人女性に焦点を当て調査を行なったが、抱える問題を指摘したにとどまり、彼女らの母文化との差異の視点に立った異文化適応の多様さに踏み込めず、単次元の描写に終わっている。アジア人妻に踏み込んだ分析を行なった数少ない研究として、桑山（1995、1999）があり、貴重な研究視点を提供してくれる。だが、アジア人「嫁」を主体的な存在として十分に扱っているとはいえない。アジア人「嫁」に関する研究の全体を通して言えば、彼女たちが既成の日本的文化に組み込まれる過程で直面する問題には触れるが、他方で、彼女たちの母文化を重視すると言いながら、本人の語りで適応過程を明らかにするという姿勢は希薄である。このような視点の研究は、アジア人「嫁」が地域社会に同化されるという意識を所与のものとして、そのプロセスで生じる問題を提起するものに留まっているといえるだろう。

第4節　先行研究の特徴と枠組み

（1）　研究上の特徴

　以上、「国際結婚」の研究対象別にレビューを行なった。レビューを通して、欧米人「妻」や日本人「妻」の「異文化間」の「国際結婚」と、アジア人「嫁」の「同化」的な「国際結婚」との特徴が浮き彫りになった。

　考察に基づき、「国際結婚」における欧米人「妻」や日本人「妻」は、結婚する二人が異なる文化を持ち寄っているという基盤の上で、個人がいかなる段階を踏んで異文化に適応し、あるいは葛藤し、さらに家庭を営むかを問題にするのが研究の特徴となっている。すなわち彼らの結婚は異文化同士の結婚という視点に立っている。以上の概観から「国際結婚」研究に関していくつかの特

徴を指摘することができる。

　欧米人「妻」と日本人夫の結婚に関する研究は、欧米人女性が多様性に富んだ社会から「対極」にある同質性の高い社会に移住したことで、役割が制限され、さまざまな葛藤によって、アイデンティティの喪失につながる恐れがあると指摘する。研究者は、欧米人「妻」の明らかな異文化社会への適応過程におけるアイデンティティの変化に注目している。

　日本人「妻」に関する研究の蓄積は厚く、欧米人「妻」やアジア人「嫁」についての研究よりも研究の歴史が長い。近年の日本人「妻」の研究は、異文化適応に力点を置いている。日本人女性は柔軟性を持って異文化に立ち向かうが、その後の適応過程が個人によって異なることが指摘されている。

　以上、二つの研究領域の特徴を概観し、欧米人「妻」・日本人「妻」に関する研究においては、欧米人「妻」・日本人「妻」の結婚は異文化が何よりのスタートであり、夫婦間のみならず、移住先の社会、そして夫の家族との間に異文化接触が起こり、それにいかに適応し、アイデンティティが再確立するプロセスおよびパターンが描かれる。

　一方、「国際結婚」研究におけるアジア人「嫁」に関して、以下の特徴を指摘することができる。先行研究は、アジア人女性を迎える自分本位的な日本側のあり方、および彼女たちを束縛する各種の社会規範を指摘してきた。異文化結婚による移住を経験するアジア人女性自身の適応、あるいは不適応よりも、受け入れ側の視点に立ち、同化されていく過程を提示している。

　また、農村部における「国際結婚」に関する先行研究では、地域や日本人側に焦点を当てる研究が多く、アジア人女性への検討は十分に取り上げてこなかった。研究の大多数は、アジア人女性をめぐる受け入れ側の社会的環境に焦点を当て、アジア人女性を迎える自己本位的な日本側のあり方やアジア人「嫁」を束縛する各種の社会規範を問題視することに終始している。これらの規範的パラダイムによるマクロ的な研究は、アジア人「嫁」の置かれた社会環境を理解するには確かに有益である。しかし、アジア人「嫁」自身による創造や、当事者の解釈が軽視され、問題とされる社会環境のただ中を生きる個々人が浮き彫りになっているとは言い難く、限界がある。

　さらに、夫の社会で子育てする欧米人・日本人母親に関する研究において、

蓄積があるが、異文化出身母親の言語文化選択に至る経緯と、選択に対する母親の主体的な解釈はまだ課題として残されている。一方、アジア出身の母親については、言及されるものが少ないなかで、農村社会の同化的な社会環境の「被害者」とみなされ、彼女らの主体的行為者としての側面が浮き彫りにされていない問題が残る。

　アジア人「嫁」に関する研究は、全体を通してある特徴を持つ。それは、どうしてもネガティブな印象を与える点である。彼女たちのことをマスメディアによって、「被害者」あるいは「わがまま」、「ずるい」人間（Nakamatsu 2005）という印象がステレオタイプとして一般大衆に与えられているが、それらから研究者も免れることができないようである。異文化結婚である農村の「国際結婚」を「問題視」する論調が至るところに見受けられる。例えば、「外国人であることを前向きに考え、活躍できる場が増えていくことが望まれる」（松本・秋武 1994：26）ということ自体が、ネガティブな考えを持つことを物語っている。そもそも、外国人を特別視しなければ、そのような発想もない。多くの研究者のなかに、異文化結婚は同族結婚の規範に挑戦するのみならず、社会と家庭に対し問題を作り出すことになる（Ata 2000, Breger & Hill 1998, Root 2001）という観点がある。ゴードン（Gordon 1964）は異文化結婚を同化へ向う第一歩であるとさえ結論づけている。しかしながら、コーエン（Cohen 1988）がいうように、異文化結婚はホスト社会における文化変容のサインであると同時に、多文化社会の不可避の結果でもある。さらに、同化や、宗教とアイデンティティの喪失を導かない異文化結婚は社会的寛容の指標でもある。

（2）　対象別先行研究の違いの原因

　3つの研究領域の特徴を概観し、欧米人「妻」・日本人「妻」に関する研究とアジア人「嫁」のそれとを比較すると、それぞれの研究のスタートとなる視点が異なることがわかる。アジア人「嫁」に関するほとんどの研究は、日本社会の側から彼女たちを扱おうとしている。そのまなざしには、異文化を経験する当事者としてのアジア人女性自身の姿が薄く、地域社会、往々にして村社会、さらに日本人家族により焦点が当てられている。こうした研究のスタート地点の違いは、それぞれ扱う分野とアプローチの違いをも物語っている。欧米人

「妻」・日本人「妻」に関する個人の文化体験をより重視する研究を「異文化適応」研究というならば、アジア人「嫁」の日本社会への一方的な適応を強いられる過程を記述する研究は「同化」研究と称するべきである。

　こうした研究スタンスの違いが生じる原因は以下のように考えられる。

　(1) 付与された役割の違い：ほかの結婚形態と比較し、斡旋を介して来日したアジア人「嫁」に付与される「役割」は事前に決まっており、研究者はつい彼女たちを主体ではなく、客体として扱うことになる。すなわち、それは「同化」という言葉で表現できるものであり、その「役割」が特徴的でインパクトが強いため、同化を求められる側が意思を有することが見逃されがちである。

　(2) 扱う分野とアプローチの違い：欧米人「妻」・日本人「妻」への研究は、心理学を中心にしたより個人に焦点を当てるミクロの研究が多い。それに対して、アジア人「嫁」への研究は、社会学を中心にしたより社会環境に対するマクロの研究が主流である。前者の場合は、欧米人「妻」・日本人「妻」に対するミクロ的分析が行われているが、社会環境というマクロ的な視点が欠けている。後者の場合は、日本社会に対するマクロ的な分析がほとんどで、アジア人「嫁」に対するミクロ的アプローチがなく、異文化環境に来た当事者であり、適応の主体としての行為者の視点が欠落している。

　(3) 研究者の偏見：研究者の偏見として、三つが挙げられる。第一に、研究者は、上位から欧米→日本→アジア諸国といったランクづけの潜在意識をもっており、さらにそれによって影響を受けている可能性がある。第二に、研究者は日本社会の閉鎖性、特殊性に注目しがちであり、アジア人「嫁」をめぐる社会環境に関心を偏らせている。第三に、研究者は、研究目的として日本人がいかに外国人や異民族と付き合うかといった自民族中心的な考え方に陥りがちである。

　(4) 研究言語の制約：研究者と研究対象の間に行われているコミュニケーションの関係について、欧米人「妻」は英語あるいは一部が日本語で調査可能であるのに対し、アジア人「嫁」に対して、日本語による調査には限界がある。だからといって、英語を自由に使えるのは一部のフィリピン人妻等に限られている。研究者がアジア人女性の母語で自由にコミュニケーションを行えないことが一つの壁となり、アジア人「嫁」の実態に踏み込んだ研究ができない結果

を招いている。

　(5) 欧米の先行研究の影響：欧米人「妻」・日本人「妻」に関する研究に異文化や、アイデンティティ研究の視点が盛り込まれていることには、欧米のintermarriage 研究の影響があると思われる。加えて、欧米の結婚に関する研究は恋愛結婚を前提にしたものが多い。したがって、仲介によって結婚することが多いアジア人「嫁」に関する研究に対しては、「異文化結婚」の視点を導入しなかったのであろう。恋愛結婚ではなく、ただ1、2回の見合いで海を渡って知らない男の妻になることは研究者にとって理解し難いことである。

　欧米人「妻」と日本人「妻」、そしてアジア人「嫁」に対する研究のスタート地点の違いをもたらす要因について、以上の五つの点を考えてみた。欧米人「妻」・日本人「妻」を扱う研究のように、研究者がアジア人「嫁」の文化適応過程におけるミクロ的側面や、適応段階の特徴を浮き彫りにしない限り、アジア人「嫁」から日本社会へ発信できず、彼女たちは声がない、顔すらない存在になってしまう。彼女たちは、単なる農村の「アジア人花嫁」というぼんやりとした一括りの存在として位置づけされる。それは、日本人「妻」、欧米人「妻」の結婚が対等な文化間の結婚とみなされ、彼女たちの多様性のある適応パターンが描かれていることとは、かなり状況が異なる。アジア人「嫁」に対する研究は、多様性がなく、画一的なイメージに終始している。

　本章では、「国際結婚」の研究対象別の先行研究を見直し、そして最後に、大まかに三つの研究対象に関する研究の特徴を提示したうえ、特徴と枠組みの相違を分析した。日本の農村部に移住したアジア人女性のような、社会の周辺に位置づかされる人々の諸経験の解明は、社会学の重要な課題であるにもかかわらず、こうした社会の周辺におかれている人々は、先行研究においてこれまで限られた視点からしか捉えられてこなかった。以上の知見を踏まえ、次章では「国際結婚」研究の新たな視点と枠組みを提案する。

注
1) 例えば、篠崎（1996）と原（1996）は、自分が所属する集団から配偶者を選択する傾向を示す「内婚」原理（篠崎1996：47）に変化が生じたとの視点から、

国際的移動と「内婚規範としての国籍」（篠崎 1996：47-48）規制の緩みなど「国際結婚」の増加につながる要因を提示した。さらに、嘉本（1992）は、夫婦の社会経済的地位や職業・教育・居住区・レクリエーションにおける近似性・類似性（propinquity)も「国際結婚」促進要因として指摘している。
2) 竹ノ下は、「エスニシティ研究の視点を重視」するものとして、石井（1995）、定松（1996）、笠間（1996）、桑山（1997）を挙げている。
3) 竹ノ下は、「家族社会学における夫婦関係の視点を重視」するものとして、竹下（1997）、施（1999）を挙げている。
4) 本章は、夫婦の一方は日本で生まれ育ち、もう一方は海外で生まれ育っていることを原則とする「国際結婚」を扱う研究を対象とする。ブラジル人女性をはじめとする中・南米人の女性と日本人男性による結婚は、統計データ上では無視できない存在ではあるが、「日系〇世」と区別しにくく、定義上困難であるため、本章では割愛する。なお、欧米人妻、アジア人妻、中南米人妻を除くほかの地域の出身者に対する研究はほとんど見当たらないので、本章は欧米人妻およびアジア人妻に限定して議論する。
5) 日本人女性と外国人男性の結婚における外国人男性について、理論上はさらに細分化することができるが、ここではアジア人妻の特徴を浮き彫りにするため、「妻」に焦点を合わせて分析し、外国人夫はこれ以上細分化した分析は行わない。
6) 実際、「国際結婚」に対する研究は 1980 年代の後半から本格的に始まり、1990 年代に入って多数登場するようになった。
7) 欧米では、ユダヤ人と非ユダヤ人の異宗教間結婚に関する研究が多い（Gordon 1967, Spickard 1989 ほか）。
8) 桑山（1996）は「定住配偶者」という表現を使っている。

第2章

「国際結婚」研究の視点と枠組み

　第1章では、「国際結婚」に関する先行研究において、アジア人「嫁」に対するまなざしが偏りを持っていたことを明らかにした。この章では、前章を踏まえて本書の課題、分析枠組み、および方法を明確にしたい。

第1節　「国際結婚」研究の課題

（1）　研究対象の主体性と多様性

　前章での考察から、アジア人「嫁」に関する研究のいくつかの特徴やその背景が明らかになった。
　一部の研究者が、日本で暮らす日本人男性と結婚したアジア人女性を、日本社会に同化していく単なるアジア人「嫁」として一括りにすることで、彼女たちの主体性が曖昧で明確に浮き彫りにされにくくなっている。それは、欧米人「妻」・日本人「妻」と異なって、アジア人「嫁」が、主体的な存在であるということに対する認識が薄いからなのである。研究者自身も認めるように「その数の増加に伴い結婚方法・生活形態・家族形態・国籍・性格などから同じ基盤で考えられないケースが増えている」（松本・秋武 1995：26）にもかかわらず、実態を一括りにする研究姿勢では、現状を正確に描くことができない。この課題を克服するためには、アジア人女性の出身国別、さらに地域別、民族別に研究を進めるのみならず、同一集団の複数の女性たちを対象として研究を行い、「国際結婚」における文化適応のバリーエーションを析出する必要がある。
　さらに、「国際結婚」研究において、2000 年前後以降に来日した「農村の花

嫁」を対象とした研究がほとんど行われていないという問題がある。日本の「農村の花嫁」の代表的な研究のうち、宿谷の研究は1980年代後半、桑山の研究は1990年代半ばまでに来日した東北地方在住のフィリピン人女性を中心とする事例を扱っている。しかし、その後も仲介業者によるアジア人女性の「嫁入り」の波は引くどころかさらに勢いを増している。
　とくに、アジア人「嫁」の出身国の割合を多く占めている中国についてみてみると、近年の経済発展による社会変化が著しい。しかし、結婚件数が伸び続ける中国人女性に関する研究はその現状に追いついていない。このため、近年に来日した「農村の花嫁」と従来の研究で扱われた女性たちとの間に、違いがないかどうかを調べる必要があるだろう。
　これまでに行われてきた研究では、山形のアジア人「嫁」たちは、日本に嫁ぐ理由は出身国によって異なる傾向があることがわかった。フィリピン人女性の「家族を養うため」という経済的理由に対して、韓国人女性は離婚や加齢による母国社会でのドロップアウトという理由を持っている。一方、中国人女性は社会で職業による満足感を得た後に、更なる人生設計のレベルアップのため海外へ渡る（桑山 1997：206-208）。中国人「妻」について、①大都市出身者、②高学歴、③専門職が多い（桑山 1999：18, 102、中澤 1996：87）などの共通性が挙げられている。
　ところが、これらの研究は、1990年代を中心に来日した中国人女性を対象としている。当時の中国はまだ海外への門戸が開いてまもなく、海外に対する盲目的な崇拝があった。しかし、近年中国は目覚しい経済発展を遂げており、国内、とくに大都市の就業環境が整備され、都市と農村との格差が開いている。このような社会、時代の変化を考えると、1990年代半ばまでに来日した女性と、それ以降に来日した女性との間で、出身地域、階層、学歴、職歴等に違いがみられると思われる。とくに都市との格差が広がっている農村部出身の女性たちが置かれている状況も検討する必要があろう。
　とりわけ、「国際結婚」で移動してきたアジア人女性の階層性の問題について検討すべきである。先行研究において、国籍やエスニシティに過剰に注目するあまり、彼女たちの本国における階層や職歴、学歴に鈍感である。日本における「国際結婚」研究には、階層問題が隠れたキーワードとなりえよう。浅野

(2003)が、「『日本におけるエスニシティ・マイノリティ』または、『同じエスニシティの人々』と一括するのは難しく、むしろ『多様な階級・階層の人々』と捉える方がリアリティがある」と指摘したように、さまざまの特徴が民族差よりも、階級・階層的特徴であったことを注意すべきである。

　アジア人「嫁」の出身社会、階層および移動する時代に配慮することは、送り出し社会を分析する重要性と関わっている。なぜなら、送り出し社会および受け入れ社会における「国際結婚」の経験を分析する際に、出身地域及び時代を限定し、階層問題に配慮して丁寧に個々の事例を分析することによってこそ、女性の結婚移動というダイナミックスを鮮明に捉えられるようになると考えるからである。

(2) 再社会化と時系列

　イマムラ（1999）や鈴木一代（2000）が指摘したように、異文化結婚者は、出身国における社会化が、移住した新しい社会で通用しなくなることが多いため、「再社会化」（resocialization）の過程を経ることが多い。その際に、アジア人女性が母国で行なった第一次社会化の結果が移住先で行う第二次社会化に与える影響も検討すべきである。しかし、今までの研究は、移住先である日本の社会的特徴や文化的特徴（例えば家父長制）がもたらす影響について過大に論じ、アジア人女性自身の文化適応の次元を軽視してきた。そして、移住してきた新しい社会における、いわば「再社会化」としての異文化適応過程の実態を捉えられていない。外国人「妻」の適応様態の多様性を理解するというのは、出身国の異なる個々人の多様な問題を把握でき、移住の過程で生じる問題への予測と防止も可能になる。しかし、単なる受け入れ社会への「異文化適応」では、日本社会でのアジア人「嫁」への対等でない扱い方によって、再社会化を強いる状況を描ききれないのであり、送り出し社会と受け入れ社会の両方に着目する必要があるだろう。ストレイヤー＆エツラ（Strier & Ezra 2006）が論じているように、異文化への適応は、異文化出身の配偶者を持つことよりも更なる大きな影響をもつ側面を見落としてはならない。ストレイヤー＆エツラ（2006）とカーン（Kahn 1998）は、家父長制社会および拡大家族が主流をなす相対的に保守的な社会へ移住した際の文化適応のパターンを紹介している。加

えて、桑山は時間の経過に伴う「やま場」の概念を提示した。移住先の社会の特徴を踏まえたうえで、結婚移民である外国人女性たちが「再社会化」される過程において、いかに主体をもって変化しているのかを丁寧に追う必要があると思われる。本書では、女性たちの「国際結婚」の各段階という時間の経過による時系列での出来事を追って、課題を拾い上げる。このような時系列的な研究によって、移民女性がそれぞれの時点において、桑山（1995）のいう「やま場」で異なる課題に直面していることを示すことができる。こうした適応パターンと時間的推移という二つの手がかりを取り入れることによって、アジア人女性の日本社会での「嫁」としての適応のメカニズムが浮かび上がる。

　以上のような考察を踏まえ、アジア人「嫁」に関する以下の研究課題を指摘できるであろう。

　第一に、量的研究よりも質的研究に重きを置き、そして結婚の社会規範を描き出したこれまでのマクロ的研究が着目してこなかった、アジア人「嫁」の生の経験を浮き彫りにするため、社会と個人の相互関係を検証するミクロ的研究を導入すべきである。

　第二に、アジア人「嫁」の母語で調査する必要がある。そのことで、移住社会に対する深刻な拒否反応（桑山 1995）に陥る場合、あるいはアジア人「嫁」の日本語能力が低い場合に、見えにくい深層的問題を丁寧に究明することが可能になる。

　第三に、それぞれの出身国別、地域別ごとに、研究を進めるのみならず、来日時期および階層に配慮しながら、彼女たちの異文化結婚における文化適応のプロセスを解明していくことが必要である。

　第四に、彼女たちの来日前の母国での社会化について触れるべきであると同時に、移住先での再社会化の過程にも注目すべきである。この移動プロセスにある両社会での経験を連結し、時系列分析をする必要がある。

　以上の4点は、これからの「国際結婚」研究の重要な課題に他ならない。2006年2月に発生した長浜の中国人「嫁」の児童殺害事件[1]は、従来の「国際結婚」研究におけるアジア人「嫁」へのまなざしの偏りに、警鐘を鳴らしたといえないだろうか。本書は、「国際結婚」研究ではこれまで軽視されてきた個

人の経験といったミクロ社会学の課題を、社会的文脈といったマクロ社会学に位置づけながら解くことで、「国際結婚」における移住女性の経験を明らかにする。具体的には、中国から日本へ結婚移動していく女性の解釈に基づき、彼女らの葛藤の満ちた適応過程で、置かれた状況の中での「奮闘」や「戦略」を明らかにすることで、女性たちの移住の経験を浮き彫りにする。これは、アジア人「嫁」の日本でのより幸福な生活を実現するための援助方策につながる。

本書では、中国人女性に対する呼び方を各章の内容によって、意識的に変えている。第5章では、送り出し社会から移動し出すプッシュ要因を分析するにあたり、移動の側面を重視し、「女性結婚移民」を用いる。第6章では、性別役割分業と深くかかわり、婚姻形態を表しているため、「中国人女性配偶者」を用いる。第7章では、子どもへの教育戦略を分析するにあたり、子どもとの関係を重視しているため、「中国出身母親」と呼ぶことにする。

第2節　分析の枠組み

本節では、結婚によって日本の農村部に移住してきた中国人「嫁」の「国際結婚」の経験について、移動の視点、行為者および解釈と物語りを切り口として考察していく。

(1)　移動の視点

日本におけるアジア人「嫁」を対象とした、移民・国際移動研究においては、受け入れ社会に比べ、送り出し側に関する分析が相対的に欠如している（小井土1997、小ヶ谷2001）。アジア人「嫁」の送り出し社会に関しては、いずれの研究においても背景としてごく簡単になぞられる程度にとどまっている。たとえば、日本の農村部へ嫁いだアジア系外国人女性の出身社会における送り出し要因として、経済格差ゆえの「よりよい暮らし」への願望（宿谷1988：31)、生活水準の向上や経済的格差（中澤1996）、経済格差が根本的原因による金銭崇拝（葛1999）、など、経済的要因を挙げるのが一般的である。しかしながら、これらの研究は急速に生じた受け入れ社会の変化の検討に多くの労力を注がなければならなかった結果、送り出し社会の状況を十分に検討する余裕がなく、それ

ゆえ、「国際結婚」の動機を経済的要因へと単純に結びつけてしまっていると考えられる。

アジア人「嫁」の送り出し社会での状況、および結婚移住の動機等を解明しないまま、受け入れ社会のプル要因と来日後の適応のみを検討することは、「国際結婚」のプロセス全体を捉えきれないという課題を残すことになる。さらに、この不完全さによって、「アジアの花嫁」の主体性および多様性を見過すことになり、「アジア人花嫁」という「ぼんやりとした一括りの存在」(賽漢卓娜 2006：83) としてしか位置づけられなくするのである。

以上の課題を克服するためには、「国際結婚」研究に移動の視点を導入する必要性がある。女性結婚移民は、国境を越える移動を遂行してから結婚生活に至るため、移動の視点は必要不可欠になる。人の移動には、国内移動と国外移動がある。

ここで、移動と関連して三つのことを検討し直したい。一つ目は、移動と場所の関係、二つ目は、女性の移動における再生産労働、三つ目は、移動する人の置かれる地位である。

1) 移動と場所の関係

アジア人「嫁」の送り出し社会を軽視すること、経済的要因のみ重視することは、「農村の花嫁」を移動する主体としてみなしていないことと結びついている。「農村の花嫁」を移動してきた者と捉え、本人を移動する者としてみなしていないと指摘できる。「農村の花嫁」を移動する者とみなすためには、移動後のみならず、移動前も視野に入れ、「国際結婚」のダイナミズムに着目せねばならない。

人の移動は、社会学、地域研究、文化人類学、歴史学、法学、政治学、経済学など多くの研究領域において、さまざまなテーマとかかわりながら論じられてきた。しかし、実際には、人の移動はこれらの分野において研究対象の周辺に置かれてきた。それだけでなく、移民研究においても、移動する人々は周辺化されてきたといえる（伊豫谷2007）。近代は、しばしば移動の自由を掲げながらも、居るべき場所／戻るべき場所としての定住が暗黙の前提となっている。その場合、移動する人は例外として観察され、「ある均衡から別の均衡への、

ある常態から別の常態への、空間的な、そして時間的な移動として、移民がとらえられる。移民は不均衡の産物、ノイズであり、それゆえに、移民とは、学的な体系の周辺に追いやられる。そしてそのことが、移動を対象とする移民研究をも規定してきた」(伊豫谷2007：7)。研究者も移民を、移動する人のいるべき場あるいは戻るべき場を前提としてきた研究を進めてきたといえる。

　これらの研究上の限界に対し、伊豫谷（2007）は、「場所から移動ととらえるだけではなく、移動から場所を問い直すことが求められている」と指摘する。場所をあらかじめ所与のものとして設定したり、固定された場から移動をとらえたりするのではなく、移動から場所を捉え返し、移動の視点から社会あるいは世界と呼ばれてきたものを再構築するという試みが必要である。そうすることによって、移動は、固定された場所や常態としての定住から見る際の逸脱的な見方から解放されるのである。

2)　女性の移動における再生産労働

　移動が伴うグローバリゼーションに関する主要な議論では概して、男性が中心に描かれている（Ong 1999：11）。それに対し、女性は「グローバル化した経済の網の目においてはその行動が見えず、エキゾティックで従属する者ないし被害者としてステレオタイプ化され、多くの場合家庭空間で補充的役割を担う者」とされている問題がある（Yeoh, Huang & Willis 2000）。しかし、国境を越える移動が複雑な形で増大しているなか、世界規模での生産と再生産過程の変化の帰結として、人の流れの多くがすでに女性化している（ヨー2007）。移動の女性化について、グローバルな労働市場の変化と密接に関連している。その変化のなかには、家事労働者への需要の拡大、セックス・ツアーの増加、女性の「人身売買」の増加、「文通で決まった花嫁」現象などが含まれている（Giddens 2004）。

　再生産労働の視点が導入されてから、女性の移動については、経済的要因とともに、結婚あるいは家父長制的諸制度などの社会文化的な要因（伊藤2002）を取り上げることも重要視されるようになった。ボズラップ（Boserup 1989）は第三世界において女性が農村から都市へ移動する際の拘束変数として、農業参加の程度、都市就労の機会、および農村社会文化的拘束の度合いを挙げてい

る。また、小ヶ谷（2001）は女性家事労働者の国際移動は、世帯内関係に規定されること、そしてジェンダー役割規範の動員という世帯戦略があることを指摘している。このように、社会文化的な要因に注目することで、経済的要因のみでなく女性の移動に付随するジェンダー的特徴を浮き彫りにできる。数は少ないが、「国際結婚」研究においても、出身国における離婚や失恋、失職、差別など人生の不遇（つまずき）を経験した後に結婚移民を選択したという知見がある（Nakamatsu 2003：邱 2005）。

また、ジェンダーや移動に関する研究において、移動や移住が女性に利益をもたらすとの観点がある（パレーニャス 2007：128）。しかし、移住女性の経済的な面における解放はあったとしても、ジェンダーにおける制限があいかわらず存在している。例えば、女性の移動のプロセスにおいて、家父長制が消滅せず保持されていることや、海外家事労働者としての「トランスナショナルな母親業」やケアワーカーの女性たちの居場所が依然として家庭のままであるなどの限界が指摘されている（パレーニャス 2007、ヨー 2007）。

結婚移住女性も、出身国と移住国の両方に同時に埋め込まれており、苦痛も喜びも背負い続けることになると同時に、定位家族を維持するために二つの国の間で、定位家族と生殖家族[2]との間で「移動」し続けることを要求されるのである。

3）移動する人のおかれる地位

移民研究では、従来から移動という視点がみられる。例えば、送り出し社会におけるプッシュ要因の研究がなされてきた。プッシュ要因とは、「農村から都市への出稼ぎ者、移住民、第三世界から先進国への移民などの人口・労働力の移動の原因について、その土地を離れたことになった要因」を指し（濱嶋等 2001：536）、例えば過剰人口、貧困や経済的停滞が古典的な説明要因として挙げられる（Sassen 1988＝1992）。ヘイザー（Heyzer）は送り出し社会の失業率が高く、経済発展が遅滞しているなかで、生活の確保やその水準向上のため、および親類縁者等からの圧力のもとでの選択として、プッシュ要因を説明している（Heyzer 1994）。このように、移動する者は、貧困などの経済的要因でのみ括られ、それゆえ、彼らは受け入れ国で不安定要素を作り出す者とされ、管理

されるべき存在となる。

　近代は確かに、移民の時代といえる。しかし、移動の自由の時代というには保留が必要である（伊豫谷2007）。国家システムにおいて、定住者は正常であるのに対し、移民は正常な定住状況からの逸脱であり、一時的な過程と認識されている。そのため、定住者はナショナルに区分された区域の管理者で、移民がその管理の対象となる。このように、移民と定住者との間には非対称性がある。

　さらに、グローバル化した時代において、国家による人の移動への管理は、「ますます世界的な移動の階層化をもたらし」ている。それは、同時に移動の手段の管理でもある。一部の自由に移動できる人を除いて、大部分の人々にとっての移動は、「監視され、規制され、制限されたまま」である（伊豫谷2007：14）。それについては、移民が管理され、統治される対象におかれてきたことこそ問題だと主張する研究者もいる（Hage 1998）。

(2) 行為者であること

　意味・解釈の社会学は、既存の社会学にとって、対抗的なパラダイムとして、1960年代に注目されるようになった。ウィルソン（Wilson, T. P.）は、この二つの流れの社会学を、「規範的パラダイム」と「解釈的パラダイム」と区分をした（Wilson 1970）。「個々の行為者に『外在する』ものとして社会的秩序を設定し、外在する社会的秩序を『客観的に』とらえようとする」「規範的パラダイム」に対し、「解釈的パラダイム」は、「個々の行為者の意味の解釈過程に注目し、社会的秩序が意味の解釈過程によって形成されると考え、その過程を『理解的な』方法でとらえようとする」（片桐2000：4）。したがって、解釈的パラダイムは、解釈の過程を越えたマクロな社会現象では捉えられないミクロ社会学ともいえる（Wilson 1970）。

　このように、ミクロとマクロの社会学の二分法的な位置づけがされてきたが、1980年代では、二つの社会学を統合する試みが主流となる（Alexander, et al. 1987 etc）。そこで、ミクロとマクロの統合の流れのなかで、シンボリック相互作用論の位置づけを考えたい。従来のブルーマーが代表するシンボリック相互作用論は、「自由な試行的な行為をとおした、解釈的な個人による社会的創造を前提とするもの」であり、解釈行為のみを強調したラディカルな個人主義的

理論であり、個人主義のジレンマに陥ると指摘されている（Alexander, et al. 1987：14-15）。一方、「自由な試行的な行為をとおして、社会化された個人が、集合的諸力としての社会を再─創造するという見方を前提とするもの」（Alexander, et al. 1987：14-15）が、シンボリック相互作用論のもつミクロ・マクロな理論の統合を方向づけるものとされている（片桐2000）。この見方は、個人を超えた集合的諸力としての社会が個人によって試行的に再創造されるという点と、再創造の担い手も、そのためのプログラムをあらかじめ与えられているという点で、マクロ的視点とミクロ的視点とを統合しようとするものである（片桐2000）。

この理論を「国際結婚」研究に応用してみたい。農家の後継者である日本人男性とアジア系外国人女性との「国際結婚」について、これまで多くの問題が指摘されてきた。例えばそれは、農村社会の「嫁不足」の背景について十分な反省を行わないままに、「嫁」役割を外国人妻に強要することであり（右谷1998）、また彼女らの独自の文化を否定し、過度に「日本人化」を要求することである（中澤1996）。その問題の背景として、日本と他のアジア諸国との経済格差が指摘されるとともに、日本国内の地域格差や、不均衡なジェンダー関係、構造的な結婚難問題などが分析されてきた（桑山1995、佐竹他2006ほか）。それらの研究は、都市─農村関係における農村の地位といった社会構造的側面や、イエ制度など社会規範的側面などの主にマクロな問題に着目して「国際結婚」の分析を行ってきた。

こういった状況に置かれるアジア人「嫁」は、ストレスを負い、家庭や地域社会から二重に疎外されている状況にある（中澤1996）。桑山（1995）は、アジア人「農村の花嫁」の抱えるストレスのうち最も大きなものが「日本人家族との人間関係」であると指摘している。ここでいう家族との人間関係とはほかならぬ、逃げ場のない親密性の高い人間関係のことである。だが、桑山も人間関係における葛藤ではなく、問題の背景分析に力点を置いていた。総じて、アジア人「嫁」を取り巻く人間関係にまで踏み込んだ研究は乏しい。

以上のようなマクロ的な研究は、確かにアジア人「嫁」の置かれた社会環境を理解するには有益である。しかしそれらの研究では、アジア人「嫁」自身が抱える葛藤が軽視され、問題とされる社会環境のただ中を生きる個々人が浮き

彫りになっているとは言い難い。繰り返しになるが、これまでのマクロ的な視点での研究においては、彼女らは受動的な「被害者」や「判断力喪失者（judgmental dope）」（Garfinkel 1964 = 1989：75）として扱われ、アジア人「嫁」の「行為者」としての側面は見落とされている。そのような研究においては、「農村の花嫁」は移動する主体としてみなされておらず、その結果、受け身的で抽象的な存在になってしまっている。

　現象学的社会学の学祖 A. シュッツによれば、社会学の対象が社会学理論であるはずではなく、「社会」であり、しかもその「社会」は、人々が日常生活のなかで遂行する行為によって存立を支えられている。シュッツはさらに、社会学は、日常的な行為者たちが自らの社会的な行為によって何を意味していたのかを問わなければならないと指摘している（那須 1997）。

　そこで、シュッツが言及した行為者について検討することにしよう。シンボリック相互作用論などが含まれる「解釈パラダイム」によれば、行為者とは、他者関係あるいは自分自身との対話を含む相互作用の過程で、意味世界を構築していき、時にそれに対して抵抗しようともする存在である。つまり、行為者としての人間は他人の期待や命令、社会や集団のルールや規範にただ従うのではなく、他の人間に働きかけ、他者の期待を修正・変更することができる（船津 1999）。また、ガーフィンケル（Garfinkel 1964 = 1989）が指摘したように、規範は行為者を拘束するのみならず、行為者は規範を活用したり、規範に捉われずに状況に応じて積極的に判断を下したりする。したがって、アジア人「嫁」を「被害者」とのみみなすことは、日常生活世界での経験と行為の多様性を矮小化し、社会の複雑性と成員の主体的な「判断過程」や「判断作業」に目をつぶる（Garfinkel 1964 = 1989）ことになってしまう。

　「行為者」の性格について、宝月（1990：252）の指摘に沿って、以下のように捉えたい。第一に、活動主体としての行為者は、目的や願望によって「より以上の生」を志向する存在である。第二に、行為者は社会的対象として特定の社会的位置が与えられている存在である。具体的には、各行為者に配分された利用可能な資源や、自らの欲求を充足する上で相手の活動や資源に依存する度合いと、相手から拘束を受ける度合いとを異にする社会的位置を、それぞれ占めている存在である。第三に、行為者は意味に基づいて行動する存在である。

第四に、行為者は「自我」（self）や「精神」（mind）を有する存在である。
　行為者の観点からのアプローチということは、研究者が研究対象の役割を取得することが要求される。この点について、ブルーマーはこのように述べている。「シンボリック相互作用論の立場から研究者に求められるのは、人々がそれを通じて自らの行為を構成する解釈の過程を把握するということである。……この過程を把握するためには、研究者は、自らが研究している、行動主体としての活動単位（行為者、集団）の役割を取得しなければならない。……この過程は、活動単位の側からみられなくてはならない。」（H. Blumer 1969＝1991：111-112）
　したがって本書では、中国人「嫁」の「日常生活世界」でつねに行っている主体的な「判断過程」や「判断作業」（Garfinkel 1964＝1989：80-81）を理解するため、行為者の現実世界に接近し、行為者の視点で物事を捉え、当事者の解釈に耳を傾けることを試みたい。

(3)　解釈と物語り
　行為者の解釈とは、「行為を導き、形成していく道具として、意味が用いられ、改定される形成的な過程」である（Blumer 1969：5）。この「解釈」の過程を、アセンズ（Athens, L. H. 1980）はさらに、定義づけ（definition）と判断（judgement）の二側面に区別している。
　結婚によって異国の農村部に移動してきた女性は、自らの経験を言語や語彙によって表明している。これらの語彙の組み合わされたものとして「語り」があり、そのなかでも特にストーリー性をもって歴史的、時間的に配列されているのは「物語り」である。人生のさまざまな出来事は、すべて同じ重要さを有しているわけではなく、その重要さの度合いは解釈によって異なって意味づけられ、序列付けられ、一つの物語りとして形作られる。このように、物語りは、人生のさまざまな出来事を重要さに基づいて位置づける枠組みである（片桐2000）。そして、彼女たちは、自らを移民としての、「嫁」としての、母親としての物語りによって自己を構築していく。物語りは、行為者である中国人女性の解釈に基づいている。異国で生き延びるための戦略に対する解釈には、国境を跨って行う移動の過程に伴い、周縁化されていく経験が浮かび上がる。これ

らの戦略に関する中国人女性の解釈は、言い換えれば、本人の移動にかかわる物語りと認識できる。物語りは、移民女性の経験を体系化し、自己を形作る根拠ともなっている。

　物語りには時制的にみれば、個人誌のような過去に向かうものと、人生の「見取り図」のような未来への投企を意味するものとに分けられる（片桐2000）。すなわち、中国人「嫁」の経験は、移動に伴う過去のものであり、子に期待する将来像は、未来に向けられた物語りである。たとえば、子どもの教育に関する語りには、母親の、自らの結婚移住の過程への評価、反省などの経験と、子どもを通して未来への見取り図が含まれている。

　教育社会学の分野において、教育戦略と物語りの視点を導入した先駆的な研究がある。清水・志水（2001）は、ニューカマーの子どもたちの学校適応は多様な形態があることに注目し、その差異をもたらす主要な要因の一つとして移民「家庭」のあり方に注目した。日本在住の三つのエスニシティ・グループの教育戦略は、社会的位置づけ、各家族の来日事情、構造的・組織的資源、主観的定義づけとして生成した「家族の物語」に関連して論じられている（志水・清水2001）。例えば、日系ブラジル人家族は「一時的回帰の物語り」を作り出していることで、積極的な母語・母文化継承とともに、「日本文化」伝達の場としての学校へ期待した。そして、市場価値のある言語として日本語の習得を奨励するという教育戦略が挙げられている。また、上昇志向の強い韓国人家族は、「挑戦の物語り」を作り上げ、母国と日本の両方で資源を占めていることと関連し、家庭で熱心に母語教育を実施している。日本の学校をうまく利用するとの教育戦略を打ち出している。さらに、歴史的経緯が異なるインドシナ人難民の家族は、日本で「安住の物語り」を作り、親子間地位関係を維持する困難とともに、日本の教育制度へ信頼のための学校と子どもへ依存している。そのため、進路と将来像の子ども任せの教育戦略がまとめられている。この視点は、中国人女性の生き延びる戦略における母親としての教育戦略と「家族の物語り」との関連性を示唆している。

　しかしながら、こうした移民の「教育戦略」研究では、男親と女親を区別せずに「家族」の教育戦略とされ、父母がともに同一エスニシティ・グループ出身者であることを暗に前提としている。また、移民家族の教育戦略を語る際、

同じエスニシティ出身者であっても、男性と女性での受け止め方が異なる可能性もある（Golding 1998）。日本における中国人「嫁」は、地域と家庭の両方において、エスニシティのみならずジェンダーでもマイノリティであるため、彼女たちの物語りは家族と共有できない要素が多く、「家族の物語り」よりも、個人の「移動の物語り」になろう。

以上に示したように、本書では、中国人「嫁」という行為者の「移動に伴う経験」という物語りに目を向け、彼女たちの解釈に基づいて、「国際結婚」のメカニズムを見出していく。

第3節 「国際結婚」研究におけるライフストーリー法

前節では、本書を進めていくうえでの基本的な考え方を論じてきた。それは、研究対象となる人々が特定の状況をいかに意味づけるのかという側面を重視することである。本書では、この課題を達成するために主にライフストーリー法を用いることにする。この研究手法の特徴は以下のとおりである。

（1） 質的研究とライフストーリー法

量的な調査方法が圧倒的に多かった社会調査において、インタビュー方法の導入は、社会調査における「静かな革命」、あるいは「ナラティブの転換」といわれている（Maines 1993）。この新たな社会調査の手法としては、ライフヒストリー研究法、ライフストーリー研究法、個人誌的研究法、ナラティブ研究法、オーラルヒストリー研究法などがある。

これまでの社会学的分析というと、人間は行為や役割といった構造の特定の要素に還元されて論じられてきた。しかし、「ナラティブへの転換」の視点に立つ諸研究方法は、個人がこれまで歩んできた人生全体あるいはその一部に焦点をあわせ、研究対象者自身の経験から、社会や文化の諸相や変動を読み解くことに違いがある。「これらの方法論は、まず何よりも変動する社会構造内の個人に照準している」（桜井 2002：14）のである。

本書は、とりわけライフストーリー法に注目する。ライフストーリーとは、個人が歩んできた自分の人生についての個人の語るストーリーのことである

（桜井 2002：60）。ライフストーリーは、生きられた経験についての語りとして、とりわけ通時的次元をもたらすが、それはまた、さまざまな要因とメカニズムの具体的な関連付けの次元をももたらす（Bertaux, D.1997＝ベルト 2003：41）。また、ライフストーリーと類似した概念としてのライフヒストリーは、ライフストーリーを含む上位概念と位置づけられる（桜井 2002）。

　方法論について、いくつかの注意点を検討すべきである。それは、普遍化や一般化への注意点、および他者の生や文化の理解への注意点である（桜井 2002）。つまり、ライフストーリーを一般化、普遍化しようとすると、支配的言説やモデルストーリーへと収斂してしまい、それぞれのライフストーリーの個別性と独自性の契機を奪ってしまうことになりかねない。また、何よりもライフストーリーが他者の生や文化の理解を目的とするなら、ライフストーリー・インタビューという言語的コミュニケーションを方法論の中核に据えた時、そこに他者の生や文化を理解する十分な豊かな機会があるべきである。もし、方法論的に限定性を持たせるならば、他者の生や文化を理解する機会をむしろ失わせてしまう。

　「個人には社会的な代表性をもつことが不可能」や「個人の主観性や記憶は信用できない」などの方法論上の疑問も投げられてきている。それに対し、ベルトー（Bertaux 1981：31）は、「もっともおもしろい発見は、ライフヒストリーの収集が新しい経験の実践であるだけでなく、社会学的実践のアプローチ全体をひとつひとつ再定義することだった」と語っている。このように、ライフストーリー法は、「社会と社会学との関係のありかたそのものを再考する」研究法である（桜井 2002：14）。

　本書で、質的研究としてのライフストーリー法を導入するのは、以上の方法論的な考えに基づくほかに、ライフストーリーにおける研究対象の特徴とも関連がある。ライフストーリー研究は多くの場合、マイノリティや被差別者、あるいは逸脱者の経験を扱っており、そこでは、往々にして既存の社会学知識や仮説への批判、社会制度との葛藤や社会変動過程の複雑さの理解を深めることが目的とされてきた（桜井 2002）。これは、本書で取上げている中国人「農村の花嫁」という、多重的マイノリティとして周辺化されがちな研究対象の経験を浮き彫りにするのに適合していると考える。なぜなら、量的研究において、

マイノリティをはじめとする社会の周辺に位置づけられる人々は、公式統計で把握できなかったり、文字通り大量調査のなかで少数であることによって隠されたり、無視されたりすることが多いからである（桜井 2002）。

また、従属的で抑圧された人々のライフストーリーは、彼／彼女の経験の表現であり、自らの社会的世界に意味を与え、さまざまな問題を明らかにするだけでなく、自己理解を促進し、自らの生き方を創造する助けとなる。これは、「フェミニスト・リサーチ」研究法の「『女性の経験は本来的に価値のあるもので記録するに値するもの』という確信、への期待が込めている」（桜井 2003）。こうした考え方も、本書の研究姿勢と一致している。

(2) 解釈的客観主義アプローチ

ライフストーリー法には、実証主義、解釈的客観主義、対話的構築主義といった代表的なアプローチがある。そのうち、実証主義と解釈的客観主義は、社会的現実（リアリティ）を重視し、対話的構築主義は、調査者―被調査者の社会関係やインタビューの相互行為のあり方、解釈や分析の方法を重視する。ライフストーリーは個人的なものでありながら、コミュニティや全体社会に広く流布したストーリーから大きな影響を受けている可能性が大きいことを考えると、社会的現実がより重要であると考える。

さらに、本書においてとりわけ解釈的客観主義的アプローチが適切であると考える。なぜなら、定義で明らかになったように、解釈的客観主義アプローチは帰納論的な推論を基本としながら、語りを解釈し、ライフストーリー・インタビューを重ねることによって社会的現実を明らかにしようとするもので本書の研究目的と一致している。研究者は語り手の語りから、その社会的基盤と意味内容をさぐって、語られたこと（what）に基づいて意味構造を解読し、規範的、制度的現実を記述する。このアプローチでは、制度的、規範的現実を表象する意味世界があらかじめ存在することが語りの成立の前提とされている。解釈的客観主義の代表的研究として、ベルトーらのフランスにおけるパン屋の研究がしばしば挙げられる（Bertaux, D. 1997 = 訳書 2003）。彼らは、パン屋の関係者の語りによって、規範的、制度的現実を客観化しようとした。ベルトーの研究は、偶然の個人的な特性や意思決定に左右されないリアリティが明確になる、

特定の要素が規則的に現れる状態を解明した。ベルトーは、これらの状態を知識の〈飽和〉と呼んでいる。このアプローチの特徴は、同時に調査対象者の募集の仕方においても現れている。語り手を選択する手法としては、「雪だるま式サンプリング」、または「機縁法」と呼ばれる手法がある（桜井 2002：25）。桜井は、この手法の具体的な進め方を以下のように説明している。

> 「最初の語り手によって次の語り手を紹介してもらったり、語り手の語りのなかに出てきた登場人物や語り手から得た情報をもとに、インタビューに応じてくれそうな対象者や関係がありそうな対象者に連絡・接触を試みる手法である。」

この研究手法は、語り手の人間関係のネットワークを利用したサンプリング手法である。そして研究者は、収集された語りをもとに社会的現実に関する一般化を「帰納的」に行う。このアプローチの基本的考え方は、「分析的帰納法（analytic induction）」である。ズナニエツキ（Znaniecki 1971：185）は、「具体的な事例から、それに本質的な性格を抽象して、それを一般化し、本質的である限り、それらの性格は多くの事例においても類似しているに違いない、というふうに推定する」。そのために、なるべく既成の概念や理論枠組みにとらわれない形で、自由なインタビューによって、語りを収集する。さらに、ライフストーリー収集過程において、分析と解釈を同時進行させることは重要である。しかしながら、この手法には当然ながら限界もある。桜井（2002：25）は以下のように指摘している。

> 「語りは、過去に現在から意味を与えたものであり、そこに記憶違いやあいまいな部分あるいは嘘やごまかしがあるかもしれないことを認め、それらをたくみに選び分けながら、さまざまな語りに通底する基調音である社会的現実に迫ろうとするものである。」

このような「記憶違いやあいまいな部分あるいは嘘やごまかし」について、特定の社会的現実を、多数の語り手のライフストーリーを通して確定する作業

が必要なる。それでも、「たくみに選び分け」ることは、研究者にとっては容易ではない。この限界を克服するため、より長い期間に同一研究対象に携わることや、住み込みによる参与観察の導入や、研究対象者のみならず、家族などの関係者や、研究対象者の故郷を訪ねることなどの工夫をすべきである。

第4節　フィールド調査の概要

　本節では、本書の調査対象となったフィールドのプロフィールおよびインフォーマント、そして具体的な調査方法を紹介する。なお、本書はインタビューをもとに事例を再構成している。その上、以下のすべての章において、本文中に登場する地名および個人名は、すべて仮名である。

(1)　フィールド

　本書では、本州に位置するA市を研究対象地とした。A市は、総人口は7万人ほどであり、世帯数は2万あまりである。奈良時代からは製塩、平安時代末期から鎌倉時代にかけて焼き物が盛んに行われていた。運河が開通以来、農業が飛躍的な発展を遂げ、花きや野菜、畜産を中心とする農業産出額は全国市町村の上位を誇っている。露地野菜と施設園芸の生産地として有名である。A市は恵まれた自然環境を生かして、農業、漁業、観光などが発展した町である一方、農家数や経営耕地面積は年々減少している現状もある。そのほか、1980年代から大手製造会社をはじめ、輸送機械製造業などが大部分を占める工業地帯としても全国で有数の地域として知られている。このように、A市は、農業も工業も発展を遂げる比較的裕福な地域であり、いくつかの地方都市と隣接しており、地方都市近郊農村の性質をもつ。

　A市を研究対象地にしたのは、以下の理由がある。第一に、農村の「国際結婚」に関する先行研究のほとんどは東北地方を対象としているが、「国際結婚」はすでに全国に広がっているため、他地域も分析対象とすべきことである。第二に、東北地方の過疎地農村のみならず、結婚難問題は都市近郊農村でも生じる現象であることである。第三に、A市が所在するエリアは、製造業が集中しており、外国人が集住しているため、地域の多文化化を検討するにふさわ

しい地域であることである。

また、中国側のフィールドの状況に関しては、第3章および第5〜7章の関連箇所で紹介する。

(2) インフォーマント

A市の農家に嫁いだ中国人女性24名に対してインタビューおよび参与調査を行なった。彼女たちの出身地および地域の特性、日本に至る移動経験、夫と知り合った事情、来日時期はつぎのとおりである。

彼女たちの出身地は、中国の東南部沿岸地域、東部沿岸地域、東北部地域、西南部地域である。そのうち、東南部沿岸地域と東部沿岸地域は中国ではもっとも経済発達した地域であり、東南部沿岸地域には広東省があり、東部沿岸地域には上海市がある。東北部地域は老工業地域であり、時代遅れの重工業がこの地域の発展の重荷となり、現在は再振興を図っている。西南部地域は発展途上地域であり、地形が山や高原からなり、少数民族が多く住んでおり、国境に近い。24人のうちの11人は農村の出身者、3人は地方町の出身者、4人は地方都市出身者で、6人は大都市の出身者である。農村および地方町出身者のほとんどが中国国内移動を先行させ、農村から大都市へ出稼ぎ労働をしてから、二次的移動として来日した経験を持つ。ただし、農村出身者のうち2例の例外がある。その例外とは、出身地が農村部であるものの、歴史的にみて日本と所縁がある地域であったため、国内移動を経ることなく日本へやってきたケースである。

中国人女性と日本人男性のカップルのほとんどが直接に知り合ったわけではない。直接に知り合った2組のほかに、16組は斡旋業者あるいはその性質に近い個人、2組は知人、3組は親戚による紹介で知り合った。2000年以降に来日したのは18人であり、大半は農村および地方町出身者である。残りの6人は、1990年代に来日し、都市出身者がほとんどを占める。

調査過程において、8人の中国の出身地を訪問してその背景事情の把握に努めた。

1） インフォーマントの出身階層について

　本書では、中国人女性結婚移民の出身階層に注目している。出身階層について、経済学では親の収入を、社会学では親の職業を、重要な指標として用いる例が多い。ここでは、階層問題について出身地域を指標として、都市出身者と農村出身者に分けて、分析対象とする。そこには、中国の独特の事情がある。中国の都市・農村の階層的格差について、天児（1999：957）は以下のように述べている。

　　「都市・農村間には経済的・社会的に大きな格差が存在する。歴史的に存在した都市・農村間の格差は、建国後も解消されることはなく、むしろ制度・政策的な要因（戸籍制度及びそれによる農村から都市への人口移動規制政策など）により固定化された。……また、より広く社会的・文化的格差をみても、都市と農村の格差は大きい。」

　例えば、中国の都市出身者は、農村出身者に比べ、識字率が約1割高く、学歴が相対的に高い（楊善華・沈崇麟2000）。学歴の高さは、学校文化に馴染んでいることを意味する。中日両国の教育制度が大きく違っていても、学校文化として多くの共通性も存在し、都市出身者は日本の学校に比較的馴染みやすい。また、都市出身者は農村出身者に比べ、幼少期から習い事など諸々な文化資本を身につける機会を得ている。さらに、中国の福祉制度は都市部ほど充実しており、都市部老人は退職金などに依拠して生活するのに対し、農村部老人はもっぱら子どもによる扶養に頼る。そのため、出身地の定位家族が送金に頼る農村出身者と比べ、都市出身者の場合はほとんど母国の家族に送金する必要がない。

　こうした事情を踏まえ、中国都市出身の女性は農村出身の同国人に比べ、母国と日本の両方において利用しうる資源をより獲得しており、農村出身者と異なる階層であるといえる。

2） 来日時期と時代背景

　A市に嫁いできた都市部出身の中国人女性たちは、1990年代半ばから2000

第2章 「国際結婚」研究の視点と枠組み　59

年代前半にかけて来日している者がほとんどである。1990 年代に、中国は長年の国内閉鎖政策から改革開放政策へと移行し、国民の海外崇拝も高まった。当時、情報量が乏しかったため、先進国に行けば、よりよい機会が手に入れられると国民のなかで信じ込まれていた。そうしたなか、わずかに海外へ渡航できる機会は、留学、公務、親族訪問の機会以外には結婚であり、これは一つの「輝かしい道」であった。むろん、「国際結婚」ができるのも、当時すべての階層の人々ではなく、都市部、とりわけ大都市出身者が圧倒的に多かった。桑山（1995）の調査によれば、その時代に東北地方に嫁いだ中国人女性は大都市出身者である上、来日前に専門職であったケースも少なくないという。A 市に嫁いだ中国人女性の場合も、1990 年代には、数そのものが少ない上、ほぼ全員都市部出身者である。そして、裕福な家庭の出身や企業の経営者の親を持つ者の割合が高い。また、彼女らは大専（短大）卒や高校卒であるなど教育水準も比較的高く、来日前に日本語の学習経験や、日本での留学経験のある者もいる。彼女たちは、日本語の読み書きができる上、この地域の方言もしっかりとマスターしており、ほぼ全員が日本語が達者である。

　2000 年代に入り、中国は急速に発展を遂げてきていた。ただ、発展は主に東南部沿岸地域、東部沿岸地域や大都市に限られていて、都市と農村との格差はむしろ拡大している。都市部の人々は更なる発展の機会を得て、全体的に豊かになっていく。発展は生存競争の激しさをもたらし、十分な競争力を持たない層は、時に海外への「逃げ道」を進むことにもなる。

　2000 年以降に A 市に嫁いできた中国人女性は、都市部出身者も一定の割合はみられるが、農村部出身者が激増していることと、仲介業者を通じての結婚が多いことが特徴である。加えて、都市出身者といっても 1990 年代と違うのは、2000 年代に来日した者には、都市労働者階層の出身者が多くなってきていることである。さらに、結婚適齢を過ぎた者いわゆる「オールドミス」や離婚経験者もそのなかに存在している。

　彼女たちの学歴や日本語能力は、1990 年代に来日した者よりは全体的にやや劣る。もちろん日本語能力に関しては、来日年数の短さによっている可能性もある。それにしても、都市出身者は全般的に学歴や出身階層は農村出身者より高い。これも、中国の都市―農村の格差のあらわれであろう。農村出身者は、

10代で学業を中断して出稼ぎに行く人が多い。

　本書は、このような新たな特徴をもった1990年代から2000年代にかけて来日した女性、とりわけ2000年以降来日した女性に焦点を当てる。

3）インフォーマントの通称について

　日本では、日本人男性と外国人女性が婚姻した場合に1950年以前の国籍法では外国人女性に結婚による国籍の取得を認める夫婦国籍同一主義を採用していたが、現行国籍法では婚姻等の身分行為による国籍取得を認めていない。また民法750条は「夫婦は、婚姻の際に定めるところに従い、夫又は妻の氏を称する」ものとされているが、日本人と外国人を当事者とする婚姻については適用されない。そして、中国法ではもともと結婚しても夫婦は別姓である。日本人の配偶者は国籍法によれば、3年以上日本に住所を有して生活していれば、帰化して日本国籍を取得できる可能性が生じるが、帰化した場合には前記の民法に従って、夫婦は同じ氏を名乗ることになる。

　中国人女性は外国籍のままの時は氏名の変更の義務は生じないが、外国人登録法上「法律的に見て正式な氏名ではないが、我が国に長年居住し通称名を用いて取引その他に従事する外国人の便宜を図って、登録事項ではないものの特に登録原票、登録証明書に記載されているもの」として通称名の登録が可能である。さらに、正式の名前ではないが、中国人女性が事実上日本風の名前を使用しているケースもある。

　このように姓や名を変える義務がないにもかかわらず、ほとんどの中国人女性の名前には、来日後、大きな変化が生じている。現在、A市に住む（あるいは住んでいた）24名の女性の通称名には、以下の2種の方式がみられる。

① 　日本人姓＋日本人名＝完全なる日本人名

　A市の中国人「嫁」には、来日後日本人夫の姓を名乗り、かつ日本人らしい名を付けている人が多数である。その際の名前は、女性のもともとの中国名とは全く無関係である。来日すると同時に、日本人家族から新しい名前を与えられた者もいる。母国で数十年生きた証としての名前は、日本人の妻になった途端、完全に無縁となり、消えてしまう。その代り、新たな日本人が生まれる

ことになる。中国の法律においては、女性が結婚しても、出生時に親から付けられた名前は、変更せずに一生それに付き合っていく。したがって、こうした日本での命名に抵抗感があるインフォーマントは少なくなかった。しかし、日本人家族は、日本に来ているから、日本人名であるのは当然であり、そして、この家の人間だから、この家の氏を名乗ってもらうのも当然と考えているようである。ある中国人「嫁」は、日本人夫に改名された過程を次のように述べた。

> 「でも、旦那は私を騙した。私の中国名『麗雲』(仮名)に旦那の姓、『山本』を乗せることもできたのに、彼はダメだと主張する。その時、私はまだ日本語を理解できなかったから、彼のいうことにしたがったが、あとになってわかったの。でも、「山本麗雲」はちょっと変わっているでしょう、旦那は他人にすぐ外国人だと気付かれたくないから、私を騙して完全な日本名『山本多賀子』を付けた。」

このように、日本人家族の同化圧力は名前からはじまることが少なくない。また、日本人家族はいくつかの選択肢を用意し、女性に名前を選んでもらうこともある。日本人の名前に不案内の女性たちは、音の響きや漢字で選ぶことがしばしばある。

② 日本人姓＋中国人名＝変則的な日本人名

早期に来日した中国人女性らは与えられた名前を受け入れる以外に方法があまりなかったが、最近では少しずつ変化がみられる。いくつかのパターンがみられる。日本人男性の鈴木さん(仮名)と結婚した中国人女性「張愛群」(仮名)の名前の変更を例として挙げてみる。

日本人夫の姓＋中国名の１文字の一部　「群」の「君」を取って　→鈴木君江
日本人夫の姓＋中国名の一文字からなる日本人らしい名　→鈴木愛
日本人夫の姓＋中国のフルネーム　→鈴木張愛群
日本人夫の姓＋中国の名のみ　→鈴木愛群

このように両国の名前の要素を取り入れることは、近年の変化の一端である。日本で研修生を経験した中国人女性や、結婚前に日本語学習経験がある者と大都市出身者や、日本人の舅夫婦がすでに他界した中国人女性たちの間に、このような名前を付けている現象が見られる。

以上では、中国人「嫁」の通称名の2種の方式を紹介した。筆者の観察によれば、日本人家族および地域の人々からはもっぱら日本名で呼ばれている。それだけではなく、中国人同士の間でもしばしば日本名で呼び合っており、中国名を使用している者は少ない。中国人女性の間で、中国名がほとんど知らされていないこともある。また、一部の女性は中国人女性同士の集まりでは、呼称として中国名の愛称や短縮した名前で呼び合っていることもある。

本書に登場するインフォーマントは、完全なる日本名にせよ、変則的な日本名にせよ、ほぼ全員が日常生活において日本名を使用しており、家族や周囲からも日本名で呼ばれている。ここではプライバシー保護のため、イニシャルとし、日本名を特徴づけるため便宜上「子」をつけた名前で表記する。彼女たちを日本名で呼ぶことは、同化の強制に加担するという議論の余地があるが、筆者が同化の強制を認容するものではない。ただ、実際に現地で日本名を使用している現状をわかりやすく伝えるため、「A子」のように表記することを断っておきたい。

4) 他の調査対象者

中国人女性のほかに、外国出身者に対する行政担当者であるA市役所福祉部担当課長2人と地域の保健師主査、市議会で国際結婚家庭を支援する意見を出したA市前議員、地域の中国人の相談窓口となるA市B地域の前議員、A市国際交流協会のスタッフ、B地域国際交流協会スタッフ、日本語学習の会を主宰する元学校教師などさまざまな立場から中国人「嫁」を支援してきた人々にインタビューをした。そのほかに、日本人の夫、義理の両親にも数人から話を聞いた。

中国における調査では、インフォーマント8名の中国での出身地を訪ね、彼女たちの実家に宿泊しながら、本人および家族、親族、近隣住民に対して聞き

取り調査を実施した。中国の「渉外婚姻」の背景と全体像を把握するため、渉外婚姻を総括的に管理しかつ政策を打ち出す中国民政部の婚姻管理責任者、およびＡ市の中国人「嫁」の出身地である各省（直轄市）の民政庁（局）の渉外婚姻担当責任者にインタビューを行なった。

（3） 調査方法

本書の分析に使用するデータは、筆者がＡ市で2001～2008年の間、断続的に行なってきたフィールドワークおよび、2006年に行なった中国での訪問調査で得られたものである。具体的調査方法は以下の通りである。

1）「雪だるま式サンプリング」（snowballing method）

本書は、「雪だるま式サンプリング」、または「機縁法」と呼ばれる手法を採用する。2001年11月に、筆者の知り合いである日本語教師とボランティアの方を通じ、Ａ市在住の中国人「嫁」の4人と知り合った。その後、研究対象となる地域を限定し、研究対象者は2人となった。しかし、そのうちの1人の中国人女性については、日本人家族が、家族以外の者と知り合うのは困るとの理由で強く警戒したため、調査を断念せざるを得なかった。残りの1名は、幸い日本人家族に筆者との交流を反対されなかったものの、研究対象者本人が慣れない「農家の嫁」生活に不満があり、さらに立場の違う筆者との間に軋轢もあったが、最終的には筆者に対する理解と信頼をもつようになった。その後、この1人の対象者の惜しみない協力を通じて、他の中国人「嫁」と親しくなることができ、調査を進めることができた。他方で、筆者のＡ市でのさまざまの活動によっても、知り合いを増やしていった。まさに、ベルトーが述べたように、「（雪だるま式サンプリングは）最初は非常に困難であるが、あとですべて打開され、容易にな」ったのである（Bertaux, D. 1997 = 2003：89）。

2） ラポール関係と調査概要

筆者がとくに重視したのは、インフォーマントとの間に「ある程度の親密さ」（桜井2005：64）を保つラポール関係を築くことである。尾嶋（2002）によれば、面接調査を円滑に行うためには、筆者とインフォーマントとの間に、一

定の友好関係を築く必要がある。それは、客観的な情報を獲得することのみを強く意識すると、逆にインフォーマントとの間に距離ができ、かえって正確な情報を獲得できないためである。筆者は、長い時間をかけ、良好な関係を築いてから調査を実施するように心がけた。

調査期間中、著者は役場が主催した中国語教室の講師や、日本語教室のアシスタントなどをつとめながら、日常的に中国人妻の相談事に応じることや日本語の個人補習とともに農作業への協力などを行ってきた。そうした日々の接触によって、インフォーマントおよびその日本人家族や地域住民との信頼関係を築いてきた。2005年4月～7月の4ヵ月間を含めた半年間、筆者はA市の国際結婚をしている中国人女性の家に住み込みによる参与調査を実施した。2006年3月、8月～9月には、中国の東南部沿岸地域、東部沿岸地域、東北部地域、西南部地域にある彼女たちの出身地を訪問した。彼女たちの実家に宿泊しながら、インフォーマントおよび家族、親族、近隣住民に対して聞き取り調査を実施した。

3) インタビュー、参与観察法による質的調査

これまでの「国際結婚」研究における農村部の外国人「嫁」に対する研究は、アンケート調査によるデータの採集が主流である。しかし、アンケート調査は一時的で横断的なだけではなく、外国人女性の日本語能力や読み書き能力などに配慮が欠けている場合が多い。したがって、本調査はインフォーマントの母語である中国語でインタビュー調査を行い、さらに参与調査方式を採用する。それと同時に、送り出し社会および受け入れ社会の両方を調査することによって、インフォーマントの置かれた環境をより客観的に理解するだけでなく、回顧的インタビューとの「ズレ」や語りへの回避を修正することも可能になる。その上、定位家族の成員の結婚移住に関する語りは、インフォーマントの語りと補い合い、データの信憑性を高めてくれた。

また、本文中の〈　〉はインタビューの内容で、（　）は筆者による文意の補足である。

注

1) 2006年2月17日、滋賀県長浜市相撲町の田園地帯の路上で、幼稚園児2名が刃物で刺し殺された。殺人容疑者として逮捕されたTさん（34歳）は、死亡した二人の園児の同級生の母親であり、自分の子が園内でいじめられていると思い犯行を決意したと動機を供述した。彼女の子の通う幼稚園では、通園のため、複数の園児を保護者が交代で送る「グループ登園」を行っていた。彼女は個人送迎を希望したが、行政や園からグループ登園が望ましいとして拒否されていた。「幼稚園のお母さんとなじめない」と事件前、知人に打ちあけていた。彼女は来日後精神的に不安定になり、通院と入院をしていたという。彼女は黒龍江省の農村部出身の朝鮮族であり、仲介業者を通じて手紙と写真を交換した上で、中国で日本人夫（47）と見合いし、1999年8月に配偶者の資格で入国したという（朝日新聞、毎日新聞、京都新聞の記事に基づき、筆者が編集）。2009年2月、「心神耗弱」を認定し、無期懲役刑が確定した。

2) 生殖家族（family of procreation）とは、核家族が含む二つの世代のうち親世代からみた家族のことである。これを支える関係は夫婦関係であって、一組の男女が相手を選択して結婚し、子を何人産むか、いつ産むかを選択してつくる家族である。対語として定位家族（family of orientation）がある。定位家族とは、核家族が含む二つの世代のうち子世代からみた家族のことである。これを支える関係は親子関係であって、なかでも母子関係は子の養育と社会化にとって重要である（森岡1993）。

第Ⅱ部

「国際結婚」の送り出し側と受け入れ側

第 3 章

中国の伝統と「国際結婚」に至る背景
―― 送り出し側のプッシュ要因

第 1 節　中国の婚姻と家族

（1）　中国の婚姻と家族の伝統的観念

　中国は数千年の封建社会を経験してきており、封建主義が中国の家族と家族関係に計り知れない影響を与えてきた。今日の中国の家族について認識するためには、封建社会の家族観念について認識しておく必要がある。

　中国の伝統社会は、家本位の社会である（呂 2003）。新中国が建国される1949年までの長い歴史において、男性中心的な父権文化は「父子軸」の世代的伝達を通して浸透し、政権、族権、神権と夫権による総合的な統治によって、強化され、引き継がれてきた。父系的な家長は子に絶対的な支配権を握っていた。子の結婚についても親の決定に従わせ、子は自らの選択の余地をもたない。伝統的な家族観念について、以下の内容が挙げられる（呂 2003：501-506）。

　①惟父為上。中国は伝統的に男権社会であり、家族制度も男子が本位となり、父系の踏襲が軸となる。通常、家長は家庭の長幼の順序における最上位の男子あるいは年齢が最も高い男性が担う。権力は家長に集中してしまう。

　②惟孝為本。惟父為上の父権構造は、惟孝為本の思想観念の基礎となる。父の命令に無条件に絶対服従することが孝行であり、服従は美徳とみなされる。不孝は伝統社会で許し難い罪悪とみなされる。

　③惟子為継。中国の伝統社会は男性を重んじ女性を軽んずる。男尊女卑や代々血統を継ぐなどの観念は、家督継承権と密接な関係をもつ。古人は、男子

のみを子孫とみなし、先祖代々の継続性を受け継ぎ、老後死後の頼りとなる。「嫁に行った娘は外へまいた水」といい、娘はいずれ嫁ぎ先の人間となるため、生まれた家の子孫とならない。

　④惟大為栄。中国の伝統社会では、家族の規模が大きければ大きいほどよいと大家族をあがめ尊ぶ。「三世同堂」、「四世同堂」、「五世同堂」のような多世代同居かつ財産を共同に持つ大家族理念は国家に推奨され、社会に認められていた。

　⑤惟妻為軽。父権社会では、父子関係を強調するため、ほかの一切の関係は父子関係を前提とする。父子関係を強調することが夫婦関係を圧制する。家庭では、妻の地位が低く、とくに子どもを産めない、あるいは息子を産めない妻は軽視される。息子を産めば、家族の態度が少し良くなる。したがって、家庭では、代々血統を継ぐことは最も大事で、夫婦関係は子どもを産むために必要な関係にすぎない。夫婦関係は、父子関係を生み出せないなら無意味となり、父子関係を作り出してこそ有意義なのである。

　伝統的な家族において、女性は自ら地位や価値をもてない。人口に膾炙される「母以子貴、妻以夫栄」との表現は女性の価値を評価しているようにみえるが、息子や夫によって価値を決められることを意味する。中国の古代数千年の封建社会における男女関係は、女性の婚姻および家庭へ完全なる依存性と、男性の女性への完全なる統治のなかで続けられてきた。そして、「男は外、女は内」の性別役割分業モデルは、全体社会や家族様式において主導的な位置を占めていた。

　さらに、上述の惟大為栄とも関連しているが、中国は「家族」以外に、一族と宗族がある。「家族」は自ら生活単位を設けている親族集団をさすことが多い。宗族は家族の拡大であり、父親の一族の同宗の親族を含む共同の先祖をもつ同姓の親族集団である（李2003）。一族には、父親の同宗親族を包括するだけではなく、母親の親族、妻の親族も含まれる（潘2002：169）。したがって、中国の親族の呼称も非常に発達しており、40種類以上もある（潘2002）。

(2)　現代中国の家族と「男女平等」

　1949年新しく成立した中国政府は政治、経済、文化、社会生活の各領域で

男女平等の推進に力を入れた。その結果、女性の地位は明らかな改善がみられる。代表的な事例として、1950年代が「家庭から出よう」運動に動員されたことである。これは、毛沢東時代に女性を私的領域から公的領域へ導引した重要な社会革命運動ともいえる（張2005）。この運動は、宗族を消滅させ、新しい「婚姻法」を普及させるなどを通して、女性、とりわけ都市部女性を社会で仕事に参加させるように後押ししてきた。このような運動によって、男女平等の思想は社会において確固たる位置を得た（張2005）。

政府の精力的な男女平等運動の推進によって、20世紀後半において婚姻家族観念は大きく変化した。最も大きな変化としてあげられるのは、夫婦、親子、姑（舅）と嫁関係における平等観念が増大したことである。とりわけ夫婦関係と父子関係については、父子関係を重んじ夫婦関係を軽んずることから、父子関係と夫婦関係を同様に重んずる、さらに夫婦関係が父子関係に代わって家族の主要的な関係へと変化してきており、縦から横へ転移の趨勢がみられるようになってきている（呂2003、潘2002）。

もう一つ大きな変化は、核家族観念がますます強化されたことである。核家族の類型は伝統社会にも存在していたが、直系家族や複合家族のような大家族ほど一般的ではなかったうえ、当時では親と別れて暮らすことは否定的に捉えられており、大家族が理想であったため存在感が薄かった。大家族モデルが解体しつつあるのは、老人（親）世代も既婚の子どもと同居を望まないことが大きく影響している。現代の中国では、家族成員数が減少するとともに、急速な社会変化によってジェネレーションギャップが拡大したため、両親と子どものどちらの立場からも分かれて居住することが好まれるようになった（呂2003）。この傾向は、都市部のみならず農村部でもみられる。都市部および農村部の大多数の青年は結婚後両親と同居しない核家族を築くことを望む（潘2002）。都市部老人は、退職後の生活費の保障があるため、子どもに扶養を受けずに老後を過ごせる。また、人生の大半は子どもに貢献してきたので、老後は自らのために人生を享受したい、そして何よりも家族のトラブルを回避することが別れて暮らすという選択に結びついている（潘2002）。

他方、親と子どもが別れて生活しても、親世代と子ども世代とは全く関係を断ち切って生活しているわけではなく密接な交流をもっている。すなわち、今

日の若い既婚世代は、ほとんど共働きであるため、仕事と家事・育児の両立は大変である。定年退職した両親が彼らのために、買い物、食事、家事、孫の世話など協力することによって、若い夫婦はより仕事に集中できる。とくに幼い子どもがいる場合、祖父母に子どもの面倒を見てもらうことで、若い夫婦は安心でき、節約もできる。こういった事情により、祖父母と孫だけの隔世代家族まで形成している例も散見される（潘 2002）。

中国政府の男女平等政策の遂行によって、女性は深い影響を受けている。確かに、社会、職場における平等は、数世代の女性のエンパワーメントに貢献してきた。ただ、毛沢東時代は、男女平等政策を推進する過程において、女性が家庭から社会へ参加するという解放には注意を払ったが、男性が社会から家庭に参加するための教育と奨励は軽視されたのではないかという意見もある（張 2005）。社会進出における平等が謳われたが、女性は男性と共に働いた後、家庭における家事、育児の負担は男性より依然と重いのである。

（3） 村落文化と家族

国土が広く、単一民族単一文化ではない中国において、家本位の家族観は、人口の 90% 以上を占める漢民族中心の文化に基づくものである。また、現代中国の夫婦関係に関して定着した男女平等の意識などは都市部で顕著であるが、農村部になるとまた異なる側面が示されている。むろん、農村とはいえ、地域によってそれぞれの特徴がある。ここでは、中国の漢民族および漢民族化が進んでいる少数民族の農村の大筋の共通性について触れることにとどまる。中国の農村には村落という基本的な分析単位があり、村落文化といえるものが存在している（黄 1986、李 2003）。ここで、都市文化と異なる村落文化の特徴を述べ、さらに村落文化に制限される農村家族の生育を中心に紹介したい。中国の封建社会の制度としての惟子為継は、社会主義時代の中国では都市よりも農村でより受け継がれている。

李銀河（2003：63-65）は、村落文化について、以下のように紹介している。①村落の規模は、人々が互いに熟知している極限を範囲とする。だいたい数百人までとされる（平均して各村は人口が 183 人ある）。外来者として入ってくるのは、ほかの村や郷から迎える嫁が最も代表的である。したがって範囲は非常に

限定され、固定している。②村落の成員の流動性は高くない。そのため、互いに熟知している。③村落の村人は互いに競争する傾向がある。何世代にわたりこの村に住んでいる村人の間に、成功と失敗の指標があり、できるだけほかの村人を超えたい。例えば、息子の数、墓の豪華さ、息子の結婚式の派手さなどが挙げられる。④村落の成員は生活の各方面において同じ方向へ赴く圧力を感じる。異なる選択を選んだ人は、ただ選択しただけと認識されず、村人に規則違反者、さらには失敗者と認識される。例えば、独身者や息子なき家は風当たりを感じる。

村人の間のこの競争し合いながらも同方向へ赴くという特徴は中国の村落文化の典型である。村落のなかで、息子を産めるかどうかは非常に重要な指標となる。それは、男子ならば村に残るが、女子はいずれ村から出て「お嫁に行く」からである。中国では、今でも息子を産むことを「伝宗接代」といっている。都市部では息子にこだわることは農村ほど顕著ではない。都市部では、男性でも女性でも成人したら各自の職場で働き、各自の家庭を作る。したがって、一人娘の家庭でもそこまでの圧力を感じないで済む。都市で暮らす人々は、もはや宗を伝えていくことの意義をそこまで感じなくなってきている（李銀河 2003）。

また、中国の都市と農村との二元分離の構造は、都市と農村の女性に際立った差異と階層化をもたらしている。「都市女性は次第に中国人女性の代表となり、人口上絶対多数の農村女性は人々に忘れられ、国家政策に無視される沈黙の大衆となる」（杜 2003：69）。この意味においても、農村女性がおかれた社会環境にもっと注意を払うべきである。

このように、中国の家庭と婚姻は、新しい時代の平等思想に武装されながらも全体をみると伝統的観念の影響を拭きとれない。とくに農村部ではより伝統的な観念に左右されやすい。中国の女性は、男性よりも社会の周縁に置かれやすい。第2節では、改革開放後に農村出身女性たちの置かれた現状を中心に検討する。

第2節　周辺化された女性たち

　新中国は成立して以来、男女平等の思想を推進してきたため、男尊女卑の現象は過去の歴史に過ぎないと思われがちだが、現実には先述のように伝統的観念の影響でまだ根深く残存している。1978年から実施してきた改革開放の政策によって、中国の社会構造まで大きく変化している。社会構造に大きな変遷が生じるとき、真っ先に衝撃を受け、損害を深く被っているのは社会の周縁に位置する集団である。彼らの不幸な境遇は、往々にして合理化されてしまう。この合理化していくカギは、構造的な問題を個人に帰することである。場合によって、彼／彼女たち自身の素質が低く、精神力が弱いと本人に矛先が向かう。そして、もっと自立すべき、もっと自らつとめ励むべきだと言ったり、彼／彼女たちが向上心や生存能力に欠けていて自業自得と言ったりして、彼／彼女たちの強靱性や忍耐力や能動性を見過ごしてしまう傾向がある（熊2003：452）。

　本節では、女性のなかの「弱勢集団」について述べる。社会のポリティクスのなかで、中心的地位から引き離されて周縁の低地位に貶められる状態を「周辺化」と呼ぶならば、それはまさに周辺化される女性たちを指している。この節ではとりわけ農村出身の出稼ぎ若年女工に注目し、彼女たちが置かれた環境の厳しさや制度によって作り出された社会排除を浮き彫りにしたい。

　農村出身の出稼ぎ女工の境遇は農村―都市戸籍の弊害や農民という身分の逆転不可の現実も絡んでいる。そこで、本節は都市へ出た出稼ぎ女工の将来への希望の少なさと現実選択の狭隘性に着目したい。女性農民工の検討に入る前に農民工全体に触れておかねばならない。

（1）　農民工の現状

　新中国が建国以来、都市と農村を分けて管理してきており、工業化を進めていても、過去において正式な形で、農村から労働力を正式に募集することは、きわめて少ない。逆に、都市の余剰労働力を動員して「上山下郷（農村へ行く）」運動を行なったことがあった。代表的なのは、文化大革命の時期に知識青年を農村へ送り込んだことである。中国は農村と都市を分けて治めることによってでき上がった二元構造のもと、都市住民の生活は明らかに農村の農民よ

り豊かである。そのため、1980年代以降多くの農民は生活に迫られて都市へ移動して生計の道を求める（沈2005）。これらの都市来訪者は、「盲流（盲目的に都市へ流れ込む）」と最初に呼ばれ、治安対象ともなっていた。その後、「盲流」という表現に取って代って「民工潮」があった。それは、都市に来た出稼ぎ労働者は毎年の旧正月の前後に帰郷し、そして旧正月後に再び都市へ向かうといった大きな潮のうねりのような民工の動きを言う。また、「民工」はますます増え、その勢いは潮のように湧きかえることを指す場合もある。そして、この集団については、徐々に「農民工」という呼び方で定着してきた（沈2005）。

　中国では、農民工は少数ではない。2000年の人口センサスによると、中国全国に1億2000万人の流動人口を抱えており、以降も毎年400万～500万人が増加している（沈2005）。ここでいう流動人口は、おおむね農民工であり、青年農民が大きな割合を占めている（沈2005、呉等2004）。これらの農民工のなか、中国国内の発展が遅れて、巨大な人口を抱える省の出身者が多数を占めている。農民工は、「経済的に後進的な中西部から経済的に発達している大都市、中都市、および長江デルタ、珠江デルタの中小都市へ流れる」（李1997）。例えば、四川省からは少なくとも1000万人、湖南省、湖北省、安徽省はそれぞれ数百万人を送り出しており、東南部沿岸発達地域に行く人が多い。そして、広東省だけで2000万人余り、上海市、北京市、江蘇省、浙江省がそれぞれ数百万人を吸収している（沈2005）。

　農民工が都市で従事する仕事のほとんどが3K（危険、きつい、汚い）の仕事である。例えば、建築、積み下ろし、運輸、清掃、飲食、小売り、サービス業などに従事したり、縫製、アパレル、金属加工など労働密集業や、冶金、化学工業などの中小企業で働いたりすることが多い（沈2005）。彼らは、親戚、同郷関係に頼って仕事に就くことが多く、仕事は安定せず、勤務時間が長く、仕事がきつい割には給料が安い。さらに、農民工は、都市文化の周辺におかれ、文化的な衝突を生じさせる（呉等2004）。農民工の都市の人々との交流は、生産と生活面に限っており、人間の感情的な交流はきわめて少なく、互いに融合しにくい。それによって、農民の「社会交流の限界と都市人との断絶が生じる」（周1996）。農民工は都市で都市住民が嫌う仕事に従事しているが、農民で

あるゆえ、都市社会による差別と偏見と排斥に遭遇することもたびたびある。

(2)「打工妹」——農村出身の出稼ぎ女工

　女性農民工は男性農民工が直面する問題を抱えると同時に、女性ゆえの困難も抱えている。女性農民工のうち16歳～24歳までの若い女性が顕著に多いため、「打工妹」という表現はよく使われる。「打工妹」という短い表現には、「男女の間、南北の間、都市農村の間の階層を確立した」（Rachel等2004：153）意味が織り込まれている。

　都市と農村の格差は拡大しており、ますます多くの女性を含む農村人が出稼ぎに行かざるを得ない。彼女たちのうちのかなりの部分は、東南部沿岸工業地域の労働密集地区に集中している。この地域は世界工場とも呼ばれている。これらの企業で働くということは、農村出身の「打工妹」がグローバルな商品生産のチェーンにはめ込まれることとなる。この生産チェーンの頂点はグローバル資本であり、「打工妹」は末端に位置し、彼女たちは非常にきついの仕事と低い賃金でグローバルの競争に身を投げ、権利が侵害されている（谭2006）。彼女たちの出稼ぎによる移動の背後には、金稼ぎのためや家族を貧困から抜け出させるための手助けといった経済的要因と、自らの生活発展を求めることや見聞を広げるなどの社会的要因が挙げられる（谭2006）。しかし近年、都市と農村の拡大しつづける格差により、出稼ぎ労働者は「生活水準を上げる」から「最小限の生活を維持する」という目的に変わりつつある（谭2006：428）。

　「農民工」は全体的に都市や経済先進地域で周辺化される傾向が強いなか、「打工妹」は男性「農民工」に比べ、さらなる困難に直面している。まずは、就業率や就業の質は男性農民工より大幅に低い（吴等2004）。彼女たちは廉価の労働力であるだけではなく、安い賃金と長時間労働をこらえてじっと我慢する「おとなしさ」もある。このいわゆる「おとなしさ」は、まさに外資系製造企業主が若い農村出身の女性「農民工」を雇う理由でもある（谭2003）。つぎに、相手を求められないため恋愛や結婚ができにくい状況や、安全とはいえない出産や性的に侵害されやすいといった現状は深刻である（吴等2004）。伝統的に早婚することが一般的である農村女性は、出稼ぎによって婚姻観念が変化したり、結婚相手に巡り合えなかったりすることで結婚できない「大齢女」が

現れ、社会問題となっている（譚2006、呉等2004、刘2003）。問題を作り出した一つの原因は、輸出加工区の女性が異常なほどの集中によって、性別のアンバランスを引き起こしたことがあげられる（刘2003）。もう一つは、戸籍の格差で都市の男性と結ばれにくい。そして、「打工妹」の生活方式など文化様式は、都市そのものではなく、農村のそれでもなく、一種の周辺化としての様式が常態となっている（呉等2004）。農村出身の「打工妹」の多くは都市に住み着きたいが、実際には都市に残れる人は非常に少なく、結局大半は仕方なく農村に戻る（Rachel etc. 2004）。

　出稼ぎ労働者である「打工妹」の権利が侵害されることがたびたび発生する。その背景には、彼女らが移動したことによって保護を喪失したことがかかわる。血縁や地縁関係から結ばれたコミュニティのなかで、女性は低い地位におかれているとはいえ、家族や親族による保護をまだ得られていた。そして、都市部では、もとからあった計画経済の体制の下、労働者の権利、とりわけ女性労働者の保護は国家と企業が代行していた。しかし、出身社会から離れた「打工妹」は、農村人である身分によって従来の都市人である労働者権利保障体制下におかれておらず、新たなグローバル生産体制下に身を置いている。この新たな体制のもとでは、搾取があるものの、労働者への権利保障が弱く、この体制からの保護を得難い。また、移動者として故郷のコミュニティの保護から離れ、移り住む都市部あるいは地域の保護が得られないだけではなく、差別を受けることさえある（譚2003）。

　ここでは、紙幅の関係で農村出身「打工妹」しか紹介できていないが、中国には、「打工妹」のほかにも、リストラされた女性、再婚願望があっても叶わない都市部の離婚経験者や死別者などさまざまな側面で周辺化された女性たちがいる。彼女たちは、移動をすることが少なく都市部住民であり続ける限り、家族あるいは職場のいずれかから保護されていることが多い。とはいえ、経済体制が変化しているので、彼女たちは不安定な立場に追いやられることが多い。これらの女性にとって、国際婚姻は現状から脱出できる一つの「輝かしい道」ではある。数多くの女性は、日本人、台湾人、香港人、韓国人男性と結婚して、海を渡り陸を越えていく。

第3節 「渉外婚姻」と中国からみた中日「国際結婚」

広国土をもつ中国は民族および地域によって文化が多種多様であり、異文化に対して比較的に大らかである。中国国内において、「異民族通婚」、「南北結合」のような文化がかけ離れた結婚形態がすでにあり、こうした土壌の上、外国人との結婚は比較的受け入れられやすい。また、中国人と一口にいっても、多様であることを念頭におかなければならないのである。本節では、中国で公的に整理されているところに従い、中国人を一方とする結婚を広義的に「渉外婚姻」と呼ぶことにする。中国語の「渉外」婚姻の「渉外」とは、「外交にかかわる」（尚1991：819）という意味である。その「渉外」の「外」は、一般的に外国人を指すが、中国の国情に鑑み、華僑、香港人、マカオ人、台湾人、外国人を内包し、中国大陸人である「内地人」同士の結婚と区別される。そして、日本での一般的な例に従い、「渉外婚姻」のうち、外国人との結婚を「国際結婚」と呼ぶことにする。

「渉外婚姻」が本格的に現れたのは改革開放路線が開始した1978年以降である。「渉外婚姻」が婚姻総件数に占める割合は、1979年の約8000組で婚姻総件数の0.13％からスタートし、その後年ごとに上昇し、2001年の約7万9000組で0.98％を占め、2003年までほぼ横ばいの傾向を示した（表3―1）。しかし、その後ピークを過ぎ、2004年から微減少し、2009年は4万9151組で0.4％になっている（中国民政部2010）。

中国で「渉外婚姻」をする男女、つまり中国在住者とそれ以外の者は、中国で結婚手続きを中国人側の戸籍所在地の各省、自治区、直轄市[1]が指定した婚姻登記機関で行う。

外国人側は、旅券など本人確認のための証明書、本国における婚姻要件具備証明書（独身証明書）、在留証明などを持参し、中国人側は戸籍証明、本人に関する職場あるいは県レベル政府以上から入手した証明書[2]を提出する。

中国における「渉外婚姻」の件数の分布は地域によって異なるが、全体的に「東に多く西に少なく、南に多く北に少ない」と言える（表3―2）。「渉外婚姻」分布は、中国の経済発展の版図とほぼ合致している。ただ例外もあり、東北部に位置する遼寧省、吉林省、黒龍江省（通称：東北三省）は、「渉外婚姻」

表3—1 中国の婚姻登録状況

年	婚姻登録総数（万組）	内訳		
		中国大陸居民同士婚姻件数（万組）	渉外/華僑/香港/マカオ/台湾との婚姻	
			件数（万組）	対総数比率（％）
1979＊	637.1	636.3	0.8	0.13
1985	831.3	829.1	2.2	0.26
1995	934.1	929.7	4.4	0.47
2000	848.5	842	6.5	0.77
2001	805	797.1	7.9	0.98
2002	786	778.8	7.3	0.93
2003	811.4	803.5	7.8	0.96
2004	867.2	860.8	6.4	0.74
2005	823.1	816.6	6.4	0.78
2006	945	938.2	6.8	0.72
2007	991.4	986.3	5.1	0.51
2008	1098.3	1093.2	5.1	0.46
2009	1212.4	1207.5	4.9	0.40

※中国は1978年から改革開放政策を打ち出し、「国際結婚」の登録もこの年から始まり、統計も翌1979年から存在する。
出典：中国民政統計年鑑（2010）

の件数が多い。この地方は、日本および韓国との親縁、地縁[3]が深いため、日本、韓国との「国際結婚」が多い。また、「渉外婚姻」数が中国国内で1、2位を占める南方の福建省、広東省の2省だけで、中国の「渉外婚姻」全体の3分の1も占めている。これらの二つの省は華人・華僑を輩出したことで有名である。南方の各省では、台湾・香港・マカオ人といった国民と外国人との間に位置づけられる者との結婚が大きな割合を占めるが、「国際結婚」も相当件数がある。広東省と福建省の「国際結婚」の相手国は、いわゆる新移民国家と呼ばれる米国、カナダ、オーストラリアが中心となっている。

日本人との「国際結婚」[4]として知名度が高いのは、東部沿岸地域にある大都市上海市と東北三省である。現在は、上海市の外国人との「国際結婚」件数は以前に比べ、やや減少しており、2009年は1945件で、全国に31ある省、自治区、直轄市のうち第5位になった（中国民政部2010）。1980年代後半から1990年代後半まで日本は人気の出国先であり、上海人は留学や出稼ぎや「国際結婚」などさまざまの手段で海外ドリームを実現しようとした。それとも関連して、1984年から2006年8月までの上海市で婚姻届を出した上海市民と外

表3—2 2009年中国省別渉外結婚登録状況（件数）

省直轄市	渉外婚姻総数	夫妻の一方が中国本土		香　港	マカオ	台　湾	華　僑	外国人
		総　数	内、女性					
全　　国	49,151	48,551	40,418	5,841	1,451	12,296	6,491	23,671
福建	8,624	8,098	6,141	665	121	2,904	1,800	3,660
広東	8,049	8,047	6,227	2,001	822	989	1,228	3,001
黒龍江	2,932	2,929	2,460	32	11	186	417	2,289
遼寧	2,668	2,655	2,428	59	6	236	140	2,240
上海	2,492	2,416	2,111	126	22	305	170	1,945
北京	1,176	1,085	807	77	7	92	114	977
江蘇	1,653	1,644	1,459	64	13	551	79	955
山東	1,199	1,187	1,036	40	16	234	48	873
吉林	1,078	1,073	968	25	3	124	58	873
広西	2,087	2,087	1,846	284	76	913	73	741
浙江	2,959	2,853	2,198	75	7	480	1,787	716
四川	1,785	1,785	1,780	234	21	781	38	711
湖北	1,829	1,828	1,748	278	60	748	57	687
雲南	706	707	307	43	1	87	5	569
湖南	2,606	2,605	2,505	896	131	918	140	522
河南	1,147	1,143	1,040	115	23	514	26	473
安徽	782	782	708	38	6	311	37	390
重慶	969	969	905	133	32	416	27	361
天津	408	407	342	15	1	36	32	325
陝西	501	499	444	46	6	147	13	291
河北	414	414	349	24	4	62	76	248
新疆	234	234	71	9	1	25	13	186
海南	966	966	873	320	15	462	26	143
貴州	467	467	440	74	11	222	17	143
内蒙古	179	179	135	12	5	39	16	107
甘粛	134	133	110	14	1	30	3	87
青海	28	28	28	2		6		20
江西	915	1,168	835	127	25	448	46	16
寧夏	34	34	17	10	4	10	2	8
山西	122	122	108	3		19	3	7
西蔵	8	8	2			1		7

※渉外結婚総数は組単位、その他は人単位。外国人との婚姻件数順で表記した。
出典：中国民政統計年鑑（2010）

国籍者との「渉外婚姻」合計のうち 3 分の 1 近くは日本人との結婚で、大多数は女性側が中国人である。日本人との結婚は、1990 年代から急上昇し、2000 年前後にピークとなった。2001 年以降から現在まで、全国の「渉外婚姻」と同じ傾向を示し、年を追うごとに少しずつ減っている。減少した背景には、中国国内の経済発展によって、とりわけ都市部や東南部沿岸地域で就業環境・生活水準が海外との差を縮め、海外への憧れが薄れたことが挙げられる。そのなかでも、上海は中国の経済・貿易の中心として役割を果たし、魅力の大きい都市となった。中国各地、海外から人材が集まってきており、上海人と他地方出身者と、さらに上海で仕事する外国人との出会いも増え、かつ上海を住む場所にするような結婚の傾向も生まれている。かつて自己実現のために海外に渡っていた上海人は現在、盲目的な海外崇拝から脱却して冷静になり、「国際結婚の成熟期」を迎えつつある。

　一方、東北部地域は、国際結婚の件数の増加は上海に比べ時期がやや遅れている。2000 年代は、上海の「国際結婚成熟期」であるが、東北部地域ではその時期に「国際結婚の増加期」の段階に達している。東北部地域の中心産業は重工業であり、1990 年代の市場経済への転換によって打撃をうけ、地方全体の発展は停滞していた。東北三省は地域性が似ており、よく一括りに把握されているが、「国際結婚」に関して微妙な差異がある。黒龍江省は、残留日本人が最も多い地域であり、外国人との婚姻件数は 2289 件で全国第 3 位である。遼寧省は、反日感情が比較的に少なく、外国人との婚姻件数は 2240 件で全国第 4 位である。吉林省は、日本侵略の拠点であり、東北部地域のなかで日本との交流が一番少なく、外国人との婚姻件数は 873 件で全国 8 位である（中国民政部 2010）。現在、日本に渡った中国人のうち、東北出身者は最も多く、全在日中国人の 35％ を占めている（山下 2008）。

　「国際結婚」のきっかけとして、国際結婚紹介所の仲介や、日本で定住した東北人の紹介、日本に渡るエンターテーナーと客などのケースがある。2003 年の中国渉外婚姻手続きの改正により、外国人男性への審査が簡素化された。改正前は、政府登録機関は、中国人女性保護のために審査が厳格であったが、改正後個人の婚姻の自由への配慮で、書類が完備されれば婚姻登録の手続きを進められるようになった。ただ、手続きの簡素化により、外国人側の重

婚が懸念されている。調査を実施した 2006 年 9 月の時点では、中国国内の渉外婚姻登録に関する各省、自治区、直轄市の間のネットワークシステムはまだ連結しておらず、外国人側が他省で重婚することを防ぐことができていなかった。

　また、仲介業者の果たしている役割は非常に大きく、騙された中国人女性も少なくない。2000 年以降、日本の国際結婚紹介所は東北部地域に現地事務所を多数設置し、中国人女性を斡旋し、さらに中国人女性からも紹介料として高額な費用を徴収している。「国際結婚」を斡旋する仲介業者は、1994 年に通達で禁止され、その後も地域によって禁止条例が制定されているにもかかわらず、管理や取締りの責任を負う部署が明確でないなどの事情があって現在に至ってもその活動が盛んである。そして、明らかなビジネスとしての斡旋業者ではない仲介者まで取り締まるわけではないために業者ではないように仮装するものも少なくなく、被害に遭う当事者は保護されにくい状況にある。

　「日本人はツアーで中国にきて、わずか 3、4 日で婚姻登録をしてしまう」こともある（遼寧省渉外婚姻登記所のインタビュー）。そのため、結婚のために窓口にくるカップルは、全く言葉が通じないことや、互いの基本情報でさえ知らないことがしばしばある。言葉が通じないカップルが結婚登録に関する手続きをスムーズに進めるため、仲介業者はよく同行して窓口で通訳を兼ねる。仲介業者が介入する「国際結婚」は非合法であるため、当事者の友人や親族だとぼやかして言う。仲介業者経由の結婚には、極端に年齢が離れる男女は少なくないという。極端な場合、日本人男性が中国人女性とは祖父と孫ほど歳が離れており、車椅子に乗ってきたことさえあったという。

第 4 節　誰が海を渡る花嫁となるのか

　本節で扱う資料は、中国各地で筆者が 2006 年に行なった中央民政部、各省、直轄市、自治区民政庁（局）担当者の聞き取り調査で得たデータに基づいている。

　中国民政部婚姻管理処の責任者によれば、国際結婚をする中国人女性には、二つの典型的なグループがある。一つは、学歴・職業など個人の総合素質が高

いグループである。このグループは外国人側との条件が近く、いわゆる自由恋愛で結婚に至ったため、結婚後も問題が比較的少ない。外資系企業で勤務する中国人と外国人同僚との結婚はその一例である。もう一つは30、40歳代の女性グループである。結婚適齢期を過ぎたり、離婚や死別を経験したこの女性たちは、結婚もしくは再婚を望むがなかなか困難であり、経済的にも困窮していることが多い。中国において、男女平等がすすんでいる一方、再婚において女性、とくに子連れの女性は非常に不利な立場におかれる。離婚した男性は、若い独身女性との再婚が少なくないのに対し、女性はずっと年配で条件のよくない男性にしか恵まれないことが多い。その上、女性、とりわけ農村の女性は、結婚をして男性に依存する意識があり、自立精神が強くないため、結婚（再婚）を望む。一方、離婚経験者、農村女性や都市リストラ女性は、外国人男性が中国人男性のように処女性にこだわらず、離婚経験者、子連れでもOKとの仲介業者の宣伝に心が動かされ、運命を変えるため国際結婚に臨む。

　筆者が日本の都市部で実施した別の調査では、中国都市出身者の女性が嫁いできた複数のケースに出会った。ある北京出身の女性は、前夫と離婚後なかなか再婚できず、苦労して娘を育ててきたが、長年勤めていた国営企業は人員削減のためリストラされ、生活が困ってしまった。そのとき、仲介業を営む知り合いに日本人男性との再婚話を持ちかけられた。彼女は、日本は裕福な国だから、これから生活が楽になると信じて東京に住む男性との再婚に踏み切り、1995年に来日した。しかし、日本人夫の暮らしは困窮そのもので、健康状況も悪く、定職を持っていなかった。彼女は、生活と娘の学費を稼ぐため毎日長時間のアルバイトを余儀なくされていた。

　日本人との結婚に臨んだ上海人女性は、再婚者が多く、安定した職業を持つ者が少なく、学歴などの個人素質が全体的に低いことが特徴といえる（上海市民政局担当者）。これらの女性は、先述の中国のジェンダー的要因で中国国内での再婚が制限され、子どものためや安定した生活のために海外へ再婚する道を選ぶことが多い。また、彼女たちは、学歴が比較的低く、インターネットの利用方法がわからなかったり、新聞を読む習慣がなかったりするため、情報量は制限されがちで、仲介業者や知り合いの話を容易に信じ込んでしまう。

　東北地方の場合、都市部だけではなく広い農村を抱えているので、状況は幾

分違う。遼寧省の場合、渉外婚姻をする中国人側は農村出身者と再婚者が多い。無職者がその8割を占め、再婚者は30〜40歳代が多い。日本人側は、たいてい会社社員であり、他には一部の農業、自営業者もいる。遼寧省渉外婚姻担当者によれば、「日本人側は、中国人側よりずっと年上で、日本のお盆休み時期になると、毎日20カップル以上が結婚登録機関にやってくる」とのことである（遼寧省民政庁担当者）。

黒龍江省の場合、日本人と結婚した中国人女性は、各年齢や各階層の人がいるが、30〜40歳までの女性は3分の1強で、40歳以上の中年女性は約4分の1を占めている。また、カップルで歳相応なのは3分の1で、残りは年齢がかけ離れている。歳相応なカップルの中国人女性は、大体地元ではなく東南部沿岸都市で勤務するOL女性たちであり、会社の同僚と恋に落ちたのである。黒龍江の女性の嫁ぎ先は、日本の農家が多く、男性の学歴や階層が低い人が多い。彼女たちの結婚は、親戚や知人の紹介、あるいは仲介業者経由である（黒龍江省民政庁担当者）。

吉林省の場合、離婚経験者や死別経験者が多く、大多数は農村女性と都市中低収入階層である。吉林省出身の女性と韓国人男性との国際結婚も盛んに行われている。また、年間何千組が成立する「渉外婚姻」の大多数の中国人側は女性であるため、女性が海外に流出した結果、地域によって結婚適齢期の男女人口にアンバランス現象まで起こってしまう。さらに、海外出稼ぎ者や結婚した者が帰国して消費するため、延辺朝鮮族自治州のような地域の物価が異常に高くなる。だが、吉林省は朝鮮族が多くて、日本語学習者が多いためか、日本人との国際結婚のなかに自由恋愛が少なくないともいわれる（吉林省民政庁担当者）。

筆者が日本中部地域のある農村地域で行なった調査（第2章および第Ⅲ部を参照）によれば、嫁いできた中国人女性のうち農村出身者が相当人数であった。農村出身者の大多数は、農村から都市へ一旦移動してから、来日するという二段階移動を経験していた。彼女たちは、中国の都市部あるいは東南部沿岸の経済が発展している地域に出稼ぎ中に、仲介業者を通して日本人と結婚し来日したのである。ごくわずかな女性は、出身地である農村から結婚して直接来日した。前述の調査で確認した中国の農村出身者である女性結婚移民は、吉林省、

遼寧省、湖南省、広東省、広西省などから、広州市、深せん市、江蘇省など先進地域に出稼ぎをした経験があった。これらの女性には、男兄弟がいないか、幼いかのため、家計を助ける大黒柱的な娘で、10代から学業を中断して故郷を離れ出稼ぎにいく人は少なくない。結婚移民のうち、直接来日した人はごくわずかであり、そうした女性たちは、いわゆる旧満州のような、いまでも日本との関連が密接である地域の出身である。

　このように、中国からとりわけ仲介業者を経由して日本に嫁ぐ女性は、時代の烙印を押されながら、中国の伝統および社会の発展によって、さらにみずからの出身地域、結婚歴、定位家族の事情などによって特徴づけられ、左右されていることが分かる。

注
1) 中国では、省、自治区、直轄市は同一行政レベルにあたり、日本の都道府県に類似している。直轄市は、北京、上海、天津、重慶の４都市を指す。
2) 在職中の者は職場から、無職の者は戸籍所在地の政府機関から提出する証明を持参する。
3) 中国の東北三省は、日本人残留者の多い地域で、韓国に親戚がいる朝鮮族も多く住む地域でもある。そのため、この２国との親縁関係のある者が多く居住している。
4) 中国民政部のデータには、「国際結婚」の相手国の国別のデータがなく、総数のみである。以下で日本人との「国際結婚」に関する記述は、各省・自治区・直轄市政府からの聞き取りによるものである。

第4章

日本の農村と「家」
――受け入れ側のプル要因

　第4章では、プッシュ要因と密接に絡み合うプル要因を、本書が対象とする日本の農村社会に関して検討していきたい。以下では、まず日本の農村とそこにおける家族の特徴を明らかにし、農村女性の置かれている状況を解明しつつ、「国際結婚」のプル要因を検討する。そして本書がフィールドとする近郊農村A市の状況について最後に整理を行う。

第1節　「家」と「村」

　昨今に増加している「国際結婚」は、グローバル化が進むなかの現象であり、近代の産物だと考えられがちで、伝統的でかつ「遅れた」イメージが帯びた「家」観念とは無縁に思われる。だが、日本の農村社会の慢性的な嫁不足ゆえの外国人女性の大量「嫁入り」である以上、日本の農村部の「国際結婚」はやはり、農村の基底をなす「家」、「村」の論理と脈々と関連づけられている。したがって、「日本人嫁不足」そして、「外国人嫁入り」という現象を理解するにあたって、まず受け入れ先としての日本人の家族と「家」の関係および村落社会について究明する必要がある。

（1）　日本の「家」観念

　近代日本では、明治民法が制定されるに及んで直系家族としての「家」制度が法定された。「家」制度は近世の支配階級の武家の家族制度をモデルとした

ものだといわれている。そこでは、長男が家督と家産を単独で相続し、家長＝戸主の位座を継承してゆく形で、子子孫孫に及ぶ「家」の存続が希求されていた。さらに次、三男や姉妹たちは、長男＝戸主の統制下に置かれるのが普通であった。また、家族成員個人の願望は、団体としての「家」のために犠牲にされなければならなかった（木下 2001）。こうした「家」制度を法定し、「家」という団体主義的な生活単位を設定することにより、近代日本は社会保障や社会福祉の手を抜くことができたと洞察されている（木下 2001）。だが、「家」制度は、近代化の過程で空洞化してきており、第二次世界大戦後に民法が改正され、「家」制度が廃止された。

「家」制度に基づく「家」観念は、近代の「制度的家族」から「友愛的家族」への変化のなかですでに消滅していると考える人は少なくない。しかし、少なくとも農家や商家においては、現在に至っても、「家」観念は続いている。「"『家』を家産としての農地を相続によって継承して、家業としての農業を営む人々の生活組織"と仮に規定するならば、『家』は、〈いま〉の『農家』の中に脈々と生きている」（永野 2004：127）のである。しかも、「外国人嫁入り」までせねばならないことは、まさに農村家族の本質である「家」の継承に深く関連している。たとえ〈いま〉の「農」において不利益が多く生じていても、人々は農村や農業を捨て、都市でサラリーマンになるという「楽な生活」を選択せず、農村に留まる。この事態は、日本の「家」観念が存在し、かつ人々の精神に深く根付いていることを意味する。それだけではなく、第5章や第6章で言及する農村の「国際結婚」で生じるさまざまな問題もまた、「家」観念と深くかかわっている。

「家」および「村」に関する理論は、庶民である農民の「家」制度の分析であり、日本の村落を研究するもっとも基礎的な分析枠組みとして、農村社会学や歴史学や民俗学の領域で広く用いられてきた（永野 2004）。今日においては、日常生活の言葉としても、研究上においても、近い血縁者で同じ家に住む者同士は「家族」と呼ばれることが一般的となり、「家」を用いて日本の「国際結婚」のプル要因を分析する妥当性が疑われるかもしれない。西洋から輸入されてきた翻訳語である「家族」には、その当時に支配的であった西欧、北米の文化背景にある中産階級の「家族」観が濃厚にあり、核家族がその典型と思われ

ていた。しかし、日本という個別性を視野に入れて考えるときには、「フォーク・ターム（民俗語彙）としての『家』が切れ味が鋭くなる」（鳥越1993）のである。したがって、以下では日本に限らない通文化的な事象を指す時には「家族」を使い、日本の個別性に満ちた農村の「家族」を指す時に「家」と使い分けることにする。

「家」観念にはいくつかの特徴がある。①「家」はその財産としての家産を持っており、この家産に基づいて家族を経営する一個の経営体である。②「家」は家系上の先人である祖先を祀る。③「家」は世代をこえて直系的に存続し、繁栄することを重視する（鳥越1993：11-12）。

まず、一つ目の特徴として、農家や漁家・商家がその典型的例である。農家の場合、土地という財産をもっており、それに基づき、農家経営をしている。永続性のため、非親族の成員を家の成員として迎え入れることがある。日本の「家」は、「中国の親族集団よりもいっそう団体（corporation）に似たもの」である（鳥越1993：15）。

二つ目の特徴は、家の先祖をまつることの意義を重視することである。日本人の祖霊観においては、儀式は葬式に始まり、年忌があり、死後33回忌で弔い上げとなり（50年目というところもある）、そこでようやく『死霊』が『先祖』に昇格できる（鳥越1993：28）。もし死霊やホトケをまつる子孫がいなければ、さまよう霊、いわゆる幽霊になってとどまり、いつまでも神に昇格できないと考えられている（鳥越1993）。そのために、儀礼は決定的な意味を持ち、つまり儀礼をおこなう子孫の存続、言い換えれば「家」の永続が重要な価値をもつ（鳥越1993）。まつる子孫が途絶えてしまったとき、死霊やホトケである自分はどうなるのかという不安は、このような祖霊観を持つものにとっては拭い去ることができないであろう。

三つ目として、直系家族的な特徴である。日本民族は生活の基本である家族の永続を願い、この願いは「家」の構成としての直系家族と関連してくる。家は永続していかなければならず、また1個の経営体としても一定の労働力を必要としたからである。直系家族とは、一人の子どもの生殖家族とのみ同居する家族をいう。ふつうは長男夫婦と同居し、彼らは生殖家族を形成していく。長男のきょうだいは分家として出るか、婚出することになる。また、形態上では

一時的に核家族であっても、それは潜在的な直系家族であり、そこに住む人たちの気持ちとしては、たまたま祖父母が亡くなっただけであり、同居する子どもが結婚したときには再び直系家族になる。戦前のような、直系家族形態が規範として、場合によって法律として制度化されている状態が、直系家族制と呼べる。それに対し、戦後の社会では、概していえば核家族制（夫婦家族制ともいう）といえる。しかしながら、戦後、核家族制とはいえ、欧米の核家族制とは内実が異なり、やはり日本の家族は核家族制の下においても、直系家族、さらには潜在的直系家族も存在する（鳥越 1993）。「『家』という視点からすれば、潜在的直系家族の問題は現在の日本の家族を正確に理解するために、大変重要な研究テーマといえる」（鳥越 1993）。日本の農村で、独身の息子を抱える農家は、核家族形態であるが、内実では潜在的直系家族でありうる。

（2） 村落社会

日本の「家」観念は、このような特徴をもって現在の家族のあり方を規定している。さらに、もう一つの日本人の根底を支える精神は「村」に求められる。人々の行動原理について、欧米の「個人主義」に対し、日本の場合は「間柄主義」であると主張されることもある（浜口 1977、1982）。日本人にとって、個人としての私というよりも、何らかの組織に所属している自分がいるということである。その「間柄主義」は、日本人の精神の故郷である「家」や「村」に基盤がある。「最も乱されない日本人の心は、農村の「家」や「村」の中にひそんで居る不文の生活原理にこそ其最も正しい姿を見出し得る筈である」（鈴木栄太郎 1940 = 1968：3）。鈴木栄太郎は、村落で生活する個人について、その個人の意志は、純粋にその個人固有の意志だけではなく、「遠き過去からはかり知れぬ多くの村人につながっている」個人の意志であると指摘した。鈴木はそのような人々の行動を方向づける行動規範のことを「村の精神」と呼んでいる（鈴木栄太郎 1940 = 1968）。

また、村落において、家々がすこしでも安定した生活を送ろうとしたら、家々がなんらか形で結びつく必要性が生じる（鳥越 1993）。労働力の交換や共有以外に、村落の総有にも反映している。村落の土地は、総有の土地と私有の土地に分けられるが、たとえ私有の土地であっても自由に売買できるものでは

ないという土地所有の二重性がある。

　農村に住む人々には、このような「家」観念と「村」観念が断絶することなく、脈々と受け継がれていることが多い。そのため、農家は近代化やグローバリゼーションのなか、さまざまな困難に直面しながらも、跡取り息子が土地を受け継ぎ、家業である農業を続け、先祖を祀り、直系家族としての「家」を継承してきており、これからも継承していくのであろう。また、農業は外部からの新規参入者は少なく、農家の後継者によって継承されている（永野2004）。兼業化が進んでいることは事実ではあるが、これは家の解体ではなく、家の「存続戦略のひとつ」として位置づけられる。つまり、今日においても農家は夫婦や親子の死で完結する一代限りの家族とは異なり、「超世代的な志向性をもつ」のである（永野2004a：30）。

第2節　「家」の矛盾と農家の女性

　明治民法下の日本の「家」制度では、「家」の系譜の超世代的連続が最高の目標であるため、夫婦という単位は家の跡継ぎの子どもを得ることと生産労働の共同以外に構造的重要性を持たなかった。すなわち、「家」の存続・強化が求められる直系家族においては、家族の中核的関係は父親と長男子の親子関係である。嫁（妻）は、農作業と衣食住に関する家事万端と、跡継ぎを産むこと、授乳や子どもの世話などの役割を分担して生活を維持した（木下2001）。

　従来の「家」研究は、「家」を一つの集合体としてみることが多く、その際、男性の世帯主や経営責任者や後継者に焦点をあてたものが大半であり（永野2004）、女性に焦点をあてた研究が少ない。近年、「農家家族における個人化」（熊本1996）を取り上げた研究は増加していることとも関連し、農家の女性を対象とした研究は少し増えている。

　永野（2004a、2004b）は山形県庄内地方の農家の検討を通して、農家の生活構造が大きく変容し、家族成員の労働の場が個人化し、収入源も多様化したことがわかった。このように、従来の家長による生産労働の統制や、家計の一元的管理方式が変化し、より多様性がみられるようになった。とりわけ家計について、消費生活が農業経営費から分化し、主婦の自由裁量に任されるだけでな

く、世代ごとの夫婦別勘定も発生し、「家」の共通の財布ではなくなっていた。しかし、兼業化や複合化によって、農家の各成員の役割が多様化し、家の機能や権限が多元化してもなお、農家は「個々の構成員の単なる集合を越える以上の独自のまとまりをもって組織なのであり、『家』という独特の編成原理に特徴づけられた集団であることには変わりがない」(永野 2004b：131)。

　なかでも、農家の女性は、家事や育児など生活面における家事労働をこなしながら、農業労働あるいは農外労働に従事しており、多岐にわたる役割を過重に背負いがちである。「家」そのものは、封建的な性質から脱却しつつあるが、農家の女性は、依然として「『家』の矛盾が凝縮して顕現しやすい位置にいる」のである(永野 2004b：131)。農家の女性に視点を据えた研究は、農家が「家」として再生産されていく過程が、矛盾や葛藤に満ちていることを示すだけではなく、そこから、こうした矛盾に対する当事者たちの対処を通して彼らの意識を知ることもできる。

　家父長権の強さや女性の低い地位というイメージが帯びる「家」は、個を尊重しようとする戦後の風潮とは相容れないため、現代の評判はあまりよくない。こうした負のイメージは、明治民法の「家」制度に由来するものとされている。戦後の日本の農家の多くは、一般的に直系家族である(吉田 2001)。1990年代まで、日本の家族農業経営において、女性は「〈見えない〉存在」(竹内 1969)であったが、1996年から、農業者年金基金法が改正され、女性も加入の権利をもつようになり、女性ははじめて「見える存在」へと「前進」した(熊谷 2002)。

　とはいえ、現代の農村の女性の自立は、過去に比べると大きく促進されているが、「相対的な自立」にすぎない。彼女たちは重要な「労働力」であり、その上に「他の家族成員の役割の隙間を埋める」「補助」や「脇役」である(永野 2004b、渡辺 2003：134)。農村女性は、家事・育児、自給のための農作業、さらに介護という「私的労働」に従事しながら、自家農業労働や農外労働という「公的労働」も担うという「二重苦、三重苦」(吉田 2001)の状態にある。

　今日の日本の農村家族は、世代や性別によって異なる生活様式や就業形態が「ぶつかる場」として「個人化現象」が生じたとの指摘がある(熊谷 1996)。このような背景の下でも、農家の既婚女性は、「夫の嫁としてある前にまず第1

に家の婦としての位座をも」ち（内藤2004：23）、さらに、農業労働の時間量において、男女間にさほど差がないのに対し、再生産労働に従事するのは女性のほうがより長い（熊谷2002：194）。しかも、農村に見られる男女の「顕著な役割分業とは裏腹に、実はその根拠が非常に曖昧」なのである（渡辺2003：134）。むろん、外部のさまざまな影響をうけ、農家のあり方は不変ではない。「直系家族」というモデルが基本だとしても、農村家族は「直系家族」と「近代家族」モデルの間で揺れ動いている（千葉2000）。

　ところが、以上のような女性の地位に対する批判的な評価がある一方、嫁の地位が大きく改善したとの分析もみられる。永野（2004b）は、かつての「角のない牛」あるいは「ただの働き手」と呼ばれてきた農家の嫁世代は、自由裁量で使える小遣いや農業経営への関与をみる限り、現金収入の担い手としても、農業労働力としても、重要な役割を果たしていると評価している。さらに、家事労働の領域での舅世代と嫁世代の分担も、農業労働の領域での夫婦の分担も、「指揮―追随関係」から遠く、それは、農家の家族的な役割分担の一環であり、世代間や夫婦間の相互的な協力といった性格をもつとされる（永野2004b）。そのため、永野（2004：30）は、現在の農家を、過去から変化せずに残っている側面があるにせよ、「家父長制的」と捉えることがもはやできないと結論づけた。さらに、こういった農家の家族関係における変化は、「家」制度が廃止され農地改革が実施された戦後よりも、むしろ高度経済成長期に進行したと指摘している。

　以上のようなさまざまな分析から、農家の女性の地位が依然として低いというものと、地位は改善されたというものとの二通りの視点が浮かび上がったようにみえる。しかし、前者は先進国同士の間で、あるいは時代のなかでの横の軸における判断であるとしたら、後者は日本社会の歴史上の過去と比較して得られた縦の軸における判断であり、改善されたというのは程度の差であり、本質的な改善ではないと考えられる。いずれにしろ、「家父長制」が消え、女性の地位が歴史的にみれば上昇したとはいえ、日本は先進工業国の中でも、性別役割分業が強固な社会である事実は変わりない（松田2000）。

　都市のサラリーマン世帯の女性に比べ、農家の女性に過重な負担が伴うことが多いことは否定できないであろう。農家では、「家」を継承させ、農業を続

けていくためには、どうしても「嫁」となる女性が必要となる。しかし、他のより魅力的な選択肢をもつようになった日本人女性が、農村に留まらなくなったのは事実である。したがって、一部の日本の農村地域において、日本人女性の代わりに、アジア人女性を、日本人女性が放棄しつつある「農家の嫁」として、生産力と再生産力の両面から期待し、迎え入れているのである。

第3節 「国際結婚」をもたらす背景
―― 日本におけるプル要因

　経済のグローバル化が進むにつれ、日本人が商用、留学、観光、その他の目的で頻繁に海外を訪れるようになった。「国際結婚」は、男性の国際移動でより生じやすくなるといわれている（新田 1992）。しかし、こういった国際移動が可能な、階層の相対的に高いホワイトカラー男性だけでは、「国際結婚」件数の8割を占める日本人男性による「国際結婚」はもたらされないだろう。実は、国境を越える移動とは縁遠いところにいる日本国内在住の男性による「国際結婚」が、その大半を占めている。このような日本人男性とアジア人女性が中心となる「国際結婚」には、日本国内の深刻な「結婚難」問題が密接にかかわっている。

（1）　農村の「嫁不足」問題

　農村男性の結婚難問題には、いくつかの原因が指摘されてきた。

　まず第一に、高度経済成長期以降、農業が他産業に比べ、産業として相対的に衰退してきたことが挙げられる。高度経済成長期の過程で、都市と農村の地域的な矛盾が激化するとともに都市化が進展し、その結果、都市の過密に対し、農山村では過疎化問題が生じた。高度経済成長期を支えるため、農村は都市型産業への労働力の供給地という位置にあり、みずからは労働力不足に悩むことになった。また、都市圏の拡大と周辺地域の都市化による構造的変容、農村とりわけ近郊農村の混住社会化が進むことに伴い、近郊農村の従来の生活環境や資源の維持管理機能の低下、農業生産活動面で多様化と衰退が見られる（渡邉 1988）。

このような近代化・工業化のなかで切り捨てられて、機能不全化しつつある日本の農村システムの背景の下で生じた結婚難を埋め合わせるものとして、「国際結婚」とりわけ「仲介型国際結婚」は導入された（嘉本 1996）。さらに、農村部の「国際結婚」で有名になった東北地方での嫁不足の原因には、「出稼ぎ」による父親不在が、家庭における強力な「母親」を生み出したこと、さらに母子依存による「マザコン」長男現象が現れたことと深く関連しているとの指摘もある（桑山 1995：58）。
　第二に、女性の結婚意識が変化したことが挙げられる。高学歴化を背景に、「結婚したい人が現れなければ無理に結婚しなくてもよいのであって、結婚したい人が現れるまで待てばよい」という「結婚を延期させる」意識（江原 1988、神原 1991、右谷 1998 等）が女性に広くもたれるようになった。その結果として、晩婚化が進む。このことは、都市農村を問わず、どちらかといえば都市の独身女性にみられる意識であるが、農村の女性の場合はどうであろうか。
　「国際結婚」の成立および増加の背景には、農家の封建的「家」意識の名残を、「家」を守る義務のない都会志向の若い女性が敬遠して農村を去ることがある（中澤 1996、竹下 2000）。いくつかの研究が指摘しているように、農家の主婦が我が子に対し、「息子は農家の娘と結婚させ、娘は非農家と結婚させる」という奇妙な構図ができ上がっている（岩本 1995：219、光岡 1980：50-51）。ある過疎地域で行なった調査結果では、親が息子に親の仕事を継ぎ、地元で就職することを期待する比率は56％であるのに対し、娘には33％しか期待しないという結果が出ている（岩澤 1995）。過疎地にとどまり、「結婚難」を直面する農村男性は、一般的に「真面目で親孝行者」が多いといわれる（坂本 1994）。さらに、「結婚は親孝行のため」と考え、「家業の存続が最優先」と考える男性も少なくないという（岩澤 1995）。
　以上のように、産業化と都市化によって農業および農村が周辺化されたこと、そして日本人女性が農村における直系家族的家父長制を敬遠していることのため、親との同居が義務づけられる農村部の跡継ぎ男性が深刻な結婚難に陥っている。日本では、他産業に比べ、農業男性の未婚率は最多であるが、農家の跡継ぎとなると独身率はさらに高い。農家の跡継ぎ男性の独身率は30代前半で4割強、30代後半で3割弱、40代前半で2割強、40歳代後半で2割弱である

（内藤 2004）。他方、都市部においても、いわゆる 3K 職場で働く男性や、親と同居する男性も日本人女性から敬遠される。このように、日本社会の過疎地の農業従事者、小規模自営業者、中小企業労働者など相対的に経済力のない層には、深刻な結婚難が存在している（山田 2000）。

しかし、この層の男性はいくら経済力がなくとも、先進国である「日本人」である以上、発展途上国であるアジア諸国を中心とする外国人女性からは裕福にみえる。一部のアジア人女性にとって、日本人男性と結婚することは「上昇婚」と認識されている（笠間 1996）。ただし、無視してはならないことは、そのような日本人男性とアジア人女性との結婚を仲介する斡旋業者の存在である。

（2）　媒介要因——国際結婚紹介所の働き

仲介業者は、「国際結婚」に踏み切らせるために、結婚難問題を抱える男性に自信を与えようとする。「国際結婚」は、農村の過疎化解消のためであるとともに、何よりも男性のためであることが主張されるのである。日本人男性向けの宣伝文句には、男性が優位になれることと、男性が女性をコントロールできることが繰り返し強調されている。例えば、外国人女性は、「大和撫子のよう」（山田 2000：95）であり、「今の日本人女性になくなるつつましやかさ」（山田 2000：95）をもっている。「男性がその女性（ここでは中国東北部女性）と結婚したいと言えば日本の女性と違ってほとんどの女性が OK です。男性にしてみればいままで日本でいくらお見合いしても全て女性から断られて自信をなくしていたものをちょっと角度を変えただけで自分が選ぶ立場になれるのです」（川村・鶴見 2003：119）などとも書かれている。さらに、「いずれの家族も町に何の違和感もなく溶け込み、中国の奥さんも日本の女性よりも日本的という、地域の人々たちの間ではもっぱらの評判です」（川村・鶴見 2003：60）という宣伝文句もあるように、本来、異文化間の結婚であるはずなのに、「異」の部分をわざわざ消そうとしている。これらのことは、必然的に外国人女性の日本への移住、結婚生活に暗い影を落とすことになろう。

このような状況で、一時期の自治体の動きも含め、国際結婚の仲介業者がアジア人女性を花嫁のターゲットにする動きが出てきた。東北地方の跡継ぎ農業男性の結婚難問題を受け、1985 年に行政介入による集団お見合いが行われた

ことによって、外国人「嫁入り」の幕が開いた（宿谷1988）。しかし、マスメディアなどから「人身売買」ではないかという批判が噴出したため、行政は次々と手を引き、代りに民間の結婚仲介業者（ブローカー）がアジアの女性の「嫁入り」を行うようになった。以来、ブローカーの仲介で、日本人女性の代わりに「妻」となって海を渡ってくる女性の数が急増したのである（桑山1995）。

　このように、先進国である日本の男性たちが、自分の国にはすでに存在しないであろう「愛情に満ちた善良で従順な古風な女性」を求め、その経済力でもって貧しい国々の女性を手に入れている。「相対的に貧しい第三世界の女性にとって、外でのきつい労働をしなくてよい日本人の妻になることは、まさに『階層上昇』の印としての意味を持」（山田2000：95）っているためか、フィリピン、中国、タイ、韓国、ベトナム、そして最近はロシアなどから、結婚に伴う移住を果たして日本人の妻となっている。

　このように結婚難というプル要因を抱える日本農村社会に、アジア人の女性が相継いで嫁いでくる。以下では、本書の主要なフィールドである本州Ａ市に焦点を当て、その地域的な特性を探りたい。

第4節　裕福になった近郊農村──Ａ市について

　本州Ａ市（Ａ地域）は、近くにある地方都市の南部から西に伸びる半島に位置し、三つの町の合併によって形成された。半島全域は、洪積層の台地よりなり、地質は強酸性で乏水地帯のため、慢性的水不足に悩まされて、農業をはじめとして産業は発達しないまま、戦後まで貧しい半農半漁の寒村地域であり、奥郡（おくごおり）と呼ばれる不毛の僻地であった。農業用水だけではなく、飲料水ですら天水に頼ることが多く、各地で雨乞いの行事が盛んであった。農業といっても、麦や芋に代表される雑穀と桑の栽培や養蚕にすぎず、自給的な農業にとどまっていた。したがって、住民の生活は、かなりの部分を漁業に依存していた。そのため、この地域には、いまなお「地類（ヂルイ）」と呼ばれる同族結合の名残が存在しているが、目立った地主がおらず、農業を基礎とする顕著な階層支配が見当たらなかった。

A市における社会結合の大綱としては、上述の「ヂルイ（地類）」や「セコ（瀬古）」がある。この地域のヂルイは、地分れ仲間であり、本源的には同族集団である。セコは近隣を契機とする地縁集団である。ヂルイはたいてい3〜6軒程度の小集団であり、いまなおヂルイという意識が存在しており、とりわけ冠婚葬祭に際しては一定の機能をはたしている。また、重要な事柄の相談や、農業資金の借入の際にはヂルイが保証人となっている事例も多い。

　戦後の1960年代に「農業基本法」農政（略して農基法農政）が実施され、農業構造改善と、その基礎的条件として自立農家の育成と農業生産の選択的拡大が推進された。そしてA市は、この農基法農政の下で、農業を成長産業として資本主義的経済のなかに組み込むことに見事に成功した数少ない地域として注目されることになる。さらに、昭和40年代の用水の開通により、農業が可能になったことも一つの大きな要因であった。その時期から、国や県の農業投資が集中的になされ、露地畑作、園芸施設、畜産を主体とする農業が展開していった。だが、土地が狭いため、付加価値の高い農業を行うことが多く、伝統的な稲作農業ではない。収益性が高く、農業所得を飛躍的に増大させたために、多くの中核的農家では全国平均を大幅に上回る所得を得る大規模な農業経営を実現させてきた。数千万円の所得を得る「八桁農業」が実現できた農家も続出した。しかし、A市の農業が、その優位性を維持させていくには、困難さもある。それは近年における農地面積の減少と、農家の兼業化が進んでいることである。国勢調査（2005年）によれば、A市の産業別就業数は、農業、漁業を含む第一次産業は33.3％、製造業・建設業を含む第二次産業は28.9％、サービス業などを含む第三次産業は37.4％であり、農業の就業人口は全体の約3分の1にとどまっている。それでも、A市の農村地帯は大きく変容しながらも農家のあり方が大きく崩壊することなく、維持されてきた。

　これまで見てきたように、生産性の高い集約的な農業が展開されることで、農家は経済合理的な経営態度を要請され、年中多忙になっている（黒柳1997）。そのため、人手が必要となり、嫁は重要な労働力となる。また、兼業化の進展と企業の進出とがあいまって非農家世帯も増加している。

　農家にとって、「家」は、継承されるものであり、シンボルでもある。「家」は単なる農業経営体以上のものである。「家」を継承していくには、跡取りを

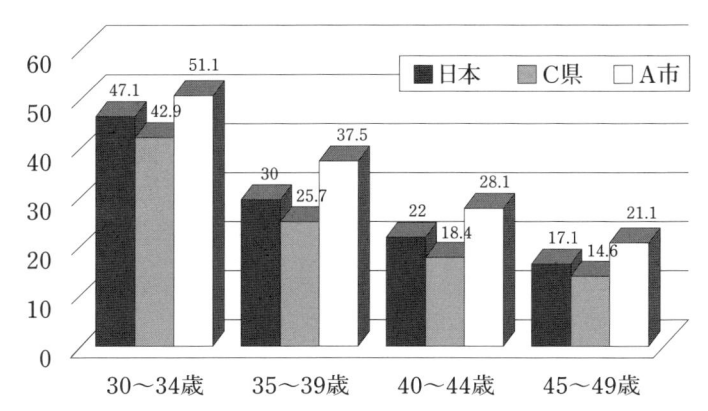

図4—1　日本、C県、A市男性の未婚率（％）

出典：2005年国勢調査に基づき、作成した。

育てなければならない、そのためにも、「嫁」をもらわなければならない。A市では、このような「家」意識がいまだ存在しているため、地元にとどまる人が多く、「家」の後継者は、自らが継承しなければならないというプレッシャーを強く感じている。なぜなら、地域社会には、「村」があり、親戚や同族など一統、一門、本系、分系などの集まりがあり、さらにデルイなどもあるからである。また、「家」のもう一つ重要な機能は先祖を祀ることであり、後継者は、自分の世代で継承できなくなることを避けるために、A市の農村にとどまる人が少なくない。

以上にみられたように、労働力としての「嫁」、さらに「家」を継承するための「嫁」が必要とされている。しかし、比較的経済的に裕福で気候にも恵まれているA市でも結婚ができない男性が増えている。未婚率は男性で高く、女性で低い傾向をみせている。2005年の国勢調査によれば、A市の男性の独身率は同市が所在するC県全体、そして日本全国の率を、どの年齢層でも上回っている（図4—1）。この状況は今後もますます深刻になると予測されている。おそらく、A市の農家の跡継ぎ（同居男性）のみの独身率はさらに高いであろう。

この深刻な結婚難を解決するため、自治体はさまざまな工夫を試み、例えば、

定期的に「独身男女交流会」や「恋愛（結婚）カウンセリング＆セミナー」などを開催してきた。しかし、大きな成果が上がっていないのが現実である。その結果として、アジア人女性を結婚相手に斡旋する「国際結婚」紹介所が活躍することになる。

　A市内において、2000年以降、農業後継者の「国際結婚」が増えており、現在市内の「国際結婚」カップルは約165組（2007年1月時点）と推測されている。だが、この数字は「日本人配偶者等」の在留資格をもつ者のみの数字であり、すでに日本国籍に帰化した者、あるいは「永住」資格を得た者は統計に入っておらず、実態はもっと多数であると思われる。そして、これらの「国際結婚」は、ほぼ全員が日本人男性と外国人女性による結婚であり、女性の出身国は、中国（69人）およびフィリピン（67人）が多い。A市における「国際結婚」の特徴として、日本人男性は長男で跡取り息子であることが圧倒的に多く、そして農家が大半でかつ男性本人も農業従事者である。さらに、外国人女性の嫁ぎ先は、日本人夫およびその両親や未婚のきょうだいからなる直系家族である場合が多数である。もう一つの特徴は、A市の「国際結婚」は自由恋愛によるものが少なく、「国際結婚」斡旋業者によるものが多いこと、また日本人男性とアジア人女性の年齢差が大きいことも特徴的である。

第Ⅲ部

移動する中国人女性の
ライフストーリー

第5章

中国人女性の「周辺化」と結婚移動

　第Ⅱ部では、国際結婚移民女性の社会的プッシュ要因とプル要因をそれぞれ検討した。ここでその検討を踏まえながら、第Ⅲ部第5〜7章では「国際結婚」という現象がどのように社会との相互作用のなかで発生しているのかをいっそう深く理解するために、当事者である中国人女性が移動の過程で自らの立場をどのように理解し、いかに行動をしてきたのかに耳を傾ける。

第1節　女性結婚移民 ── 移動する者としての視点

　中国人を含める農村部に嫁いだアジア人女性移民は、マスメディアに「農村の花嫁」と呼ばれており、この呼び方は賛否両論あるものの次第にマスコミのみならず、研究者の間でも定着がみられた。こうして、「農村の花嫁」に関する研究は、山形県をはじめとする、東北地方をおもな対象地として蓄積されてきた。

　研究の蓄積がある一方で、「国際結婚」研究におけるアジアからやってきた「農村の花嫁」は一括りにまとめられて考察される傾向があるという問題も存在する。また、国境を越える移動を規定する要因として経済的要因がしばしば強調されてきた。

　送り出し社会を軽視すること、経済的要因のみ重視することが、農村に嫁いだアジア人女性結婚移民を移動する主体としてみなしていないことと結びついている。女性結婚移民を移動して・き・た・者と捉え、本人を移動す・る・者としてみなしていないと指摘できる。女性結婚移民を移動する者とみなすためには、移動

103

後のみならず、移動前も視野に入れ、「国際結婚」のダイナミズムに着目せねばならない。さらにそのことで、移動の要因として経済的要因だけではなく、第2章で紹介した移民研究が指摘したジェンダー要因など、ほかの要因も浮上するであろう。本章は「国際結婚」研究に移民研究の移動と社会文化的要因の視点を加えることによって、女性結婚移民の送り出し社会における経済的要因およびそれ以外のプッシュ要因を検討する。

さらに、アジア人女性結婚移民はそれぞれの出身社会の経済規模や文化、習慣が異なるため、来日までの経緯や来日後に抱える困難にも違いがあろう。にもかかわらず、従来の「国際結婚」研究においては、「国際結婚」に至る経緯など結婚という行為のダイナミクスを描ききれていない。

以上の先行研究の課題と知見を踏まえ、本章は、農村部に嫁いだ中国出身の女性結婚移民に焦点を合わせ、結婚移民するまでの過程を把握することで、女性たちの「国際結婚」の移動における多層的な諸契機を明らかにする。とりわけ本章では、2000年以降に来日した中国人女性結婚移民の送り出し社会における経済的要因およびそれ以外の要因を、事例研究を通して分析することによって、受け入れ社会の側からのみ中国人女性結婚移民を扱うことによってもたらされた、抽象的な「農村の花嫁」像を問い直すことを目的とする。その際に、「国際結婚」をより動態的な一連の流れとして捉えることによって、女性らが中国の出身社会でも周縁に位置づかされてきた様子を浮き彫りにしていく。ここでいう結婚移民とは、すでに述べたように、単なる「国際結婚」をした女性ではなく、「国際結婚」を目的として移動をする女性を指す。

第2節　調査概要および調査対象

（1）　調査概要

この章で分析に使用するデータは、筆者がA市で行なってきた調査のほか、2006年に行なった中国での訪問調査で得られたものも加えている。

本章の目的を達成するために、A市に住む4人の中国人女性結婚移民とその家族についてのデータを分析する。なお、本章では、先行研究ではほとんど登場しなかった農村出身者の事例三つ、および農民工の出稼ぎ先である東南部

沿岸地域にある珠江デルタの都市出身女性の事例一つを取り上げる。本章の調査対象者は、筆者ともっともラポールを形成したインフォーマントのうちの4人であり、また、インフォーマントに共通する特徴が明白に読み取れる典型事例でもある。具体的に、E子とD子は、親しくなった別のインフォーマントから紹介をうけ、自宅訪問したのが知り合うきっかけであった。その後、偶然にも他の複数のインフォーマントからも紹介された。そして、筆者が勤めていた中国語教室に、E子の日本人夫も通っていた。H子とG子は、筆者がアシスタントを務めていた日本語教室に通っていたため、知り合った。筆者はこの4人の日本人家族とも交流がある。彼女たちとは、その後も何度も会う機会に恵まれた。こうして上記の4人とラポール関係ができ、彼女たちの中国の故郷を訪ね、実家に滞在し、定位家族のメンバーなどのインタビューを実現することができた。

(2) 調査対象

　農村出身者の3人の出身地は、中国でもっとも経済的に発展している東南部沿岸地域に隣接しながら発展から取り残されている、少数民族が多く住む西南部地域の農村と、かつて重工業の先進地で現在は停滞気味の東北地域の農村である。3人のうちの2人は、農村から大都市への出稼ぎ労働という中国国内移動を先行し、その後に来日したという2段階移動の経験をもつ。都市出身者の1人は、改革開放政策によっていち早く"世界の工場"となり、中国で経済がもっとも発達している東南部沿岸地域に位置する珠江デルタにある地方都市の出身者である。彼女たちは全員A市の農家に嫁いでおり、3人の嫁ぎ先は専業農家、1人は兼業農家である。4人の夫はすべて長男であり、両親もしくは片親と同居する直系家族である（表5-1）。

　具体的な事例紹介に入る前に、簡単にインフォーマントの出身地である省（自治区）の「渉外婚姻」状況を説明し、それによって、女性の出身地の全国における位置づけを浮き彫りにする。中国国内33省の統計において、D子の出身省の「渉外婚姻」の総数は全国のトップに位置づけており、うち外国人との婚姻は37％を占め、香港人との婚姻は4分の1を占めている。G子の出身省は2005年以降急速に渉外婚姻数が伸び、全国の上位となり、そのうち、8割

表5—1 調査対象者の属性

事 例	年 齢	出身地域	兄弟姉妹	国内移動の有無	出身地と出稼ぎ先の格差	都市上昇婚の可能性	農村慣習婚の可能性	結婚の契機	出身地と日本の関連性
E子	30代	西南部農村	5人兄弟(姉2弟1妹1)	あり→広州へ出稼ぎ	大きい	困難	困難	大都市幹旋業者	なし
H子	20代	東北部農村	2人(姉1)	あり→江蘇省へ出稼ぎ	大きい	困難	可能	日本で農業研修→知人紹介	なし
G子	20代	東北部農村	2人(妹1)	なし	—	—	可能	地元幹旋業者	あり
D子	30代	東南部地方都市	3人(兄、姉各一人)	あり→広州へ	小さい	同階層間	—	大都市幹旋業者	なし

近くは外国人と、14％は華僑との婚姻である。H子の出身省も全国上位であり、84％が外国人と、1割弱が台湾人との婚姻である。E子の出身省の渉外婚姻数は全国の前5位に入り、そのうちの44％が台湾人と、36％が外国人との婚姻である（中国民政部2010）。台湾は中国の南部と地理的に近く、台湾系企業も地方出身者が出稼ぎに来ている広東省に多いため、接触があると思われる。中国の東北地域は、北方全体では「渉外婚姻」が少ない中での例外である。これは日本および韓国との親縁、地縁が深いため、これら2カ国の国民との間の結婚が多いことによっている。

以下、第3節で中国人女性たちの結婚来日までの経緯に関する4人の事例を彼女たちの語りに基づいて紹介し、第4節で送り出し社会におけるプッシュ要因を考察する。

第3節　中国人女性結婚移動の要因

(1)「共同体に戻れない[1)]」出稼ぎ女工

E子（30代前半、2000年に来日）は、中国西南部農村の出身者で、5人兄弟の3番目の娘として生まれた。4番目にやっと待望の男児が生まれた。彼女一家は少数民族であるが、この地域の少数民族と同様に、民族衣装も生活習慣もあ

まり民族的な特徴をもたないほど漢民族化している。彼女は上に兄がいないため、農作業や自宅建て直しの主要な労働力として参加していた。家事や農作業の負担が大きく、学校でよく眠くなった。「頭が悪いので、先生によく叱られる。もうあまり行こうと思わなかった。中卒といっているけど、本当は小学校しか出ていない」。

　両親が農業を営むだけの収入では不十分であり、幼い弟や妹を養うのを助けるため、彼女は15歳で広州へ出稼ぎし、家計を支えていた。広州および周辺地域は改革開放の恩恵を受け、1980年代から海外や台湾、香港系企業の製造工場や商業で繁栄している中国有数の大都市である。E子は広州で外資系工場に勤務し、毎日製造ラインの単純作業に没頭していた。「勤務時間が長くて、たいへんな仕事だった」。いくつかの製造工場の仕事を経験し、途中村へ帰りお見合いをしたものの、なかなか適切な人が現れず、「適齢期」を大幅に過ぎてしまった。「工場には女性が圧倒的に多いし、広州の男性とも縁がなかった」という。

　彼女は30歳手前のある日、村へ帰って、戸口本（戸籍簿）を持ち出す段階でやっと、結婚することを両親に伝えた。両親は彼女から、知り合いの紹介で広州の国際結婚紹介所で見合いをした、しかも10人程の女性のなかから日本人男性に気に入られたと聞き、寝耳に水だった。家族は日本について戦争以外の知識がなかった。「（親が）一番悲しいのは、自分の娘を日本へ売ったと村人から聞いた時なのよ」と弟の嫁が教えてくれた。それでも、家族の反対を押し切り、E子は全く迷わず、「私は必ず（日本へ）いく、彼ら（国際結婚紹介所）との間ですべて話を決めた、もし騙されてもどうぞ騙してくれ」と語ったほど決心が固かった。

　彼女は出身地の村について、「故郷はベトナムから程近い。もう帰りたいと思わない。豚が村中走りまわる、汚いし、よくない」と批判し、さらに田舎の行政のレベルの低さにも失望した。一方、十数年暮らしてきた南方随一の大都市には慣れ親しんでいた様子である。「もう広州に長くいたでしょう、『煲汤（広東の代表的な料理で、深い鍋で弱火で長時間煮込むスープ）』だって広州で身についたの、私の村では『煲汤』しないのよ、辛いものをよく食べるから村にはもう慣れなくなった」。大都市での長い生活は、彼女と故郷との心理的距離、生

活習慣的な距離を計り知れないものにした。

　さらに、農村地域では「適齢期」を重視し、家族から催促されるのみならず、「適齢期」を過ぎた女性はもはや農村男性すらも敬遠するようになる。「彼女は年をとり過ぎて、こちら（故郷）でもう適当な人が見つからないよ」（姉）。他方、独身を生涯つらぬくことは選択肢として考えられないようだった。E子は、「結婚しないと、年をとるだけじゃなくて、病気でもなってごらん、何の保証もない」と語った。小学校卒で、海外資本のグローバル工場で使い捨てになるような、技術もない「適齢期」を過ぎた彼女にとって、日本は広州よりも遥かに先進的なところだと信じられ、地理的に近い台湾人男性との結婚よりいい選択肢だと受け止められていた。

　彼女は結婚し、日本へやってきた。日本人の夫は長男で農業を営んでおり、年老いた病弱の母親とともに暮らしている。結婚後、E子は安定した生活を手に入れ、農作業、育児、介護に精を出す毎日を送っている。A市の中国人女性のなかでももっとも安泰そうにみえるうえ、地元では中国人女性に対してめずらしく「評判のいい嫁」である。だが、「もし年が離れた日本人と結婚することでこんなに苦労すると分かっていたら、結婚を選ばなかったかもしれない」とたまにつぶやいている。

　現在は、故郷の実家には、出稼ぎをしていた弟が帰郷し、結婚し所帯もちとなっているが、両親と同じ屋根の下で暮らしている。家族は、農業を営み、生活水準は村の中レベルである。E子はあまり仕送りをしていない。E子の両親は孫の世話や朝食の準備を担当し、弟夫婦たちは農作業に励んでいる。夕方、畑から家に帰ると、料理が得意な弟は晩御飯の準備をし、弟嫁は幼い子どもの面倒をみる。村は幸いにして幹線道路から近く、農産物を市場に出しやすい。個人商売人に県の政府の購入価額より高い価格で家の農産物を定期的に買い取ってもらっている。母親は日本の娘のところを一度訪ねたことがあり、子どもをもうけたE子の生活に胸をなでおろす一方、同じ農業に従事しているのに、E子の日本での農作業の大変さに驚いている。さらに、家族に人手がいなく、農業、家事、育児、介護のすべてをこなさなければならない娘を不憫に思っている。娘から送金しようとするときに、母親は「あなたのお金は、あんなに苦労して作ったと知って、もらえないよ」という。

(2) 一家の大黒柱になる娘

　H子（20代前半，2002年来日研修、2005年に結婚）は東北部農村の出身で、二人姉妹の次女として生まれた。幼いころの家計はまだよかったが、副業としての商売が失敗してから一気に没落した。

　彼女は、親戚や村人から冷遇されたことで、農村地域で息子がいないことに対する母親の悲しみを幼いころから感じていたという。H子はだんだんと自分が「女の子」よりも「男の子」であるほうが居心地がいいと思うようになった。働くことを恐れるどころか、10代前半の頃、彼女は自ら進んで葡萄畑などで、母親に負けず頑張って働いた。彼女は父親が留守のとき、重労働である豚小屋の糞のかき集めをしたエピソードを話した。「母ちゃんは、家に人がいない（からやれない）からあきらめようと言った。本当は男がいないと言いたいんだよ」。娘は一人前ではないと認識する母親に怒りだし、一輪車を押して働き出した。そして、作業をきれいに仕上げたので、それ以後、豚小屋の管理は彼女に任されたという。「どんなに苦労しても恐れない。時々、（女よりも）もっと男の子に似ているとさえ思っている。家に男の子がいないと支えられないと他人に思ってほしくないから。将来、私は必ず母ちゃんに楽な生活をさせてあげて、彼ら（親戚）に頭を上げて母ちゃんをみるようにさせる！」

　男兄弟がいないことで違和感を味わっていると同時にまた、彼女は容貌でも疎外感をもっていた。「従姉妹のなかで、私は一番大事にされなかった。でも容貌は確かに重要だ、姉ちゃんは小さい頃綺麗だったから、みんなに大事にされて育てられた」。彼女は、「8歳のときかな、将来、私は必ずこの村から飛び出してみせる、もう戻ってこないと思っていた」。

　家の状況が一向に良くならないなか、父親が脳梗塞を患い、労働ができなくなった。彼女は16歳で東部沿岸地域の江蘇省の親類を頼って、出稼ぎに行った。そして18歳のとき、親類のコネで、日本で農業研修生になる念願のチャンスを手に入れ、契約料などを借金して来日した。「あの時は、（農業研修生の）仕事はものすごく大変だった。毎月10万ちょっとの収入があったけど、食費を削らないと節約できなかった。もらったキャベツを丼いっぱい作って3日間かけて食べていた。298円の小麦粉を買うにも躊躇する。でも、両親を思うと、こんな生活に耐えられた。2年目は少しよくなった」。しかし、日本の研修で

得た収入では、いくら働いても、いくら生活費を切り詰めても、家をこれからずっと支えていくには足りないと悟った。彼女は契約が満了する前に知り合いに頼んで今の夫を紹介してもらった。

年がかなり離れた夫の家族は地元ではわりあい裕福な農家である。江蘇省の従妹も日本人と結婚し、首都圏に住むその夫はサラリーマンで外交的な性格を有している。H子は夫の内向的な性格に不満があるものの、「農村人には農村人のいいところもある、食べ物に困らない」と納得する。H子は、国際結婚に踏み込んだ理由として、「正直、私は結婚したのは家（実家）のため」と率直に述べた。さらに、「我が家（実家）の辺りでは、天災があるとたちまち収入がなくなる。だけど、（どんなに収入がない時でも、しょっちゅうある）随礼（祝い金や悔み金など）は節約できない。たとえば今年は、干ばつでトウモロコシが育たない（から、収入がない）。でも、私は彼と結婚すれば、実家を助けられる。たとえば母ちゃんに1年に日本円20万あげたら、1万人民元あまりになる、そうしたら両親は生きていける。他に借金もあるから、結婚したら返すこともできる、みんなが安心する」。

実際、彼女の村では、両親は今では尊敬の対象となっている。村の売店の麻雀席で村人は父親のことを「たとえ一晩やって、負け続けても、ポケットの中のお金は無くならないよ！」と話した。このような周囲の羨むまなざしとは対照的に、日本へ娘を訪ねたことがある母親は、娘が日本で送っている生活に苦労が伴っているのを知っているだけに、気が重いようである。「母ちゃんは私に申し訳ないって、両親はここ10年私に苦労をかけたと思っている。でも、私は苦労をしたと感じない。昔に我が家を馬鹿にした人たちは、今は父ちゃんを仰視している。本当は、私はそんなにお金がないの。研修生のときに貯めた分と結納金があるだけ」。働き者の彼女は来日後、嫁ぎ先の農作業を力を惜しまずに働き、家の中心である舅に称賛された。しばらくは安泰な生活を送っていたが、1年後、守ってくれた舅が病気で亡くなってしまった。その後、これまでに起こらなかった嫁姑問題が起こり、トラブルが絶えないなか、無口の夫に頼れないことに悩む生活を送るようになった。H子は、「私は働くことにまったく抵抗がない。もし彼とお姑は私に気持ちよくしてくれたら、私はいくら働いても疲れを感じない。働くのは問題ではない、私も農村出身だから働くの

に慣れている」。そして、お産の世話をしに来日したH子の母親は、お姑がストライキで農作業に参加しない際、娘とともに畑仕事をし、「腕が折れそうになったけど、(新しく生まれた)子どものためでも、この難関をがまんしないと。離婚したら子どもがどうなる?!」と娘を励ましていた。

(3) 日本へ嫁ぐことに憧れる残留孤児の多い地域の出身者

G子(20代後半、2004年来日)は東北部農村H県の出身で、二人姉妹の長女である。父親は、県の郊外で町向けの野菜栽培に長年従事したが、近年オートバイ・タクシー業をはじめていた。しかし、リストラされた人が増えるなか、オートバイ・タクシー従事者が大幅に増加し、つい先日オートバイを売って今は休業中である。G子は、中学校卒業後、町工場で仕事をした後、洋服店のアルバイト店員になっていたが、「たいした仕事をしていなかった」(母親)。妹は割りばし工場に長年勤めていた。

H県は省の政府所在地都市から150キロ離れたところにあり、柱となる産業がほとんどない農業地域で、国営の工場はすべてといっていいほど倒産し、町中が暇そうにしている人であふれている。「私たちのこのH地域は、貧しいところだ、どんな工場もなくて、農業だけ、ただ1つ、中日合資の割りばし工場があるだけ、作ったお箸は全部日本へ輸出する」(母親)。

しかしこの状況に見合わないほど、県政府所在地である町は栄えている。洋服屋やブランド店が建ち並び、マンションは周りのほかの地域よりも高い値段で売買されている。その訳は、日本との密接な関係にあるといわれている。そこは、日本敗戦後に日本人入植開拓民がハルピンに向けて避難する途中、多くの犠牲者と残留者を出した地域として知られている(満蒙同胞援護会1962)。こうした背景から日本との関係はきわめて密接で、人口22万人の小さい県でありながら、渡日した人は推計で3万人とも5万人ともいわれ[2]、ほとんどの世帯には日本に親戚がいるという。「H県は省のなかでもっともモダンなところで、食べることも着ることも凝ってね、日本に流行りの洋服があったらここにもすぐある」(従兄)。日本人の残留者は多いが、言語をはじめ、生活習慣はやはり中国の地元の文化である。「(残留孤児たちは)ここで20年以上に暮らしたから、(日本へ帰国する前に)日本語の基本的な会話もできなくなった」。日本と

の関係で繁栄する部分もあるが、物価水準の高さに人々は耐えなければならない。また、日本のニュースも国が違うと思えないほどすぐに伝達される。日本そして韓国に積極的に渡る人が多くて、「H県に産業がないうえ、農村で根を下ろそうと思う人はいないので、みんな外へ行こうとする」（日本語学校経営者）。若い娘たちが日本へ嫁ぐことについて、G子の従兄は、「H県でまともな仕事がみつからない。だから、年相応しくて、出身が似ていても、結婚したら喧嘩ばかりする。夫婦の喧嘩の原因は、お金に決まっている。お金があれば、誰も喧嘩しない」と説明してくれた。そして、日本に嫁いだ女性について、「もちろん実家を助けるさ、実家に生活費を入れるのは普通だろう」と従兄は、家族が娘や姉妹に頼ることを肯定している。

　ほとんどの世帯で日本に親戚がいるために、日中結婚はこの地域で違和感があるどころか、認められ、賞賛されてさえいる。「もし7、8月にきたら、暖かくて、町中が、服装がきちんとしている、ここの人と違って、日焼けしていない肌の白い人であふれる。一目で日本人ってわかる。結婚する人や、結婚相手捜しの人や、まあ壮観な風景だ。斡旋業者を通して結婚相手を選ぶ人の場合、こっちの人（中国人女性）が大勢いて、彼（日本人男性）が選ぶ、必ず気に入るのがいる。まるで皇帝が妃を選んでいるようだ」（父親）というほどの盛況である。また、「国際結婚」が多いので、H県に送り帰され、親族のもとで育てられる日中混血児も多い。そのため、町にある小さなスーパーの入り口でも、「有日本原装森永奶粉」（日本国原産森永粉ミルク有り）と書いてある。店員は、「この辺りのマンションに住む、（祖父母の元に）送ってきた『日本孩子』（日本人の子）は、皆ここにミルクを買いに来る。彼らはもちろん最高級品しか買わない」といっている。

　G子の周りの従姉妹や近所の女の子たちはみんな日本へ行ったといい、「きれいな子はほとんど残っていない、残っているのは格好悪い子ばかり」（従兄）。この影響をうけ、G子も「あのとき、日本を天国に思ってね、環境がいいし。だから行ってみたかった。お金も稼ぎやすいと聞いていた。だって、帰省のとき、百万円単位のお金を持って帰る人はざらにいたわよ」。彼女は自らも日本へ嫁ぐことを夢見ていた。彼女の日本へ嫁ぐ希望に対し、父親は「長女は自立していて行動派だから、彼女が見つけた相手について、干渉しない。俺は娘に

『自分で相手を探して来い、信じているから、お金（手数料や航空運賃）は出してやる』と言っていたよ」。G子の同級生の一人が、国際結婚の斡旋業を営んでおり、彼女に声をかけた。彼女は、大勢の女性と一緒に日本人男性と見合いをし、今の夫に一目で気に入られて選ばれた。夫は建築業に従事しており、その両親は自給自足の農業をしている。

　しかし来日後の嫁ぎ先の経済事情は厳しいようで、少しでも収入を増やしたいため、彼女は町内の農園で懸命に働く毎日を送っている。「私の故郷から（日本に）来た人が多いけれども、みんな吉報を知らせ、憂いを報じないよね。日本のいいことばかり言っていた。あの時の私は単純すぎた」。しかしながら、彼女の故郷では、結婚に失敗して帰国する女性はほとんどいないという。G子も「（結婚に）失敗してもやっぱり帰らない、ここで何かの方法を考えるか、ほかの日本人男性と再婚するか」と考えている。彼女は自分の困惑と窮境を親に報告していない。両親は娘が遠い日本へ嫁いだことについて、誇りに思うと同時に、安堵しているようである。H県の表面上の繁栄も不動産市場の好況も日本人の「嫁」になった女性らの遅すぎる悟りの代価かもしれない。経済的な窮境に身を置いているものの、彼女は日本人家族との関係が良好であり、夫や姑に大事にされている。昔「怖かった」息子と、結婚後普通に接することができるようになったことを、姑はG子に感謝している。そして、結婚して5年目に待望の子どもにも恵まれ、さらに、自分の妹を呼び寄せ、同じ地域の農家の男性と結婚させ、姉妹で「伝説の国」で地道に生きている。

（4）輸出加工区で強化された男尊女卑へ反抗する地元女性

　D子（30代前半、2002年来日）は農村出身ではなく、中国東南部沿岸地域の地方都市の出身である。この都市は、大都市に出荷する魚介類で有名であり、そして工業も比較的に発達している。D子の両親は会社に勤めていたが、すでに退職した。D子は3人きょうだいの末で上に兄と姉が一人ずつおり、実家はまずまずの生活水準である。彼女は10代後半に広州に当時はやりの美容エステを学びに行き、ライセンスを取得した。帰郷後、従兄の写真撮影室兼エステ美容院で働き出した。だが、半年間働いたあと、彼女は窮屈さを覚え、従兄の仕事を蹴って、珠海という広州の近くの都市に働きに行った。そこで最初

に就いた職は、デパートの化粧品売り場である。彼女は学んだスキルを生かして段々と商売が上手くなり、給料と歩合を合わせて1990年代後半当時の地元では決して悪い収入ではない4千元ほど月々稼いでいた。しかし、2年を経ったところ、「稼ぐのは使うためであって、ここは休みが少ないから、稼いでも何の意味もない」と、また仕事を辞めた。「あのころは、ちょうど遊び盛りだった」と当時の自由奔放さを恥ずかしそうに話してくれた。その後、好奇心いっぱいのＤ子は他の業界にも就職してみたが、やはり化粧品売り場が「仕事内容は自由裁量ができるし、客層が高くて尊重もしてくれる」ので、広州にあるデパートの化粧品売り業に就職した。仕事は落ち着いてきて、プライベートも充実していた。

　Ｄ子は当時、長年付き合う恋人がいた。歳相応しい相手は同郷者の銀行マンであり、周囲からの態度や語りでＤ子とは釣り合うカップルだとわかる。彼女たちは、恋人の職場の上司、同僚、友人に公認される仲である。それだけではなく、相手の家族も彼女を将来の息子のお嫁さんとして認めてくれて、彼女を家族扱いしていた。相手の母親は時折Ｄ子を自宅に誘う際、「『今晩家に御飯を食べに来ない？』というのではなく、『今晩家に帰ってご飯を食べに来ない？』というんだよ」とＤ子は恋人の母親のセリフを強調して話していた。恋人の母親はＤ子の炒め料理が好きで、Ｄ子もその母親がつくった「煲汤」に舌鼓を打った。時々、Ｄ子は仕事からの帰り、恋人の家に寄り、その母親と一緒に台所に並び、協力し合って晩御飯を合作した。料理ができ上がった頃、恋人の帰宅を待って、「家族団らん」で食事を楽しんでいた。食後、Ｄ子は家族の皆と一緒にソファーにくつろいで、テレビを観賞しながらおしゃべりをして、遅くなると恋人がＤ子を家まで送っていた。Ｄ子が懐かしそうに、当時の恋人の家族といかに「家族」のような暖かい温もりがあったかを回想していた。彼女がその恋人に当時深い感情を抱いていたことが伝わってくる。しかし、ある事件をきっかけにＤ子と恋人が別れることになり、また日本に嫁ぐことに直接関与した。

　その事件というのは、恋人は浮気をしていたこと、しかも相手はカラオケ店の風俗嬢─「小姐」[3]であった。ある日、友人たちと一緒にカラオケ店に遊びに行ったＤ子は、恋人と偶然に居合わせた。しかし、Ｄ子および友人の目の

前で、彼はD子を無視してカラオケ店の「小姐」を連れ出して車で去った。D子は、「私は正式な恋人なので、彼はせめて挨拶くらいをしてくれてもよかった、私のほうが客を見送りしている「小姐」のように店の前で呆然と彼が去っていくのをずっと見ていた」。彼はなぜあれほど性急に「小姐」と消えたのか、D子はある程度推測できた、だからこそ相当ショックを受けた。実は、その事件の前でも、友人から何度も夜遊びする彼を見かけた、しかも隣に女性が親しそうに座っているとの報告を受けていた。D子は、その都度彼の立場を擁護していた。

　実際、広州を含む珠江デルタ地域において、経済の発展が地元の人に裕福を与えただけではなく、数多くの工場の操業により、内陸から地元人口の数十倍以上の若い女性が出稼ぎにやってきた。このように、地域によって男女の人口バランスは大いに崩れるようになった。さらに、香港、台湾から単身赴任でやってくる企業主や技術士、そして裕福になった地元の男性のため、カラオケ店などの風俗業も発展するようになった。致命的なのは、背が低く、色黒の地元の女性に比べ、「北妹」と呼ばれている出稼ぎにきている内陸の女性たちは長身でスタイルがよく、色白で端麗であることが多い。「もし町で色白な美しい女性を見かけたら、それは北方人と考えてまず間違いない」や「なんであなたたち北方人の肌はこんなにきれいなの？」などは、広州でよく聞こえてくる話である。広東の男性にとって、「北妹」が魅力を感じさせる存在であることはカラオケ店を含む風俗業の旺盛と、妻以外の女性を「二奶」（妾）として囲むことの多さで理解できる。一部の内陸出身の出稼ぎ女性が、発展が遅れている故郷に比べ、裕福な珠江デルタを目の当たりにして、そこで暮らしたいとの夢を抱くようになるのも理解できる。

　発展がもたらしたこれらの新たな現象は、直接的あるいは間接的に地元の女性の生活にも影響を与えている。地元の女性のなかで、既婚者は生活や子どものために夫の浮気に目をつぶることや、独身者はなかなか条件の釣り合う相手に巡り合えなくなることは少なくない。とくに容姿の平凡な地元の女性は結婚相手を探す際、さらに不利な立場に置かれる（羅1998）。

　恋人の両親はD子に、息子が上司の命令で「小姐」を家まで送っただけだと説明し、二人の復縁を願っていた。地元の女性は、勤勉で忍耐強く、夫を立

てる風習があり、男性は結婚するなら地元の女性を選択すると考える人が多い（羅1998）。恋人の両親にしてみれば、礼儀正しくて働き者の地元娘のＤ子のほうがずっとお嫁さんとしてふさわしいかもしれない。彼女は「もし、彼は私に『小姐』を送った後に迎えに来る、と言ってくれたら、許したと思う」。しかし、現実はそうではない。Ｄ子にしてみれば、「許せない、結婚前でこんなんだと結婚したらどうなるかしら」と彼氏の浮気心を悟って、胸の内が苦しくても別れる道を選んだ。

「本当は、海外に行くつもりがなくて、彼が裏切らなければ、そこまで私の心を傷つけなかったら、ずっと国内で暮らしていたと思う」。傷心したＤ子は、地元の男性に失望したせいか、また別れた恋人に強く見せるためか、日本に嫁いだ女友達に勧められ、国際結婚紹介所に登録した。そして、20歳離れる今の夫は、見合いの場で大勢いる女性のうちから南方の女性のなかでは比較的にきれいなＤ子を指名した。彼女は納得して、間もなく結婚に踏み切り、母国を離れて日本に嫁いだ。

日本人夫は専業農家であり、高齢の両親と体の不自由な妹と一緒に暮らしている。夫の母親は中国人の嫁をもらうことに反対していたが、のちに既成事実としてしぶしぶ受け入れた経緯がある。二度目の愛を大事に育むつもりで、農作業の経験のない都市育ちの彼女は、日本人夫の家業であるトマト作りに励んでいた。その働きぶりは近所の人にも称賛されていた。しかし、嫁姑関係がなかなかうまくいかず、中国人女性を嫁として迎えたことは家の恥に思ったらしく、「お姑は私のことをお嫁さんだと認めたくないみたい。他人に私のことを家の農業研修生だと言った」。日常生活のなかでも、衝突することが絶えなかった。20歳も年が離れるＤ子は50歳近い息子とちゃんと暮らす気があるわけがないと、姑は彼女をずっと警戒していた。夫は、おとなしい性格であり、親に逆らうことができず、Ｄ子を守ろうとしなかった。知らないうちに、彼女は一人対日本人家族全員の態勢となり、苦しい境地に立たされていた。同地域の中国人女性たちは彼女について、「Ｄ子はあのご主人にはもったいないでしょう。なのに、あの家族はＤ子に全然優しくない。かわいそう」と同情的に思うことが多い。

彼女は自らの状況を母国の両親に伝えていないという。「伝えたら、絶対に

離婚して帰ってらっしゃいと言われる」。彼女はまだ帰国したくない。母国にいる以前の恋人は、知人の風のうわさではのちにカラオケ店の「小姐」と結婚したそうである。その男性の父親は一度旅行で日本を訪れたことがある。「お嫁さんになりそびれた D 子の嫁いだ国を見たかったのでしょう?!」と周囲に笑われたそうである。

第4節　中国人女性結婚移民の周辺化

　以上、中国農村部出身者の中国人女性3人と都市部出身者1人の結婚来日に至る経緯について事例を紹介した。事例を通して、中国人女性の送り出し社会におけるプッシュ要因について主要因と副次要因、さらに媒介要因を見出した。副次要因は、その働きによって、主要因を強化する役割をもつ。媒介要因は、プッシュ要因とプル要因の両側面にかかわり、その双方を媒介する要因のことである。これらのプッシュ要因は、彼女らを中国国内で周縁に位置づかせる原因ともなっていた。

(1)　主要因
1)　経済的要因
　まず、農村出身者の三つの事例から見出すことができるのは第3章で一般的に指摘した経済的要因である。中国人女性移民3人全員が恵まれない経済状況から脱出し、裕福に暮らせる日本に憧れていた。しかし、本章の事例の場合、中国と日本との間の格差の前に、中国国内の格差があることが明らかになった。3名の農村部出身の中国人女性の出身地域においては、柱となる産業がほとんどなく、伝統的な農業に頼っているが、そこから得られる収入は限られている。農村部の人々は家族を養うため、農業以外の収入で家計を補うことを余儀なくされる。この一方で、経済改革によって都市部および東南部沿岸地域は急速に繁栄し、農村部との格差はますます開いている。現行のこの傾斜的な政策のもと、都市人がより利益を得、裕福になる機会を手に入れている。そのため、億単位ともいわれる農村出身者が故郷を離れ、大都市へと出稼ぎに行く。本章の二つの事例のインフォーマントも実際、家計を助けるため、故郷から都市部あ

るいは経済先進地域への出稼ぎを経験していた。このように、この3人のプッシュ要因として、先行研究で重視された経済的要因が認められるものの、もっぱら国と国の間の経済格差のみに着目する従来の研究とは異なり、本章の事例では経済的要因として出身国国内の格差が存在していることが明らかになった。

　中国国内の格差が維持される背景としては、現行の中国戸籍制度などにより、農村出身者は長期にわたって居住していても都市の一員としての地位は得られないことがある。E子の、結婚しないと「何の保証もない」という語りには、都市住民の医療、福祉などにおけるメリットを、都市戸籍をもたない農村戸籍の持ち主は享受し得ないという実態が端的に示されていよう。このように、制度によって経済的な国内格差を維持し、人為的に国民を二分することが、彼女たちを中国社会で「周辺化」すると考えられる。

　しかし、以上のような中日間の、また中国国内の格差という経済的要因だけでは、彼女たちの結婚移民のすべてのプッシュ要因を説明しきれない。事例からうかがえるように、移動には女性であることが密接にかかわっている。次に主要因のもう1つの側面であるジェンダーの問題に着目してみたい。

2）ジェンダー的要因

　中国は建国して以来、女性の地位は天を覆い返すほど高くなったと示されている。現実では、伝統的な父権制における男尊女卑は消えているのか、また、改革開放とともに両性関係は変化しているかどうかを事例を通して検討したい。

①　中国的家父長制的ジェンダー要因

　中国的家父長制的ジェンダー要因は四つの事例に共通している。最も典型的に現れているのは、第3章ですでに述べた男尊女卑という慣習である。H子が「息子がいないことの母親の悲しみ」を感じるのも、E子の家族が「やっと待望の男児が生まれた」と言ったことも、中国は伝統的に男系の後継者に対する執着が強いことの現れであると考えられる。孟子の「不孝有三、無後為大[4]」や「養児防老[5]」という古訓はいまだに中国で、とりわけ農村部で根強く影響力を持っている。中国の農村においては人力に頼る伝統的生産方式をとっていることが多いため、女性は男性に比べ働き手として劣るという考え方や、

また男性の家系を大事にすることで血族間のつながりを保とうとする考え方が存在するからである（鈴木未来2004）。女児はとくに農村部ではあまり役に立たないという考えがいまだに根強いことが本事例の語りからもうかがえる。

また、男子優先の文化のなか、女子なら容姿が重要な価値を有することが示されている。H子は、容姿で疎外感を味わい、綺麗だった姉が「みんなに大事にされて育てられた」ことで「容姿は確かに重要」だと認識した。G子の出身地の「きれいな子は残っていない、格好悪い」子ばかりが残るという語りからは、娘が選ばれた家族の「安堵」が理解できる。経済先進地域の珠江デルタにおけるD子の元彼氏のような地元男性が、容姿端麗の「北妹」や「小姐」と女遊びすることに夢中になることについて、地元の女性の諦めの気持ちが伝わってくる。これらの認識は、女性が男性にとって、平等な存在ではなく、鑑賞の対象と化し、そういう発想は男性のみならず、女性にとってさえ身体化していといえるだろう。

くわえて、息子と比べ、娘はいずれほかの家に入るため、当てにならないと家族に認識されている。それゆえに、娘を外へ嫁がせることで、家族は将来の保障と交換することを期待する。それは、女性を価値のある「商品」として置き換えることになる。容姿具備の女性は、付加価値の高い「商品」となり、その「商品」の見返りとして、G子の出身地のように、男性を含む家族の安定した生活が約束される。つまり、女性は結婚によって、家族に貢献する者と期待され、家族は交換の「成果」を享受する。

さらに、年齢も「商品」の価値を決める一つの要素となる。事例からは農村共同体における女性の「適齢期」という文化的規定がうかがえる。E子のような「年をとり過ぎ」という「適齢期」を過ぎた女性は、男性のほうから遠慮するようになる。女性に対し「適齢期」をもうけ、家父長制に組み込み、男性が管理しやすいため、また子孫を繁栄させるために、好都合な女性を選別し、その枠から逸脱する者を異物視し、周辺に追いやるのである。

② 新国際分業におけるネオ家父長制的ジェンダー要因

新国際分業における新たな家父長制的ジェンダー要因も無視できない。ネオ家父長制は、伝統的な家父長制と異なり、新国際分業が行われる時代の産物で

ある。この要因は、とくにE子とH子の事例で顕著に現れている。まず、農村出身の若年女性はグローバル経済の「雇用の調節弁」（沢田 2001：221）になる。発展途上国の輸出加工区で低廉な労働需要を満たすのは、都市部の既存の労働者ではなく、「雇用の調節弁」の機能を果たす農村出身の若年女工の労働力である（沢田 2001）。第3章で触れたように、多国籍企業では、人件費の安い従順で指先が器用な（伊藤 2002：244）労働力を確保するため、絶えず若年女工を新規採用していく。単純労働のみに従事する技能を持たない農村出身出稼ぎ女工は、年齢とともに競争力が落ちる。経済のグローバル化は、中国の女性にも多大な影響を及ぼしている。製品産業の生産拠点が急速に中国大陸へと移転した結果、中国大陸でもとくに南部で大規模な出稼ぎ女工の雇用形式が生まれた。E子も外資系工場で、製造ラインの単純作業に長年従事したが、技術は身についていない。企業側は、出稼ぎ女工が技術を身につけることを求めておらず、やめた後の彼女たちの人生にはもはや興味はない。グローバル資本は輸出加工区での女性若年工場労働者を使い捨てにするという新たな家父長制的搾取を生み出している。

　この雇用により伝統的労働構造が解体するのみならず、女性たちと出身共同体との間に「文化的隔たり」を生じさせる。E子も生活様式が都市化され、出身地には「もう帰りたいと思わない」と語っていた。都市部での長期間にわたる出稼ぎは、「共同体に戻れない」ほど出身社会から切り離される現状を作り上げるという問題を生じさせる。

　この雇用がもたらすもう一つ重要な問題は、出稼ぎ女工の配偶者選択の困難さである。輸出加工区に若年女性が異常に集中するため、性別のアンバランスが引き起こされる（刘 2003）。都市文明の洗礼をうけた彼女たちは、都市に残るかそれとも農村に戻るかという進退をきわめる境地に立つ。一方で、都市部男性は、戸籍による制度上地位、経済上地位、学歴等の点で下位に置かれている農村部出身の出稼ぎ女性を回避するもしくは見下ろす傾向がある。

　他方、輸出加工区が集中する珠江デルタにおいて、地元の女性に脚光を当ててみると、裕福になったものの彼女たちもまた性別のアンバランスの影響を強く受けることになる。内陸各省の出稼ぎ女工が仕事の機会を求めて流入してきた結果、男女ともに配偶者選択の機会を得るわけではなく、男性のほうの機会

が大幅に増える。女性は一般的に自分より経済条件の良い男性を配偶者にする傾向があるが、内陸の男性出稼ぎ労働者たちは人数的に劣るだけではなく、地元の男性ほどの経済力を持たない。そのため、結局地元の女性たちの配偶者選択の機会は実質的に増えていないどころか、大量の出稼ぎ女工の流入によって、以前より選択の幅が狭まってきたといえる。男性、とりわけ地元男性をめぐる競争が一層激しくなっているなか、一部の地元女性は早年香港に渡った歳の離れた地元出身男性と結婚に至ることや、また結婚できない女性が現れることになる（賀1998）。

　それ以外、珠江デルタにおいて、風俗業が氾濫しており、より経済的な利益を享受する地元の男性は金銭をもって性的サービスを獲得することができるようになった。都市部および経済先進地域の男性と農村部女性という中国国内での不均衡ジェンダー関係が生じる。男性たちは、妻として「本地妹」を選ぶ傾向があるが、妾や「女遊び」の相手として「外地妹」[6]を選ぶ傾向がある。男性の浮気や婚外性行為はより普遍的な現象となり、これらの現象は男女関係に新しい変化をもたらした。女遊びや「包二奶」（妾を囲う）は、より平等的な男女関係の創出を阻害することになり、そして、女性を商品としてみなす傾向を助長している。このような影響のもとで、地元女性を含む女性たちの地位は以前よりも低くなっている（羅1998）。改革開放とともに現れた風俗業は、国家がこれまで社会政策によって大幅に進めてきた男女平等の成果を後退させ、ある側面において男尊女卑、また「男主女従」という伝統的な観念を形を変えて復活させ、存続させ、さらに強化させている。珠江デルタの地元女性たちは自身の置かれる状況について、ある種悲観的な自覚をもっている。大半の地元の女性は仕方なく現実を受け入れるなか、D子はこの新しい形の家父長制を反抗し、そこから逃げ出した。しかし、もう一つの家父長制の傘下に収められたことになる。

　また、グローバル化はモノ、カネ、ヒト、情報の移動を促進することによって、ジェンダーの不平等を国を超えて再生産している。E子とG子は出身社会である農村共同体の家父長制の下におかれるのみならず、日本人男性と中国人女性という不均衡なジェンダー関係にも巻き込まれている。E子、G子とD子は「10人程の女性のなかから」日本人男性に気に入られた経験をもつ。こ

のように、新国際分業は、グローバル経済の雇用体制およびそこから派生する問題と、先進国の男性と発展途上国女性という国境越えた新たなジェンダー関係を作り出す。

新国際分業の下では、女性たちは家族や共同体の伝統的な家父長制のみならず、国家、国際関係のなかでの新たな家父長制にも組み込まれてしまう。本章で示した事例では、雇用における不平等、文化的隔たり、結婚難などを通して国際・国内の両方における不均衡なジェンダー関係が現れている。彼女たちは、ネオ家父長制的ジェンダー要因によっても、農村部および出稼ぎ先である都市部の両方において、周辺へと位置づかされていく。

(2) 副次要因——憧憬維持のメカニズム

憧憬維持のメカニズムはとくに事例3で顕著に見られ、具体的には「面子」の働きが挙げられる。G子の出身地は、日本傀儡政権があった東北地方であるがゆえに、日本とは切っても切れない関係をもっている。そこは、日本との間で技術、資金、人の往来が頻繁に行われるので、E子の出身地と違って、日本との交流が希薄というわけではなく、情報に恵まれているはずである。しかし、実際には、日本に関して流通する客観的な情報は、むしろ制限されている。それは、先駆者の女性たちの「成りすまし」の働きによる。ここでいう「成りすまし」とは、「故郷へ錦を飾る」という移民の願望のもとで、提供者が情報を手元でしっかりと管理し、変換する状態をいう。「国際結婚」への選択は、一見主体性をもった選択であるが、実際には、先駆者が「憧憬維持」のために発する情報に基づいてなされる選択である（図5—1）。先駆者は日本に関するポジティブな情報のみ故郷に伝達することにより、地元の女性は日本への憧憬を抱いて来日するが、来日後憧憬が幻滅することがたびたびある。しかし、彼女たちもまた、「面子」によって出身地で成功者に成りすまし、ネガティブな情報を遮断していくという悪循環が生じるのである。

(3) 媒介要因——国際結婚紹介所の働き

以上、二つの主要因と副次要因を挙げたが、さらに付け加えるべき事情がある。それは、事例1、事例3および事例4にみられた各要因を媒介するチャン

図 5—1　憧憬維持のメカニズム

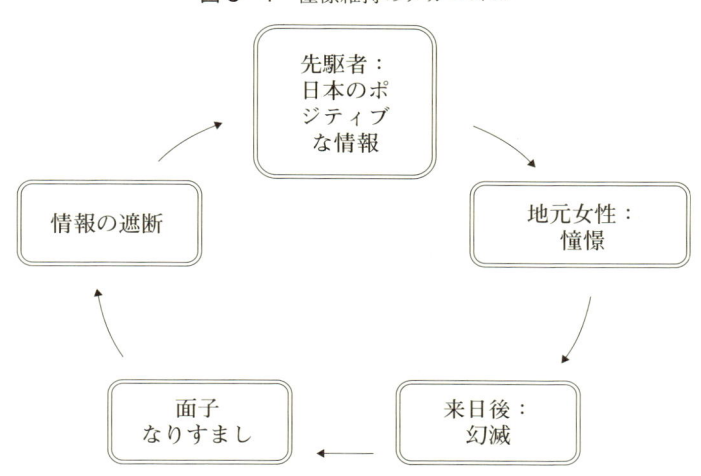

```
        先駆者：
        日本のポ
        ジティブ
        な情報
       ↗        ↘
  情報の遮断      地元女性：
                  憧憬
       ↖        ↙
     面子         来日後：
   なりすまし  ←   幻滅
```

ネル的役割を果たした国際結婚紹介所の存在である。こうした媒介要因は、制度や環境において、特定の利害を抱え、特定の役割を果たす主体間の接合を意味する要因である。国際結婚紹介所は、日本人男性に発展途上国出身の女性を結婚相手として斡旋する、営利目的の組織あるいは個人である。中国人女性が「国際結婚」を「最善」の道として選択する過程のなかで、国際結婚紹介所の働きは軽視できない。これらの仲介業は、移民の際のプル要因とプッシュ要因の中間に位置づき、移民を促進し、本来接するはずのない日本人男性と中国人女性を引き合わせることで、最終的に移動が発生する。これらの斡旋業者は、彼女たちが置かれた環境を十分把握し、「周辺化」されている状況を思う存分利用している。国内で周辺化され続けた女性に対し、まるで日本人男性と結婚することで「中心」に位置づく機会を獲得できるように見せかけ、説得する。「国際結婚」の仲介業者は、「より良い暮らし」という海外中産階層の妻の生活像を女性たちに与える（Nakamatsu 2003）。

　E子とG子とD子の場合、大勢の女性の中から選ばれた存在であったが、来日後、言葉が通じず、結婚までに1、2回しか会わなかった日本人男性との困難な暮らしのなかで、日本の社会構造における農村という周辺化、日本的ジェンダーにおける周辺化、さらに外国人であるエスニシティによる周辺化が待

ち伏せていた。つまり、斡旋業者はこのような日本での周辺化を巧みに衣替えして、あたかも女性たちが「中心」になれるかのように働きかけている。斡旋業者が意識的に、中国で周辺化された女性をターゲットにすること自体、適応困難な日本農村部の結婚生活から逃げられないようにするためであろう。先行研究では現れなかった中国農村出身の女性の登場は、斡旋業者が都市部女性の代りに農村部女性へと、ターゲットの矛先を転換したことと関連があると思われる。中国大都市出身の女性は、海外に関する情報の獲得および国内の就業環境の整備化に伴い、海外への盲目的崇拝から冷静になりつつある。しかし、さまざまな面で取り残されている農村出身の女性にとっては、結婚は自分の帰属階層を「選びなおすほぼ唯一のチャンス」（上野1990：43）であり、運命を変えるために外力に頼らねばならない。このように、2000年以降に来日した中国人女性にすでに変化が見えはじめたことがわかる。

　本章では、農村出身および都市出身の中国人女性結婚移民の来日までのプロセスの分析を通してプッシュ要因として、主要因として、経済的要因を見直し、ジェンダー的要因を見出した。さらに、主要因を強化する副次要因として、憧憬維持のメカニズムの存在を指摘した。また、媒介要因として国際結婚紹介所の働きを浮かび上がらせた。4人の女性は主要因、副次要因、そして媒介要因の各側面、とりわけジェンダーにおいて、出身社会の周辺に位置づかされていたことが判明した。さらに、どの女性も単次元ではなく、多重な要因によって周辺化されていることも明らかになった。彼女たちは、与えられた「国際結婚」しかないという状況で、海外へ結婚移民する道を「最善」として選択した。
　この「国際結婚」への選択は、出身社会から多重にはじき出された結果であると考えられる。社会から多重に周辺化されたことに対し、本人が気づく場合もあれば、全く気づかない場合もある。このように、周辺に位置づかれされた女性は、不利な生得的地位（ascribed status）をリセットし、結婚によって獲得的地位（achieved status）を得てやり直すことを期待している。
　以上は、中国農村出身者のなかのいくつかの代表的な事例、および一つだけの都市出身者の事例である。実際、都市出身者は多様な様相を見せている。1990年代後半までに来日した都市出身者の中には、桑山（1995）が提示した比

較的高い階層出身者が多い。しかし、1990年代後半から2000年代にかけて来日した都市出身者には、何らかの原因で母国において周辺化を経験した人は少なくない。本書では、都市出身者の事例をさらに第6章と第7章で触れる。

　事例研究は一般性、普遍性が弱いという課題は当然残るが、本章のように送り出し側における多層的プッシュ要因の分析を加えてはじめて、農村部の「国際結婚」家族が形成される過程をダイナミックに捉えることができよう。このことは、女性結婚移民を移動する主体と見なすことによってはじめて可能になるのである。

注
1) 「共同体に戻れない」という用語はサッセン（Sassen, 1992: 167）による。
2) 信濃毎日新聞（2005年5月13日）では3万人と書かれているが、H県の日本語学校へのインタビューでは、5万人とも言われた。
3) 小姐は中国語でもともとはお嬢さんとの意味である。珠江デルタで経済の発展とともに売春を含む風俗業が出現し盛んになり、のちに全国まで蔓延した。風俗業の女性は「小姐（ショジェ）」と呼ばれている。カラオケ店で客の伴唱をつとめる若い女性は「小姐」と呼ばれ、一種の風俗業と見なされ、彼女たちは売春に手を染めることもある。
4) 日本語訳は、「親不孝になることは三つがあり、子どもがいないことがそのなかでもっとも重大である」。「無後」は往々にして息子のみを指している。
5) 日本語訳は、「息子を養育して老後に備えること」である。
6) 「本地妹」とは地元の若い女性を指し、「外地妹」とは出稼ぎなどで他の地域からやってくる若い女性を指して使われる。

第 6 章

中国人「農家の嫁」の準拠集団選択

　第5章で述べたように、中国人女性は母国において何らかの周辺化された経験を持ち、おかれた状況を打破するために海外への結婚の道を選んだ。しかし、来日後、農村部で「農家の嫁」となることは、さらなる周辺化をまねきかねない。本章では、中国人女性が、日本人家族や地域との相互作用において、期待された「農家の嫁」についていかに考え、解釈し、行動するのかを準拠枠と準拠集団の概念を用い考察していきたい。この周辺化された移動が、受け入れ社会においていかなる影響を持つかを本章で検討する。

第1節　「農村の嫁」の適応問題
—— 人間関係と準拠集団の結びつき

　これまでの研究では、「農家の嫁」と呼ばれる日本人農家の女性が抱える問題が指摘されている。例えば、農家女性の中でも農業専業女性は、家庭内の権限が最も低いと指摘されている（吉田 2001、石阪 1999）。さらに、農業労働の時間量について、男性と女性との間にさほど差がないのに対し、再生産労働（家事労働）に従事するのは女性のほうがより長いという報告がある（熊谷 2002: 194）。ましてや、移動してきた、異なる文化を持つ中国人女性にとって、「農家の嫁」への適応に困難が満ちていることが容易に想像できよう。先行研究を通じ、農家に嫁いだ中国人女性が、日本人家族との人間関係で抱えるストレスは、大きな要因の一つとして「農家の嫁」という地位にかかわる役割観念における葛藤から生じていると考えられる。「農家の嫁」の地位にかかわる役割観

念における葛藤を詳しくみるために、準拠枠と準拠集団の概念を用いて分析する。

マートン（Merton 1957 = 1961）は、個人の意見、態度、判断、行動などの基準となる枠組みを準拠枠と定義し、そして、準拠枠という枠組みを提供する集団のことを準拠集団と定義する。そして準拠枠は、準拠集団の行動の基準であり、指標である（Merton 1957 = 1961）。本章では、マートンの準拠枠の概念を借用する。

結婚によって、日本人家族の成員となった中国人女性配偶者は、日本人家族とそれぞれの態度や行動の基準――準拠枠をもって相手と作用し合う。ここでは、日本人家族がもっているあるべき姿としての「農家の嫁」の態度や行動基準を日本人家族の準拠枠といい、中国人女性が考える「妻」としての態度や行動基準を中国人女性の準拠枠という。日本人家族は、跡取り息子の妻となる中国人女性に「農家の嫁」としての準拠枠をもって期待し、それに対し、中国人女性は自らの準拠枠をもってその期待を意味づけることになる。個々人の生育環境や性格や世代が異なるので、完全に同じ準拠枠をもつ者は存在しない。しかし、同じ社会環境にいるなら、類似した準拠枠を持つ可能性はある。たとえ類似した準拠枠を持たなくとも、相手の準拠枠について知識をもつこと、あるいは予測することは可能となる。しかし、大きく異なる社会環境で社会化を受けた中国人女性は、母国ですでに異なった準拠枠を取り入れていたということは想定できる。そして、彼女たちは、自らの準拠枠をもっているからこそ、移住先の日本人家族の準拠枠が与えられる時に、受容するあるいは、拒否するなど、「農家の嫁」という期待を意味づける。日本人家族から付与された「農家の嫁」像という準拠枠に対し、中国人女性はいかに反応し、解釈するのかがまず検討されねばならない。また、もし双方の準拠枠が衝突するならば、準拠枠を与える準拠集団がそれぞれ異なっていることを示すことになる。

さらに、準拠集団と関連する概念として、所属集団と非所属集団がある。所属集団は個々人が現在所属している集団であり、非所属集団は、現在所属していない集団であり、以前所属していた集団や将来所属する（したい）集団も含まれる（Merton 1957 = 1961）。本章において、来日した中国人女性が所属している諸々の集団のうち、もっとも親密性があり、かつ逃れられない集団として

の家族集団を女性たちの所属集団として中心的に分析する。

　中国人女性が母国から日本へ移動する経験は、所属集団を変更する経験でもある。国境を越える移動により、個人の所属集団が変更される。具体的に、母国にいたときの所属集団――定位家族から、日本で新たに結合した所属集団――生殖家族への変更である。しかし、個人の拠りどころである準拠集団が、所属集団と必ずしも一致すると限らないということは、マートンも強調していた。それだけではなく、移動による経験は準拠集団を複数にすることや、準拠集団を非所属集団と所属集団の両方から選択する可能性もある。

　中国人女性の「移動」経験に伴う移住先への所属集団の変更によって、彼女たちが一体どんな準拠集団を指向していくのかを見定めると同時に、何が契機となって準拠集団選択が相違するかを明らかにする必要がある。女性たちの「移民」としてのダイナミックな「移動」の側面を射程に入れるため、準拠集団理論はまさに移動経験をもつ移民に適合する研究枠組みといえよう。親密性の高い所属集団である家族において、中国人女性は準拠枠にとまどい、「農家の嫁」をめぐる葛藤を露呈する。その場合において、双方の準拠枠の内容を検討した上、中国人女性が日本人家族との家族集団を準拠集団として共有しているか否かを考察する。共有しはじめて、外国人配偶者は移動先に「居場所」を確保したと言いうる。

　以上の「農家の嫁」にまつわる準拠枠や準拠集団の具体的な葛藤は、中国人女性を取り囲む人々との間の、主に言葉を伴うやりとりであるミクロな相互作用の中で発生している。それゆえ、中国人女性配偶者の葛藤のメカニズムを本章の課題に設定する際、新たに付与された性別役割と直面する彼女たちと家族との相互作用に目を向ける必要が生じてくる。本章では、中国人女性の視点から、彼女たちと日本人家族との相互作用に注目し、中国人女性がどのような準拠枠の葛藤を経験し、どのような経緯でどの集団を自らの準拠集団として選択し、帰属するのかを分析し、中国人女性と日本人家族との間に生じる葛藤のメカニズムを浮かび上がらせる。とりわけ、彼女たちの準拠枠と準拠集団の選択の変化に着目する。

第2節　調査概要および調査対象

(1) 調査の概要

　中国人女性は日本の近郊農村の「農家の嫁」になる過程で、多かれ少なかれ適応の問題を抱えているが、農業未経験者が抱える問題はとりわけ深刻な傾向にある。したがって、本章では、農業未経験者の3人の事例を取り上げて検討する。

　調査の経緯は、以下の通りである。P子は、2005年に筆者が講師を務めたA市の中国語教室の生徒に紹介してもらった。以来、インタビュー調査と電話による調査を重ねてきた。B子は、2001年来日間もない時期に、筆者がA市で国際交流に熱心なボランティアに紹介された。以来、B子とは緊密な関係を築いてきており、面接や電話によるインタビュー調査は二十数回にわたって行なった。K子は、2001年に彼女が農業研修生のときの日本人通訳に紹介された。彼女とも緊密な関係ができ、度重なるインタビュー調査の傍ら、彼女の身の上の相談に乗ることもある。さらに、彼女らの日本人家族とも交流をし、ともに農作業をすることもある。

　3人の出身地は、P子は中国東部沿岸地域の屈指の大都市S市、B子は東北部地域の地方町、K子は東部沿岸地域の農村部である（表6−1）。3人のうちのP子は、S市から直接日本の都市近郊農村のA市に嫁いだ。B子は、地方町から大都市への出稼ぎ労働者という中国国内での移動が先行し、その後に来日したという二段階移動の経験をもつ。K子は、結婚に先行して研修生として来

表6−1　調査対象者の属性

事例	年齢	中国の出身地	移動経緯	自己想定	農業経験	結婚きっかけ	本人及び家族職業	家族形態
P子	40代	東部大都市	中国都市→日本	花屋経営者妻	無	親族紹介	専業農家	直系家族
B子	20代	東北部地方町	中国地方町→南部大都市→日本	自動農業主妻	無	業者仲介	専業農家	直系家族
K子	30代	東部農村	中国農村→日本研修→結婚	専業主婦	無	研修生→日本人に紹介を依頼	専業農家	直系家族→核家族→離婚

日した経験をもつ。彼女たちは全員、来日までに農業を経験しておらず、来日後専業農家に嫁いでおり、夫がすべて長男で、かつ両親と同居する直系家族である。本章では、以上の3名の中国人女性についてのデータを分析する。B子のインタビューのほかに、B子の心情をよく理解し、表現してくれた日本人夫のインタビューの一部も用いている。

(2) 調査対象者の来日経緯と期待
1)「花屋」の経営者妻を期待したP子

P子は、1990年代半ばに来日し、現在40歳代である。彼女は大都市S市の裕福な家庭で生まれ育った。20代の時、趣味として日本語を学んでいた。きょうだいのうちの一人が日本で仕事をしており、時折日本人の友人を実家に連れて来ていて、そのうちの一人が今の夫である。彼女は日本語の練習を兼ねて友人として付き合い始めた。夫の職業が花卉農家と聞いた時のことを、P子は以下のように振り返った。

> 「『花房（花屋）』だと思っていた、じょうろを持って優雅に花に水をやるイメージが浮かんだわ。だって、S市にいたもんで農業なんて想像できなかった。」

来日後、想定と大きくかけ離れた現実にP子は適応が困難となり、来日一ヵ月で早々に里帰りしていた。

2) オートマティック農業主の妻を期待したB子

B子は、2000年代初頭に来日し、現在20歳代である。彼女は工場労働者の一人娘として中国東北の町部で生まれ育った。中国の東北地方には、製造業中心の国営重工業が集まっており、発達していた。計画経済から市場経済に移行する際、国営企業の再整理が行われ、数多くの企業が倒産または人員リストラされ、東北地方は多いに打撃を受けた。B子の両親もあいついで解雇された。あまり学校が好きではなかった彼女は10代後半に親戚を頼って広州へ出稼ぎに行き、喫茶店や美容室などで働いていた。20歳の時、B子はある国際結婚

紹介所に花嫁候補として登録した。その後、紹介所から日本の農家の男性を勧められる。彼女は次のように推薦内容を回想した。

> 「日本の農業は貴女が思っている農業ではない。ボタン1つ押すだけですべてやってくれるの。中国の農村とは大違い、革靴を履いてハウスで仕事をするのよ。」

彼女はそれを信じて見合いをし、10人程の女性候補の中から現在の夫に選ばれた。しかし、来日後の生活は、想像した「ボタン1つ」の農作業とは違い、手作業が多く、農業の大変さに苦しんでいた。

3）専業主婦を期待したK子

K子は2000年代初頭に来日し、現在30歳代である。彼女は東部の農村部に生まれ、教師と農民の親をもつ。10代後半、長江において河川運輸業で生計を立てる兄の手伝いを数年経験し、その後、農業研修生として来日した。彼女は農業研修を終えて帰国してから、再度A市に嫁いできた。日本人との結婚を望む理由について、K子は以下のように語った。

> 「研修生の時、日本の男はみんな給料を奥さんに預けて、女の人は財布の紐を持って家で家事をするだけだと仲間から聞いて、知っていたの。私は昔から、子育てするため家にいるお姉さん（兄嫁）がうらやましかった。」

兄が怪我したため、彼女は10代から働き続けてきた。少しでも楽な生活に憧れ、帰国の前に、仲人を立てて今の夫を紹介してもらった。この夫婦はこの地域では珍しく年齢差の小さい「国際結婚」夫婦であった。夫は畜産農家の長男で両親もまだ若くて現役で働いていた。

3人の中国人女性配偶者は、それぞれ「花屋」の奥さん、機械化された農業主の妻、専業主婦を想定して結婚による移住に踏み切った。彼女たちはいずれ

も「海外中流階層の妻」という生活を予測し、かつ期待していたといえる。ナカマツ（2003）の研究では、対象となった「農村の花嫁」研究対象の大半は、日本で"a better life"（Nakamatsu 2003：187）を切望していたとされている。この"a better life"には婚姻への積極的なイメージとして、中産階級の夫、子ども、愛情や個人の職業の発展などが含まれている（Nakamatsu 2003：187）。彼女たちにとって、「国際結婚」のイメージは海外先進国の都市部にある核家族モデルが前提となっている。Ａ市で研修生を経験したＫ子を除く２人は、都市あるいは都市に近い地域で人生を送ることを想定していた。とくに、Ｂ子の"a better life"イメージは、国際結婚紹介所によって提供されていた。

第３節　相互作用における準拠枠の葛藤

（1）　初期の葛藤からみる「農家の嫁」準拠枠

中国人女性の想定に対し、日本人家族の「農家の嫁」の期待はかけ離れたものであった。Ｋ子は以下のように述べた。

> 「（日本に）嫁いだ翌朝、彼のお母さんはもう味噌汁の作り方を学ばせたの。当時の私はまだ全然慣れてないのに、あれをやれ、これをやれと言われていた。何日も経っていないうちに、彼ら（姑夫婦）は新しい作業用靴を買って牛舎の前に置いて、『これはＫ子のだよ』と、私は彼らの言わんとすること―そろそろ働きなさいということを理解したけど、黙って何も言わなかった。」

日本人家族はＫ子に「農家の嫁」になるよう催促していた。他の中国人女性配偶者もそれに近い経験をしている。その期待として、嫁いで早々に家の料理の味を覚えることや、家業への従事を急がせることが挙げられた。日本人家族の準拠枠には、家事の担い手をはじめとして家族全員に奉仕することと、家業を手伝うことが内包されている。Ｂ子の夫は日本人家族の期待をこのように述べている。

「うちのお袋は最初、彼女に日本人化してほしいと思ってて、ここら辺のお嫁さんのようになってもらおうと。」

姑の「ここら辺のお嫁さん」というのは、日本人家族がもつ近郊農村部の「農家の嫁」像のことであり、その「農家の嫁」像はまさに中国人女性に託したい準拠枠である。これらの期待に対し、中国人女性は葛藤を感じていた。

P子：「S市の時、頻繁に外食をしていたのよ。料理をすることは嫌いではないけど、たまにしか張り切って作らなかった。ここに来てから、毎日家族全員の3食分を作らなければならない。すごくストレスというか、つらかった。この家に入ってからずっと料理している。」

B子：「私には理解できない、昼間私も農作業をしているのに、どうして家事も、炊事も、後片付けまで全部私がやるの？　うちのお姑は農作業も家事もしないで近所訪問やら社交活動やら遊んでばかり。」

K子：「普通中国で、女が家事をやる時に、男はたいてい手伝ってくれるじゃない。でも、ここは違う！男はこれ（家事）は僕のやるべきことじゃないと思っているの。うちの人のように、毎日家にいても何も手伝ってくれないし、義理のお姉さんがいるのに、私だけにやらせる。」

このように、3人の中国人女性配偶者は、農作業の傍ら、家事の担い手が「嫁」の自分であることに強く葛藤を抱いている。「毎日家族全員の3食分」を作らねばならない辛さの吐露はその葛藤を代表するものである。中国、都市部ではさらに顕著であるのは、家事や育児は「手の空いている者がする」という表現があるように、「単に夫婦でフレキシブルに役割を分担するのみならず、夫婦、祖父母（同居、近居双方）の間で、性別にかかわらず、その時にそのことができる状況にある人がする」（宮坂2007：113）慣習がある。そして、都市部では朝食をはじめ、食事は外で手軽に取ることがよくある。

また、家事全般を任されるという葛藤の中でも、B子は姑が家事にかかわら

ないことに不満をもっていた。中国では、家事や育児の担い手として、妻や夫の母親からの援助が多い（宮坂 2007）。B子も自ら農作業に働きに出るなら、同居している高齢であまり農作業の労働力にならない姑に家事の担い手になってもらうことを期待していた。しかし、農村部における直系家族の姑は、「嫁」こそ家族全員の家事の担い手だと認識している。

さらに、家事分担において、K子は「家にいても何も手伝ってくれない」夫の家事に対する非協力的な態度に、苛立ちを感じる。その背景として、中国では男女共同で家事労働を担うことが多く、家事労働はもはや女性のみの義務ではないという事情がある（李卓 2004）。男性の家事労働時間はだいたい女性の5割から8割程度に達していて（瀬地山 1996：315）、比較的進んでいる中国的な男女平等のモデルがK子の準拠枠になっていると考えられる。だが、K子の夫は農家の長男として「男子厨房に入らず」という観念をもつため、夫婦の家事分担における準拠枠が異なっていた。

総じて、中国人女性配偶者の葛藤は、日本人家族が直系家族における「農家の嫁」の準拠枠を持って彼女たちに役割を期待するのに対し、他方で中国人女性は中国的性別役割分業観のほかに、世代間役割分業観に由来する準拠枠をもっているために生じたものである。このような葛藤のなかで、中国人女性は来日初期から、所属集団となった家族に対し、心理的に疎遠になっていた。例えば、B子の夫は以下のように当時の彼女の様子を描いていた。

> 「B子の友達の中に、同じ紹介所からきた人がいて、相手の夫はサラリーマンでね、B子はよくその人と電話していた。その人は、午前に掃除と洗濯を済ませ、昼は友達とレストランでランチを、午後は旦那の帰りを待つみたいな生活をしているって。彼女は聞いて相当動揺していたよ。」

B子は、より自分の期待に近い核家族のサラリーマン妻の生活と照らし合わせ、「農家の嫁」に対する葛藤をさらに強く感じていた。

以上のように、中国人女性配偶者にとって、日本的「農家の嫁」になることは予期せぬ事態であり、日本人家族が有する「農家の嫁」準拠枠と、自らの準拠枠との間に葛藤が生じていた。日本人家族の「農家の嫁」への期待を細分化

してみると、夫にとっての「妻」役割だけでなく、家族にとっての「嫁」役割も求められ、さらに家業である農業の「労働力」という役割も付け加えられる。それはまさに生産力および再生産力の両方を期待されているのである。一方、この3人の中国人女性は、母国で社会化された役割観念に準拠して、「妻」になることは心得ているが、「嫁」になることは予想外であった。さらに、中国では夫婦共働きのケースが一般的であるため、家事の夫婦（もしくは家族）の分担化や親世代の役割補完も進んでいる。したがって、中国人女性配偶者は日本人家族との間で行われる相互作用において、夫婦間における「男女平等」と世代間における役割補完という中国社会で得た準拠枠が、女性の役割が固定される日本人家族の「農家の嫁」準拠枠と衝突していたことがわかる。

しかも、姑のK子への指示に見られる通り、それは暗黙の期待を超える明確な要請となっている。このように、日本人家族から中国人女性配偶者へ付与した「農家の嫁」の期待は、弱い要請ではなくより明確に顕に表現される「強度の要請」（上子 1979：48）だと考えられる。

(2) 葛藤への対応にみる準拠枠の変化

日本人家族が相互作用において中国人女性配偶者に自らの準拠枠を持って働きかけているといっても、彼女たちは単に受動的な「被害者」でいるというわけではない。彼女たちは戸惑い、そして葛藤を経験することで、家族、とりわけ夫に対し、クレームを申し立てている。中国人女性たちが日本人家族との間で経験する「農家の嫁」をめぐる準拠枠の葛藤に対し、家族の対応はそれぞれ異なっていた。さらに、時間が経ち、家族の対応によって中国人女性たちにも変化が見られる。

1） P子の場合

P子は、家族の変化についてこのように述べている。

> 「旦那は時々家事を手伝うようになった。でも、彼は、母親に意見を伝えるのは怖いというか、できないみたいね。……姑さんは今になっても、嫁は海外からやってきていることを理解しようとは思ってないみたい。」

P子の夫はS市を訪問したことがあり、彼女の中国での生活スタイルを知り、妻の立場を理解しようとするし、家事の分担も遂行している。しかしながら、夫は、妻に対する母親の準拠枠を変化させようとすることもできなかった。そして、姑が「嫁は海外からやってきているから理解しよう」とすることに至らず結局、日本人家族の「農家の嫁」という性別役割分業観において、夫の準拠枠に変化が見られるものの、最も権限をもつ姑は準拠枠からあまり変化させる兆しが見られなかったようである。P子は、姑との間に葛藤のある関係が続いているが、その一方、日本人の友人ができていた。

　　「皆は子どもの（保育園の）お友達の母親たちだ。彼女たちからいろんなことを教えてもらった。……今は、毎朝に子どもを学校に行かせてから、温室へ（作業をし）、午後子どもが帰ってきたら、家に戻る。着いたら、まず学校の連絡帳をチェックして、夜はまた子どもの勉強を見る。」

　P子は、親交のある日本人母親たちのより現代的な「農村の若妻（母親）」という準拠枠をもって、出身地の大都市で内面化した準拠枠と入れ替えて、遂行するようになった。その日本人若妻（母親）たちには、A市以外の地域から嫁いできて、P子と似た悩みをもつ者も少なくない。今やP子の生活や子育て方法は地元の同じグループの日本人母親と変わらないという。その際、「農家の嫁」の準拠枠と重なる部分もあれば、「農家の嫁」にとって、斬新な部分もあろう。P子が親交をもつグループの成員の準拠枠は、家業である農業と家事と子どもの教育とのバランスの取り方に反映されており、子どもの教育に何より力を注いでいる。P子は友人から、子育ての方法をはじめ、いくつか新たな基準を身につけ、中国で身につけたものとも違い、姑が提供したのとも違う、新たな準拠枠を移住先で手に入れたのである。

2）B子の場合
　B子の夫は自身および家族の変化をこのように語った。

　　「最初彼女が自分を懸命に抑えていた。でも、ある時の喧嘩をきっかけ

に、僕は彼女のストレスを知った。それから、お互いにわかりあうように努力していったわけ。そして、お袋を説得して日本人のように要求するのをやめようって。（来日して）半年の頃、やっと夫婦になれたかな。」

　家族の対応がより柔軟になり、Ｂ子も少しずつ落ち着いてきた。さらに、子どもの誕生によって、家族はより１つになった。Ｂ子は自分の心情について以下のように語った。

　　「子どもが誕生してから、お姑はとても喜んでいた。私の子をあんなに大事に思ってくれて、やっぱりね。他の姑でうちと違って、子どもの面倒をみてくれなくて、お嫁さんが文句を言うのも結構あるからね。…私は食事を作ると、夫か姑さんが片付ける。私はもう部屋に戻っていい……うちのお舅は家計を息子に渡して引退した、今私は会計を担当しているけど、農家の会計の大変さは初めてわかった。」

　Ｂ子の場合、夫が彼女の「農家の嫁」役割における葛藤に気づき、姑に改善を求めた。家族は、彼女に「日本人のように要求する」という従来の準拠枠を検討した結果、彼女が受け入れやすいように期待の内容を修正した。固定した従来の分業ではなく、Ｂ子という特定の個人に適合するように、より幅のある準拠枠に変更した。Ｂ子に期待される修正された「農家の嫁」役割において、彼女はより自由に家事を裁量できるようになった。さらに、育児においても、子育ては母親の任務だという地元の認識を修正し、姑が進んで協力してくれるようになった。そして、日本人家族がＢ子に付与した準拠枠に変化が見られ、この家族だけの「農家の嫁」に対する準拠枠ができ上がったのである。
　家族の準拠枠の見直しにより、Ｂ子も自らの準拠枠を修正した。彼女は憧れていた「サラリーマン妻」から徐々に「農家の嫁」に移行するようになった。ただ、Ｂ子が獲得したのは、来日当初に家族から与えられた準拠枠ではなく、一部修正した「農家の嫁」準拠枠にほかならない。

3) K子の場合

姑夫婦が要求する「農家の嫁」に葛藤を感じるK子は、日本人家族の対応について以下のように語った。

> 「彼の両親は当然のように家事と牛場の仕事をやらせるけど、優しい言葉も給料やお小遣いもない。……彼（K子の夫）？　彼は別に何もしてくれなかった。」

K子の語りから、姑夫婦が彼女に働きかける「農家の嫁」の準拠枠は、彼女が葛藤を抱えていても、変更されることがなく従来のまま維持されたことがわかる。また、日本人夫も、役割分業について、変化がみられなかったようである。彼女は葛藤を抱き続けた。その後、彼女はA市の外国人「嫁」の中では珍しく、隣の市にある工場で働くことを決心した。嫁ぎ先の家業について、K子は次のように言った。

> 「誰が農業なんかやるものですか！　汚いし、お金もくれない！」

数年後、K子は家族と大喧嘩の末、夫と共に家から出てアパート暮らしを始めた。さらにそれも長くは続かず、やがて彼女は離婚を選んでA市を離れていった。当初、K子はP子やB子と同様に「農家の嫁」期待に葛藤を持ってスタートしたが、日本人夫を含めて家族は、彼女に対する準拠枠を修正しないままにきた。さらに、K子はP子のように生活圏内における何らかの集団とも親交がないため、新たなモデルを取り入れることもなかった。結局彼女は、出身社会である中国の既婚女性像という準拠枠を維持し続け、「農家の嫁」という準拠枠の遂行を完全に拒否することになった。

これらの事例を通し、中国人女性配偶者は日本人家族との間で双方の準拠枠の違いによって、日々繰り返されている相互作用で生じる「深刻な心の痛み」（上子1979：56）ともいえる葛藤を経験することが判明した。結婚後の初期の段階において、日本人家族から付与された「農家の嫁」の期待に、中国人女性配

偶者が完全に承認したという事例が一つもなく、全員が何らかの葛藤を抱いていた。しかし、中国人女性と日本人家族との間で相互作用が行われるうちに、一部の女性の準拠枠には変化がみられた。

　準拠枠は、個人がもつ価値観や行動の基準であり、個々人が自我を形成した過程で取り入れたモデルや経験は違うため、準拠枠と準拠枠が衝突するのはある意味当然である。この場合、双方が自らの準拠枠を変更し、近寄せるようにすることが理想であろう。しかし、どちらが自らの準拠枠の変更をより行うかについて、議論をすべきである。中国人女性と日本人家族とは、親密性の高い家族関係であると同時に、マイノリティとマジョリティとの関係でもある。そのため、「国際結婚」においては、必然的に権力性が家族の中に持ち込まれることになる。そして、マイノリティである中国人女性配偶者に準拠枠の変更を求めることは、マジョリティの文化への同化を求めることになりかねない。日本人家族や地域への同化に対する批判は、すでにマクロ的な「国際結婚」研究で提起されている。だが、マクロ的な研究は、同化への批判にとどまっており、結局、葛藤を抱え続ける「被害者」として中国人女性配偶者を描いたにすぎない。

　次節では、中国人女性配偶者が行為者として、いかに「農家の嫁」という地位に付随する葛藤を乗り切ろうとしたか、変更した準拠枠と関連して、どのように準拠集団を選択したかを描き出す。

第4節　準拠枠の変化と準拠集団の選択

（1）　準拠集団の選択

　3人の中国人女性配偶者と日本人家族の性別役割分業における準拠枠の違いによる葛藤から、中国人女性は、日本の農村部においても周辺化されることが示されている。日本人家族は最初、用意された「農家の嫁」像を彼女たちに当てはめようとしていた。しかし、葛藤を抱えた女性が、家族へ働きかけることによって、日本人家族のもっていた準拠枠には変化の兆候もみられる。中国人女性配偶者の働きかけだけではなく、日本人家族自身も彼女たちの葛藤を感受し、理解したことで変化もしていた。

中国人女性の準拠枠に関する葛藤から、彼女たちが来日までにすでに準拠枠を提供する準拠集団をもっていたことが想定できる。先述のように、来日したことで、所属集団は移行しているが、新たに結合した生殖家族に準拠集団を移行したのだろうか。中国人女性は、来日後新しい家族に所属するようになるが、心の拠りどころである準拠集団が必ずしも所属集団であると限らない。また、中国人女性配偶者は移動の経験を有しているので、所属してきたいくつかの集団のなかから、準拠集団が「ダイナミックに選択される過程を考えてみなければならない」(Merton 1957＝1961：279)。以下では、日本人家族の準拠枠をめぐる葛藤への対応から、中国人女性の準拠集団選択を検討する。

1) 準拠集団を地元外部集団に移行するＰ子

　Ｐ子の事例では、夫以外の日本人家族が従来の準拠枠を見直さなかった結果、Ｐ子は家族との相互作用における葛藤を減軽できず、衝突し続けた。そのため、彼女は徐々に家族集団から遠ざかっていった。

　　「もう何回も離婚しようと考えていたわよ。結局離婚しなかったのは、もちろん子どものことがあるけど、それだけではなくやっぱり、ここでかけがえのない友人ができていたから。彼女たちと別れるのはつらい。彼女たちは（私の）支えになっている。私は本当に友達に恵まれている。」

　離婚を考えざるを得ない危機的状況の中、Ｐ子は子どもの入園に伴い、地元の日本人「農村の若妻（母親）」のグループに「自然体」で受け入れてもらい、さらに自分の「支え」となるほどの親交を結んだ。そこで、姑から提示された伝統的な「農家の嫁」準拠枠と幾分違う「農村の若妻（母親）」準拠枠に触れる機会を得て、Ｐ子は次第にそこの価値観を承認し取り入れ、「農村若妻（母親）集団」を自らの準拠集団として選択した。その際、「農村若妻（母親）集団」で行われている諸規範や諸価値の知識あるいは像を理解することを前提としている。Ｐ子のように、日本の教育機関を通して母親同士で仲良くなることは、調査対象の間では珍しいともいえる。文化や習慣の違いで、さらに言語のハンディギャップによって、日本人母親同士のグループに入れない人のほうが

圧倒的に多いのである。Ｐ子は、地域社会に比較的に馴染んでおり、母親同士の付き合いはストレスどころか、自らの居場所と認識するようになっている。

　Ｐ子は、最も親密性の高い家族集団との準拠枠に軋轢があったままであり、家族を準拠集団として選べない状況である。しかし、地元の日本人「農村の若妻（母親）」集団を準拠集団にすることができたことで、家族集団との葛藤はある程度軽減されていた。彼女の準拠集団は移住先の地域社会に実際に存在しているため、ある程度の心の安定さが保たれているといえよう。そして、家族集団における夫の準拠枠が見直されたこともプラスとなっている。Ｐ子が、家族において一定の葛藤を抱えながらも、移住先で暮らし続けている動機の一部といえよう。

2）所属集団と準拠集団が一致したＢ子

　Ｂ子は、家族との間に大きな葛藤が生じた際、「農家の嫁」準拠枠を排除し、実際に所属してはいないものの、「サラリーマン妻」の生活スタイルに憧憬し、自らの準拠集団にしようとしていた。それは、将来所属したい憧れの集団の規範として認識したからである。その際、日本人家族は彼女の葛藤に気づき、「農家の嫁」という準拠枠を修正したことで、彼女の相互作用における葛藤の度合いが軽減された。

> 「今は姑の代わりに村の婦人会に出るようになったよ……村人、特にうちの子と同じ年の子の母親とは顔を交わすとけっこう話しかけるようにしている。（子どものためにも）仲良くしないとね。（友人で中国人妻の）Ｏさんは農作業や育児に忙しくて、肌の手入れもできないし、服装もだらしないけど、家庭をとても上手に回している。ほら、新しい家を建てて、（Ｏさんの世話で）妹や親も日本に来られるし。日本と中国の両方の家族を世話しているなんて、本当にすごいと思う。彼女は私の新しいアイドルだ。」

　家族が「農家の嫁」準拠枠を変容したことで、Ｂ子はこの柔軟になった「農家の嫁」準拠枠を受け入れやすくなった。彼女は次第に家族集団の「柔軟化した準拠枠」を自らの準拠枠に、そして準拠集団を所属集団である家族集団と村

集団に移行した。とくに、子どもの誕生によって、日本人家族が育児や家事の準拠枠を見直したことで家族の一体感ができ上がった。そのほか、B子は農業に一種懸命に取り組んでいる中国人「農家の嫁」Oさんに感服するようになり、彼女を自らの準拠的個人とした。このように、B子の準拠集団は、所属集団と一致し、また準拠的個人を、非所属集団であった「サラリーマン妻」から、よく働く（中国人）農家の嫁へと移させていた。B子は、家族の準拠枠の変化により、移住先で複数の準拠集団（準拠的個人）をもつようになり、周辺化されていた状況から、自らの心の拠りどころを得て生き抜こうとしている。

3）移住先に実在の準拠集団をもたないK子

K子の葛藤に対し、日本人家族はとくに「農家の嫁」期待を変容したわけでなかった。その上、先述の2人の夫と違い、K子の夫は既成の「農家の嫁」準拠枠の打破を果たせず、異国出身の妻へ理解を示そうとしなかった。それによって、家庭内において、K子の日本人家族との相互作用における葛藤の度合いは軽減することなく、高まる一方となった。他方、地域のつながりについて、K子は以下のように語った。

> 「うちの近くに家がないよ、ほとんど人と会わない。歩いて15分でやっと畑に人を見かける。けれども、みんな忙しいから、誰が私の愚痴を聞く暇があるの？……故郷の人たちはみんなとても親切だ、こことは大違い。（ここは）みんなお互いにタッチしない。」

地域の住民と交流を持てず、現実に家族集団以外との交流が希薄な状況に陥っていたことで、家族以外にも葛藤を減軽する場をもたなかった。さらに子どももなく、P子のように地元若妻たちとの交流の機会ももっておらず、総じて信頼できる日本人と友人関係を築くことができなかった。彼女は移住先において、家族集団のみならずあらゆる集団において、「孤立した成員」（Merton 1957＝1961：279）となっていた。それと関連し、自らの準拠枠は結婚前の諸準拠集団から引きずったままとなり、修正する機会をもち得なかった。加えて、研修生の仲間から得た「想像上の日本人専業主婦」準拠枠をも、日本人専

業主婦と交流がなかったため、修正を行わずにもち続けていた。しかし、前所属集団と「想像上の日本人専業主婦」はどちらも移住先である日本の近郊農村で生活を支えていくための実在の準拠集団ではない。結局、移住先で何らかの新たな準拠枠を与える準拠集団をもてないまま、離脱を選択して農村部を去った。彼女は移住先で多様な他者との関係を構築することができなかったため、新しい準拠集団を獲得できないことになり、その結果、新たな準拠枠を得ることも困難になる。

　移住先に実在する準拠集団に帰属しないことは、移住先で「居場所」を持たないことを意味する。準拠集団、もしくは準拠的個人は重要な他者として、移住先で新たな準拠枠を提供することが可能になるが、それを持たないK子は、家族集団に所属しながらも、前成員であった送り出し社会の定位家族集団や研修生集団を準拠集団とし続けていた。そのため、前所属集団の準拠枠および、研修生集団から得た空想上の準拠枠に依拠せざるを得なかった。

(2) 準拠集団と準拠枠の関係

　以上では、中国人女性配偶者と日本人家族の役割分業における「農家の嫁」準拠枠の変容に関連するものとして、3人の準拠集団の選択背景を検討してきた。本章は中国人女性を行為者とみなし、中国人女性と日本人家族との人間関係における葛藤を解明するため、主に中国人女性の解釈から、双方の準拠枠の違いおよび準拠枠の変容を分析してきた。さらに、中国人女性による来日後の準拠集団の選択を描写した。その結果、彼女たちの準拠集団選択は、相互作用における双方の葛藤への対応—準拠枠の調整の仕方と深く結び付いていることが明らかになった。中国人女性配偶者と日本人家族の双方の準拠枠における乖離およびその後の調整は、準拠枠を提供する準拠集団への帰属にも連動して関連する。価値観や行動の基準となる所属集団の準拠枠に同意できなければ、所属していても準拠集団として選択しないことが可能である。

　女性たちの葛藤に対し日本人家族がみせる対応の違いが、中国人女性たちの準拠集団選択に異なる方向を生み出したことと、彼女たちが帰属意識をもつ準拠集団は必ずしも所属集団と一致するとは限らないことが判明した。個人がある集団と「自分と一つである」という意識をもつことが、しばしばその個人が

感情的に結びついている集団の準拠枠とも「一つ」になる意識をもつ（Merton 1957＝1961：300）ことを意味する。所属する家族集団の準拠枠を採用することは、中国人女性が家族集団と感情的につながっているという良好な人間関係との現れとも考えられる。

　3人に共通しているのは、来日当初は日本人家族から期待された「農家の嫁」役割に葛藤を抱え、家族集団を準拠集団としなかったことである。

　中国人女性たちはその時点で出身社会である中国の何らかの集団に準拠していたことが読み取れる。しかし、その後日本人家族の葛藤への対応の違いによって、彼女らはまったく異なる三つの準拠集団選択をしている。P子は家族集団ではなく、移住先にある外部集団を、B子は所属集団である家族集団を、K子は実在しない集団、もしくは出身社会にあった前所属集団を選択している。3人のうち、P子とB子の準拠集団と所属集団が一致している。だが、準拠集団が所属集団である家族集団と一致しているのは、B子だけである。日本人家族が準拠枠を変更したことによって、B子も準拠枠を変更し、双方が互いに近づいた。日本人家族の準拠枠の変更は、彼女の葛藤を軽減したのみならず、家族集団と感情的につながっていくよい人間関係を構築したのである。すなわち、B子の場合、日本人家族の準拠枠の見直しによって、彼女は家族集団を準拠集団として選び直した。これは、準拠集団によって準拠枠を提供するという従来の考え方とは、異なる可能性を内包している事例である。

　このように、中国人女性配偶者と日本人家族との相互作用における準拠枠の衝突後の対応によって、準拠集団が移住先にある所属集団へ、あるいは前所属集団である非所属集団へ指向していくことが判明した。

（3）　女性結婚移民にとっての準拠集団の意味

　親密性の高い人間関係である家族関係において、相互作用を行う際に双方の準拠枠が違うと葛藤が生じる。しかし、葛藤が深刻化、長期化するかそれとも軽減するかは、顕在化した葛藤に対し、双方、とりわけ権力関係の優勢に立つ側の対応の違いによって異なってくる。日本人家族が準拠枠の調整を行わない場合は、親密性の高い家族は「葛藤の場」や「不平等が実践される場」（竹ノ下 2003）と化していく。他方、準拠枠の調整を行う場合、双方の既成の準拠枠

が調整され、この家族だけの独特な準拠枠ができ上がることで、家族は「親密の場」や「より平等の場」（竹ノ下 2003）になり、成員がより一体感をもちやすい。これは、中国人女性配偶者が移住先で受け入れられ、「居場所」を得たことにもなる。むろん、「居場所」は家族のみならず、地域においても同様に影響があると思われる。

　また、従来の研究においては、家族集団を準拠集団として選ばず、離婚あるいは外部集団を準拠集団として選択した場合の中国人女性はしばしば、「被害者」として扱われてきた。また、地域や家族からは逸脱した者としてみられていた。しかし、離婚を選んだのは、家族と地域で「居場所」を得られなかったからである。たとえ離婚し地域を去っていたとしても、彼女たちはただの「被害者」ではなく、準拠集団となりえる新たな所属集団を求めて離婚したのである。また、家族との間に葛藤をもち、外部で「居場所」を選ぶことは、中国人女性配偶者自身が日本で暮らしていく可能性を自ら開拓したことを意味しよう。離婚や外部集団を準拠集団として選択したことを、既存の「国際結婚」研究では、問題として捉えてきたが、本章のように中国人女性配偶者の視点に沿ってみれば必ずしも問題として捉える必要はない。

　「居場所」が外国人女性配偶者にとっていかなる意味をもつかは先行研究では指摘されていないが、「居場所」は「国際結婚」研究の必要不可欠な要素である。なぜなら、外国人女性がマイノリティとして単独でマジョリティ社会で生活する場合、「居場所」を得るのは非常に困難で、親密性の高い家族が「居場所」になる保証がないからである。だからこそ、「居場所」となる準拠集団をどこに求めるかは彼女らにとって切実な問題となる。

　本章は、行為者である中国人女性配偶者側の視点を導入することで、中国人女性を取り囲む人間関係における葛藤をミクロ的に描写した。外国人女性配偶者を主体的な行為者としてみることは、従来の「国際結婚」研究が光を当ててこなかった彼女らのマジョリティ社会での経験や行為の多様性を描くことを可能にするといえるだろう。

第 7 章

子どもへの教育戦略と「移動の物語り」

　前章で検討したように、中国人女性は来日後、まず農村部の生産力・再生産力としての「農家の嫁」役割との葛藤を経験する。そしてさらに、後継者の誕生により、子どもの教育問題にも直面することになる。日本人家族との相互作用のなかで、中国出身母親はいかなる教育戦略をどのような背景のもとにとるのかを本章で分析していく。

第 1 節　「国際結婚」における外国人母親
　　　　　——子育てを捉える視角

　異国の農村部に嫁いできて、さまざまな困難を抱える中国人「嫁」の子育てや教育をどのようにみるか。アジア人女性は、日本人女性の身代わりとして嫁入りし、地域と家庭においてエスニシティやジェンダーの不均衡な関係や、日本語能力と子育て情報の不足や、圧倒的に強い同化の圧力を前にして、状況に流されるだけの無力な存在であろうか。結論の先取りとなるが、こうした見方は適切ではない。日本の農村で暮らす中国出身母親のすべてが状況に流されるままなのではないし、子育てや教育において周りの言いなりになっているわけでもない。受け入れ社会において、中国出身の母親は、子育て観の相違と、言語のハンディギャップの影響を受けながらも、母親なりにどのような子どもの成長を目指したいかを熟慮してそれぞれの教育に向けた戦略を立て、実践に移している。
　そこで、本章は、「国際結婚」における中国出身母親が子育てエージェント

として、いかなる教育戦略をもって実践しているかを分析すると同時に、母親の解釈を通して、中国出身母親の移動の経験で浮かび上がった教育戦略に付与された意味づけを析出したい。

(1) 教育戦略という視点

　中国出身母親の教育行為は、日本農村部で直面する諸々の問題に対し、状況に応じて乗り越えたり、対処したりすることで、生き残るための戦略として捉えられる。そして、マイノリティである母親の教育戦略を把握する場合に、母親自身の戦略の側面と子どもにとっての戦略の側面との両者があるという重層性に注目すべきである。その前提として、中国出身母親は、日本の農村部でさまざまの制約やジレンマに直面する場合、「農家の嫁」や「日本の母親」といったあらかじめ付与された制約がかかっている状況にある役割行動を超えて自ら行なった選択として、行為を形成していると考える。

　ここでいう戦略は、高度に状況依存的なものである（石川2001）。目的を達成するために、相手を見定めて計画を立てたとしても、期待通りに状況が展開しなければ、作戦はその都度見直されていくことも含んでいる。さらに、行為者は自らの目的および、リスクの調整という課題によって、戦略が生み出される。戦略、とりわけマイノリティの戦略には、①規範的なものではなく、道具的なものであり、②公表すべきものでなく秘匿すべきものであり、③貫くべきものでなく変更すべきものといった特徴がある（石川2001：154）。

　さらに、戦略という言葉は、意識的、目的的なものとして解釈されやすいが、行為者の自覚によらない、無意識的な戦略をも含むとの指摘もある（片岡2001）。本章での教育戦略とは、中国出身母親が、自らの教育目的や子どものより良い将来を達成するため、意図的・非意図的にさまざまの働きを駆使するその全般を指している。もちろん、教育戦略は不変ではなく、流動的な可能性を内包する。このように、日本人家族などの相手との相互作用を通じて、方法を常に修正し、場合によって妥協し、迂回することがある。

　そもそも、人間は規範や構造によって役割を与えられるというように捉えるのではなく、社会的相互作用を解釈過程とみることが、解釈的アプローチの特徴である。そこでは、構造は、「行為者の解釈過程のなかで構成され、維持さ

れると捉えられており、構造ないし秩序の根拠のなさが強調されている」(稲垣1990)。中国出身母親は、社会規範に制約されて行動するだけとは限らず、エージェントとして行為する側面も有している。さらに、日本人家族との相互作用を経て、中国出身母親の解釈において、構造としてのマジョリティ社会が構成されていく。

　こういった中国出身母親の教育戦略は、育児、言語、学校選択といった側面から区分けすることが可能である。育児、言語と学校選択のそれぞれの側面は、相互に関連しており、とりわけ育児と言語はクロスしており、密接な関係を持っている。育児戦略とは、子どもが生活していくための知識、価値観、態度、アイデンティティなどをいかに形成させたいかの戦略のことである。言語戦略は、どの言語を子どもに獲得させるかという言語習得にかかわる戦略である。また学校戦略は、学校選択と子どもに期待する学歴についての戦略を指している。本章が対象とするインフォーマントは、子どもたちがまだ低年齢で、母親の学校戦略に関して、語った人もいれば、まだ幼いので語らない人もいるという限界がある。そのため、育児と言語の側面を中心に検討を展開する。

(2) 子育てと階層格差

　母親による家庭教育において、日本の母親たちの多くが「教育ママ」化していることへの反論として、「非教育ママ」現象を挙げて異議を述べた研究がある。子どもの教育達成の向上に向けて動員しうる諸資源も意欲も少なく、現状に満足している集団が、日本の母親のなかでかなりのボリュームを占め、とりわけ時間的資源や文化的資源を欠いたグループが、「非教育ママ」として存在しているというのである(本田2004)。すなわち、日本の母親は、所有する資源により、階層化されているのである。

　日本では、子どもの発達上重要な時期を示す「三つ子の魂百まで」という「3歳児神話」がある。この時期までに、母親が責任をもって子どもにしつけることが要求される。この考え方は、人々に深く根づいている。そのため、「子どもは3歳までは、常時家庭において母親の手で育てないと、子どものその後の成長に悪影響を及ぼす」のである(塘2006：87)。しかし、中国では、「3歳児神話」という考え方はあまり一般的ではない。むしろ、子どもは、学齢期

を迎える前後のほうが重要だと考えられている。それは、中国の能力主義や競争主義的な学校教育で、子どもの学習能力を養うことが重要であると判断されているからである。したがって、中国では、母親は仕事への早期復帰を果たすため、乳幼児の子どもを祖父母に頼むか、お手伝いさんを雇い、子どもの世話を各方面に分散させる傾向がある。この中国の育児習慣は、日本の「3歳児神話」に対比させられ、「小学生神話」と呼ばれることもある。中国の母親は、日本の母親が行っているようなこまごまとした世話を多方向へ分散させる代り、とくに学齢期に上がる前後からの子どもへの「しつけ」や「知識の授与」の教育内容をより多く担うようになる（塘 2006）。

　ただし、ここでいう中国の母親とは、おおよそ都市部の母親を指している。中国では、都市部と農村部の間には、経済的な格差をはじめとして、福祉、教育水準、教育観念に大きな格差がある。農村部は、経済が停滞し、貧困で遅れた状況に置かれている。全体的に、農村部の教育水準と教育施設は大幅に都市より遅れている。親の教育観念においても、中国の都市と農村の間に大きな格差が存在している（表7-1）。都市部の親の平均学歴は農村部の親より大幅に高い。都市部の親は子どもの成績アップに執着するが、多数の農村部の親は教育投入をコストと利益に基づいて考える[1]。さらに、農村の親は、勉強を子ども自身のこととみなしており、都市部の親のように面倒を見ない。大多数の農村の親は、子どもの学習や最終学歴に対する期待はそれほど高くない（楊、沈 2000）。その結果として、農村部の親は子どもの世話にとどまる傾向があり、都市部の親は何よりも子どもの教育に関心を払う傾向がある。例えば、農村部では幼稚園が普及しておらず、祖父母による子守りが一般的であり、世話する

表7-1　中国の親の教育観念の傾向

地域	平均学歴	収入	注目点	勉強の面倒	学歴や成績への期待	娘の教育	特徴
都市部	大幅に高い	多	子の成績アップに執着	見る	高い	ほぼ平等（一人っ子）	教育に関心を払う
農村部	低い	少	コストと利益に基づいて教育導入を考える	あまり見ない	それほど高くない	子が多く貧困の場合、教育機会を奪う傾向	養育にとどまる

楊善華・沈崇麟、2000、『城乡家庭——市場経済与非農化背景下的変遷』（浙江人民出版社）に基づき、著者が整理。

ことが中心であるのに対し、都市部は幼稚園が普及しているだけでなく、幼稚園という早い段階から、子どもに多くの知識や技能を与えるほど教育を重視する（塘 2006）。とくに、子どもの数が多く、貧困な場合、中国農村部の男尊女卑の因習にしたがえば、娘が教育を受ける機会はまず奪われてしまう傾向がある（楊・沈 2000）。日本の近郊農村での子育てという行為においても、中国人母親内部の階層により戦略の違いが生じる可能性がある。

また、都市出身者は平均学歴の高いため、教育に関心を払う傾向があり、日本においてより学校教育に馴染みやすいことが予想できる。そして、都市出身者は農村出身者に比べ、幼少期から習い事などにより諸々な文化資本を身につける傾向もある。さらに、出身地の定位家族が日本からの送金に依存する農村出身者と比べ、都市出身者はほとんど母国の家族に送金する必要がない。中国都市出身者は農村出身の同国人に比べ、利用しうる資源をより多く獲得しており、極端に言えば別の社会階層を形成しているということもできる。

しかし、中国人都市出身女性たちは、資源をより多く所有しているとはいえ、より徹底的に男女平等を実施する中国都市部と程遠い日本農村部の「農家の嫁」という要求に対し、農村部出身者以上に苦労することもまた想像できる。また、日本の農村部や低学歴層では今でも放任的・寛容的なしつけ態度をとっていることが多いことを鑑みると（広田 1999：168）、都市文化や高い生活水準そして、競争に満ちた、教育産業が集中する都市部の生活に慣れていた女性たちは、日本の農村部で行われる教育に関わる姿勢と衝突する恐れも予測できる。中国の都市出身者は、資源や都市出身との上位階層の自負を有しているだけに、現実において挫折感を味わい、さらに困難を抱えやすい可能性がある。

そのため、本章では、「国際結婚」における中国大都市出身の母親たちに注目することにし、彼女たちの日本人家族、社会との相互作用のなかで、いかなる教育戦略を実践しているのかを分析すると同時に、彼女たちの教育戦略に付与する意味づけを析出したい。

第 2 節　調査概要および調査対象

(1)　調査概要

　先述のように、家庭では、異なる階層の親によって、子どもに与える影響が違うことが指摘されている（Lareau 2003）。「国際結婚」における外国人母親についても、階層問題は隠れたキーワードとなりえよう。実際、研究対象者のなかで農村出身者には中卒や小卒者が多いことに対し、都市出身者の学歴は高卒以上がほとんどである。また、調査に際して、農村出身者は教育についてあまり語らない傾向があり、他方、都市出身者は積極的かつ具体的に教育について語ってくれた。教育戦略の中身を知ろうとすると、教育水準の高い都市出身者の語りを用いることになる。さらに重要なのは、現在のところ、農村出身者は都市出身者の教育戦略に追随する傾向が見受けられることである。都市出身者の事例は、A 市の中国出身母親の教育戦略のモデルになりうる。

　したがって、本章では、A 市在住の都市出身者の中国出身母親 3 人の事例を取り上げる（表 7―2 参照）。Y 子と L 子は中国の東部沿岸地域の大都市の出身で、Q 子は東北部地域の都市の出身者である。3 人とも別のインフォーマントから紹介を受けて知り合うに至った。

表 7―2　調査対象者のプロフィール

対象者	滞日年数	子どもの数	日本語能力	教育的背景	家族形態
Y 子	8 年	娘 1 人（小学校 1 年）	中　級	中等専門学校	近居家族
L 子	9 年	娘 1 人（小学校 2 年）	初　級	高　卒	核家族
Q 子	10 年	娘 2 人（小学校 3 年、4 歳）	上　級	短　大	直系家族

　Y 子は現在 40 代前半で、「国際結婚」紹介業者の仲介によって、日本人夫と結婚し、来日した。夫は運輸業に従事しており、実家は兼業農家である。家族形態は、夫と娘の 3 人家族だが、夫の親兄弟が近くに住む近居家族である。L 子は現在 40 代後半で、「国際結婚」仲介業者を通じて日本人夫と結婚し、来日した。夫は修理業に従事しており、親はすでに他界した。家族形態は夫と娘の核家族である。Q 子は現在 30 代後半で、最初留学のために来日し、知人の

紹介で日本人夫と結婚し、専業農家の「嫁」となった。家族形態は娘と夫および夫の親と同居する直系家族である。

　3人の嫁ぎ先の生業はそれぞれ異なり、専業農家に嫁いだQ子を除いた2人は、一見農業とは無縁の家庭に嫁いだように見える。しかし、彼女たちの居住エリアは農業中心地域であり、A市の工業地帯から少し離れているため、そうした地域の特徴を反映して、Y子とL子が常時務めているパートはすべて農業である。Y子は個人の農家で、L子は大規模な農園で働いている。ゆえに、都市出身者である3人は、程度に差があるとはいえ、日常的に農業に携わる共通の特徴がある。

　なお、本書で挙げた事例が、中国都市出身の女性たちがみせるすべての教育戦略を網羅しているわけではない。そこにみられる主要なタイプについて事例を抽出したものである。

(2) 調査対象者の移動の経験
1) Y子

　Y子は東部沿岸地域の大都市出身で、国営企業の技師の娘である。小さい頃、母親が姉を偏愛し、Y子は大好きな琴を習わせてもらえなかった。このことは、幼い心に深い印象を残した。学校卒業後父親が勤務する企業の下請け企業に勤めるようになった。1990年代中国の計画経済から市場経済への変化のなかで、勤務していた会社の景気が悪くなり、やがて会社を退職し、小売業を始めた。少しお金を貯めるようになったが、仕事柄、さまざまな層の人と付き合わなければならないので、苦労をしていた。なかなかいい結婚相手に恵まれないままに30代に入った。学歴がなく安定した仕事もなく、結婚市場においても年齢的優勢がなくなってきており、彼女は焦っていた。ちょうどその頃、近所のおじいさんに日本人との結婚話を持ち込まれ、大都会でもう競争に勝てないと考えた彼女は日本人男性との見合いに臨んだ。実際の結婚仲介人は、A市日本人男性と結婚している中国人女性である。Y子はその仲介人に絶対的な信頼を寄せていた。彼女は、紹介された日本人男性を慎重に選び、農家の男性を断り、現在の夫である運輸業の男性を選び、結婚来日した。

　夫は兼業農家の次男で、結婚後夫の両親が近くに住む近居家族である。Y

子は、仲介人が描いた「先進国ニッポン」とかけ離れた田園風景が続き、車がなければどこにも行けないA市にやってきて、とても落胆したという。また、夫の短気な性格や男尊女卑観念、中国蔑視なども彼女を悩ませた。彼女は、姑を通してこの地域の「嫁」のあり方について以下のように語っている。

> 「嫁いできた時、彼ら（家族）が理解できるかどうかかまわないで、とにかくS市（出身地）のやり方を強く主張したの、それが効いたかも知れないが、わからない。私に強要してこっちの女性のやるべきことをそれほど押し付けていない。彼の母親は伝統的な日本人女性だと思う。いつも夫を中心に、あるいは長男を中心にしていて、ぜんぜん自分がないの。出かけたいときも夫の顔をうかがう、あるいは息子の顔をうかがう。ちょっと快い顔ではなければ、まあ今日はやめようという。彼女はかわいそう。私はそんな人生を送りたくない。……お母さんは彼（夫）を甘やかししている──魚を食べるときも骨を全部出してあげたぐらい。だから彼はいつも私の欠点を指摘する。」

Y子は30代で日本にやってきて、来日前に中国都市部の男女平等意識などがしっかりと植え付けられていたと考えられる。そして、大都市出身者の誇りをもち、日本人の差別意識を逆に利用して、中国人であっても、大都会出身の自分の地位を高めようとする。しかし、やはり姑の「農家の嫁」としての人生に衝撃を感じており、日本人夫に同じように要求されていることに不満をもっている。さらに、自らも従事している農業について、彼女は、「やはり農業をやりたい人はいないと思う。みんなは仕方なくやっているのよ」と、否定的な態度を示している。

2）L子

L子も東部沿岸地域の大都市出身者である。スポーツが得意なため、若い時彼女は市のバスケットボールチームの専属選手となった。彼女は小さいころから体育学校に入り、中等教育を受けるときは文化大革命の真最中ということもあり、学校の勉強に触れる機会が少なかった。しかし、出身地S市は非常に

教育熱心な大都会であり、周りの環境からさまざまの影響を受けたという。

　「私は小さいころからＳ市で育っていたから、他の人がどのように子ど
　もを教育するかを見たり、聞いたりしてわかる。とくに、どの家の子ども
　がエリートに育てられたかとかね。」

　中国の都市部では、教育重視の風潮がある。Ｓ市はそのなかでもとくに教育熱心である。Ｌ子は自らの子育てを開始する前から、周囲の子どもの教育について一定の認識があった。彼女はスポーツ選手を現役引退したあと、当時では安定さで人気の高い大型国営企業に配属された。彼女は自身の背が高いこと、そして安定した仕事をもっていたから、長身で条件のよい男性という配偶者選択の条件を諦めなかった。やがて、30代半ばに、会社は市場経済政策の下で人員削減を実施し、のちに倒産してしまった。彼女は、学歴がなく、年齢も一般企業の女性早期退職年齢のデッドラインに近づき、再就職は難しかった。そのときＬ子は、知人の日本人男性と見合いをしないかとの誘いに応じて今の夫とお見合いをした。長兄の「おとなしそうな人」との意見に安心して、その男性との結婚に踏みきり、来日した。

　夫の両親はすでに他界しており、彼女の家族は夫と子どもとの核家族である。Ｌ子は、大都市出身であることに対する誇りやジェンダー意識がＹ子と同様に高い。夫は少し障害をもち、経済的には裕福ではない。とはいえ、日本人夫は彼女の意見を尊重してくれるため、ジェンダー役割について衝突することは少ないという。

3）Ｑ子

　Ｑ子は東北地域の工業都市の出身で、会社経営者の一人娘であったが、幼少期に両親の離婚を経験した。両親はその後再婚してそれぞれ家庭をもつようになり、再婚相手との間に子どもをもうけた。彼女は地元の有名な進学高校―某大学付属高校を卒業した後、1990年代の半ばに日本に留学した。その時代の中国では、まだ海外への留学は容易ではなかった。その後、Ａ市に住む農業後継者と結婚し、Ａ市に移り住んだ。彼女は、自らの専業「農家の嫁」に

なる経緯について、以下のように語っている。

　「（来日してから）適応という過程は全然なかったよ。18歳のときに高卒で来日したので、社会生活はむしろ、こちらで慣れた。だから、最初（中国語で当時の流行言葉）「下崗」（リストラ）という言葉を聞いて分からなかったくらい。こっちの家に来て、すぐ台所に立って、畑に行っていたので、（「嫁」役割の期待に対して）なんともなかったよ。」

彼女は、A市に嫁いできて、一生懸命に地元に馴染もうとしており、「農家の嫁」役割に反発しなかった数少ない中国人女性の1人である。Q子は、高卒で日本にやってきており、中国でさまざまの意識を「社会化」するに至らず、よって日本での「再社会化」の過程も省かれたと考えられる。その上、彼女の定位家族はすでに解体しており、彼女はほかの人以上に自らの家族を築くことの重要さを感じたのかもしれない。

以下では、3人の教育戦略にかかわる語りを分析していこう。

第3節　中国出身母親の教育戦略

（1）　Y子の教育戦略——付加価値の高い女性

来日後、Y子は日常生活のなかで日本語を徐々に覚え、簡単な日常会話ができるレベルにある。親子間の日常的な対話は日本語中心である。子どもと日本語で育てることになったのは、以下の経緯がある。

　「（娘の）Nちゃんが言葉をしゃべり始めた頃、私が中国語を教えていて、おじいちゃんに聞かれて、即反対された。その理由は『日本語を理解しないと、幼稚園でいじめられる』ということだったけれども、よく考えたら私もそれは正しいと感じた。しかも私の日本語もよくないので、そう（日本語に）したの。今思うと本当に失敗した。」

Y子は、こういった経緯があって中国語を子どもに教えることを断念した

が、やはり悔いが残っている。子どもがしっかりと発話できるようになってから、Ｙ子は４歳になった子どもに中国語で話しかける努力をしたが、うまくいかない様子であった。

　「でも、今度は娘の方に抵抗意識が出ているみたい。私は中国語を話すと、彼女は『ママうるさい』というの。私は『あなたは日本人だけど、ママは中国人だよ、中国語で話すのが当然でしょう』と言うと、彼女はとりあえず黙る。」

　圧倒的な日本語環境のなかで、たとえ中国人母親が母語を伝達しようとしても、困難であろう。日本人家族の反対があったら、母親の言語は子どもに伝えられなくなる。本来は、親のバイリンガル能力が不十分な場合には、自分の母語を使用して子どもと接触することはきわめて自然である（山本1996）。そして、日本語のみで成長していく子どもは、日本語能力の低い母親にとって「子どもの喪失」（新田1992：155）感を味わわせる存在となる。Ｙ子は、自分の母語を伝えることが子どもに拒否され、むなしい気持ちをもちつつも、入学を控える娘に対して戦略を変えた。小学校のカリキュラムにある国語について、自分の日本語能力では面倒をみられないことを考え、入学の２年前から公文教室に子どもを通わせるようになった。それだけではなく、月曜から土曜日までの毎日何らかの習い事に通わせており、公文で国語と数学を勉強するだけではなく、３歳のときから習い始めたバレエ、ピアノ、さらに、絵画教室にも通っている。Ｙ子は、日本の保育園と小学校について、教育内容が少ないことに不満を持ち、将来、母国での学校教育を娘に受けさせる夢をもっている。また、教室や塾に通わせるため、家からかなり時間をかけて隣町へ送り迎えしているが、それをすべてＹ子１人で引き受けている。というのも、子どもが習い事をすることについて家族と意見の相違があったのである。

　「Ｎちゃんがまだ小さい時、ピアノを習ってもらいたくて、どこに教室があるのと聞いていた。しかし、彼ら（家族）は口をそろえて習う必要がない、そしてピアノ教師がいないと言った。……そういうなか、見つけ出

してやろうと思った。結局、H市（隣町）にあると聞いて、Nちゃんを通わせた。でも、なんとお爺ちゃんの近所にもあると後から知った。私も意地を張って、どんなに大変でも、お教室への送り迎えは全部自分でやると決めた。」

　この日本人家族は、子どもに小さいうちから教え込むことについて抵抗感があり、自然のままに育ってほしいと思っており、それが中国都市出身の母親の教育方針と矛盾する。「国際結婚」家族における子育て方針に関する中国人母親と日本人家族の間で広げられる葛藤の内実は、もはやエスニシティの違いを超えて、階層・階級の違いや都市・農村文化、そして世代差の衝突でもある。彼女は、日本人家族が塾通いに反対しているため、家族成員から援助をもらえず、自力で娘に思い描いた育児戦略を実施している。小学校に上がったばかりの娘に、すでに進学する中学校のことまで考えている。

　「（中国の学校に行かせることを）考えている。「公文教室」は独学を鍛えるところだ、もし、今のように私が見張ることがなく娘が自分でできるようになれば、小学校を卒業してから彼女を中国S市に行かせる。そこにある宝賓中学校は実験校で特色クラスがあって、私たちのような中国人が日本人（外国人）と結婚して生まれた子どもを受け入れるそうだ、小留学生っていうか。（その学校で）3言語によって教えるの、中、日、英。でも、まず入学試験をうけて、受かってからじゃないと入れない。受かったら、娘に入ってもらいたい。
　（将来は）まあ、S市で大学に行かせたいね。」

　娘の進学場所について、夫はきっと反対するだろうとY子は予想している。しかし、なんとか実現できるように、彼女は努力している。実は、教育を受ける場所の選択よりも、「女の子」としての考え方の基本方針について、夫との間に完全な違いが存在する。

　「彼（夫）はいつも、女の子は将来お嫁に行くもんだから、たくさん学

ぶ必要がないと言っている。私はそう思わない。女の子だからこそ、いろいろと学び、価値を高める必要がある。そうしたら、将来結婚して嫁ぎ先で馬鹿にされないで済む。」

　Y子は、娘によりよい結婚を望んでおり、これは、彼女が自らの結婚の不遇さや日本農村の女性の生き方や妻のあり方についての苦悩の表明である。彼女は、日本の女性の生き方に落胆しているようである。しかし同時に、一部の地域の人からの「この女性たちは、自分の国が貧しいから、そこでやっていけないから、日本にやってきた」といった視線や態度に接する際、自分のプライドが大きく傷つけられた。さらに彼女は、自分が「付加価値の高い」女性ではないから、出身地で良い結婚にめぐり合えなかったという考えに基づき、娘に可能な限り教育させたいと考えた。学校の科目に力を入れるだけでなく、とりわけ女性として各方面において磨きあげる必要性を強く感じている。しかし、それは娘に完全なるキャリア・ウーマンとしての生き方を選ばせるのではなく、女性としてあまり苦労のない道を選んでもらいたいという希望である。

　「私はあまり彼女を（仕事で）疲れさせたくないの、先生になるのもいいけど、でも、そんなにハードに勉強しなければならないなら、たいへんだ。……将来、当然Nちゃんが行くところについていくわね。（自分がどこに行くか）彼女次第だ。」

　このように娘に能力を身につけさせることは、将来、移動できる能力も身につけて欲しいということでもある。そして、日本の農村地域から出ていく可能性も示している。彼女は、夫よりも娘を重んじており、自分自身の将来についても、娘に従い流動的に考えているようである。さらに、移住先である長年にわたり住んできた地域に対して、それほどの愛着をもっていないことがうかがえる。

（2）　L子の教育戦略――独立型のマージナル・マン

　L子は、30代半ばに日本にやってきて、日本語は生活の中で少しずつ覚え

てきているが、日常的なコミュニケーションはまだ満足に取れていない。彼女は、子どもとはほとんど中国語で対話し、中国語による教育をも家庭で実施している。

　「うちの子はしゃべり出した時から中国語を覚えたの、私は中国語しか話さないから。日本語は幼稚園で学んだ。家に帰ってきてもはずみで日本語で話してくる。でも、私が彼女に中国語を話させるために、『日本語、わからん』と言うの。娘はすぐに上海語に切り替えてくれる。上海語も北京語もできる。」

さらに、彼女は子どもの英語教育にも力を入れている。子どもは、すでに英語塾で1年以上勉強し続けている。L子はいつも子どもに付き添って英語の勉強をさせている。言語の学習に力を入れているだけではなく、ピアノも家庭教師を雇って教えていた。だが、子どもが興味を失ったため、中止した。家庭内において、L子は娘と中国語で対話をし、夫が理解できないことを利用して、母子間で冗談で父親の「悪口」をいうエピソードもある。こういったL子の教育方針について、日本人の夫はとくに反対をしなかった。彼女は、熱心に異国で子どもに自らの母語を伝達しようとする理由として、まず自分の日本語能力との関連を指摘している。

　「私は日本語をあまり理解できないから、家に帰ると、（子どもに）『中国語を話しなさい』という。こんな感じで（中国語力が）養成できた（笑い）。」

A市では、中国語教育を委ねられる教育産業がないため、母親は自ら教師をつとめなければならない。L子は母国で小学校の教材を入手して家で実施している。練習帳も母国から持ち込み、漢字によるドリルの練習をさせて、1週間後に暗記のテストをするといった方法で教えている。このように、熱心に中国語と英語を勉強させるのは、子どもの将来設計を考えているからである。

「ただ大学は必ず入れる。本人がそれ以上行きたいなら、どんなに大変でも行かせるつもりだ。大学卒業したら、机の前に座る仕事が出来る。少なくても私のようにきつい仕事をしなくて済む。……3ヵ国語ができて、きれいな発音が身についたら、たとえ小、中学校の先生になっても私たちよりマシだよ、といつも娘に言っている。」

　L子は娘に小学校の勉強と、中国語と英語の勉強を厳しく要求している。それはL子の母親としての懸念と関連がある。一人っ子であるため、きょうだいがおらず、中国にいる親戚とは親密であっても地理的に遠く離れている。近くに夫の親戚がいるとはいえ、「日本人の親族関係が薄いので、あまり助けてもらえないと思う。だから娘に将来は自分の力で切り抜けてほしい」と娘の自立を強く望んでいる。そのことは、娘が勉強が嫌がる時によく言い聞かせる。
　L子からみれば、一人娘は日本にも中国にも属しながらも、ある意味でどこにも属していない人である。彼女は早くも娘のマージナル・マン的な立場を認識し、かつ子どもに伝えている。しかも、高齢出産で親として子どもの将来にわたる面倒をみられないという心配があるからこそ、娘の自立を求めている。さらに、子育てにおける父親の役割に関しては、L子は夫を評価している。L子の家族形態は核家族であり、夫は理解があったため、家庭ではそれほど異文化の衝突が起こっていない。また、彼女は自らの国境を越える移動の経験により、異国で認められるのは、能力次第だと強く認識させられている。とくに、言語の能力について、このように語っている。

「こう（娘に勉強させること）しなければならないよ、ここでは、外国人として能力がないと、見下される。能力がよかったりすると、少しは違った目で見てくれる。だから、私は自分の力を尽くしてできるだけのことをしておくの。でも、（できるかどうかは）娘次第だ。」

　彼女は、パート先である地元の農園で同じパートである日本人から中国人蔑視の言論を聞かされても、日本語能力不足のため返答もできないことを非常に悔やんでいる。L子は地域において疎外感を味わい、移住の経験は徐々に排除

の経験として感受するようになる。彼女が熱心に母語を子どもに伝達するのは、自らの能力の不十分さという経験から言語の重要さを学んだためである。異国で疎外感を味わう彼女は、故郷への帰還を意識している。

　「私はその（日本で永住する）つもりはない。時期になったら帰る。遅くても60歳越えるくらいかな。前から旦那に"宣言"している、『あなたが行くならついてきて、行かないなら1人でここに残るのよ』と率直に伝えたよ。」

　また、L子が熱心な教育ママぶりを発揮しているのは、移住先で経験している排除以外に、日本の教育システム、および彼女自身の生い立ちとも関連がある。

　「ここの小学校は、毎日休みのように遊んでばかり、宿題もない。これではいけないと思った。なんと言っても中国人の教育方式と違う。とくにわれわれS市人は、子どもに対して『息子は龍になれ、娘は鳳になれ』と願っているからね。……私は娘に『ママはどれだけ苦労したのかわかる？　これはすべて若いときにちゃんと勉強できなかったためだ。でも文革の間だから仕方がない。あなたはよく勉強しなさい、大学に行けばいい仕事に就けるし、家も買えるし』と。」

　L子は「国際結婚」によって海外移住を果たしながらも、定住意識をもたずにいる一人である。そのことは、「夢の彼方」と思い描いた日本への結婚移住に対するある種の幻滅がある、もしくは移住の夢が冷めたためである。子どもに自らの母語を含め3ヵ国語を学ばせることは、彼女の娘をしっかりと世界に通用する人材に育てる願い、とくに中国でも仕事ができるようにとの戦略が暗に含まれている。それは、自ら文化大革命によって壊された夢の続きでもある。L子の、排除の経験としての移住は、かえって彼女のエスニシティ性を強めたことになる。

(3)　Q子の教育戦略——優秀な「日本人」

　Q子は、日本で留学する経験をもち、日本語を流暢に話す。その彼女はまた、あえて中国語を子どもに伝えない母親でもある。子どもとの対話はもっぱら日本語を使い、中国語をまったく教えない。それは、Q子が日本語を子どもの母語にすると決めた上の方策である。

> 「子どもに中国語を教えない。必要がないから。1つの言語日本語だけを母語としてしっかりと学習させたい。後は、英語が必要になるだろうから教える。日本語が（文として）短いし、発音も少ないので、その欠点を補うため英語を勉強してもらう。大きくなって学びたいなら（中国語を）教える。」

　Q子は外国人母親として、自らの母語をまったく伝えず、日本語は子どもの母語であると明言しているが、中国語を教えない理由について、このように語っている。

> 「中国語を学ぶと、母親とは確かによいコミュニケーションを取れるけど、英語ができれば、優越感を持てる。もし小さいうちから中国語を学ぶと、（母親との）2人の世界となって、他の家族メンバーの存在を無視してしまう。それは核家族なら比較的に簡単だけど、うちはお年寄りがいるし、お年寄りは子どもの成長にはとても重要だ、だから母親の責任が重大だ。」

　こうした教育方針をもとに、Q子は子どもたちに常に日本語で接している。母親がたまに中国語で会話する場面に遭遇すると、長女が「〇〇ちゃんのお母さん（中国人）みたい」という。長女は、そのクラスメートの中国人母親の日本語が下手で、よく中国語を話していることをみて、日本人の子どもと同じように、違和感そしてややもすれば負のイメージを敏感に感じとっている。子どもが普段から疎外感を味わうことなく育っていることに安堵すると同時に、Q子は、我が子が自分の母親の母語を異物視していることに少しさびしさも味わっている。

農作業が多忙で時間を取れないことと、童話に書かれた日本語の難しさを経験したＱ子のサポートをしているのは、日本人の家族である。

　　「（子育ては）おばあちゃんに頼っていかなければならない！　おばあちゃんがいてくれて本当に助かった、おばあちゃんはいろんなことを子どもに教えてくれる。もちろん他人にも聞けるが、でも他人は他人でしょう。この人は子どものおばあちゃんだから、一番責任を負っている人だから信頼できる。」

　彼女の家族は、さまざまの支援を提供するもっとも心強い存在であっても、子育てをめぐってつねに意見が一致するとは限らない。たとえば子どもの幼いうちからの塾通いについて、日本人家族は不満をもち、意見の相違があった。Ｑ子にとって、家族は強力な支援の場であると同時に、支援と葛藤の混ざりあった場でもある。塾通いの件は、結果的に家族が妥協し、母親であるＱ子の希望通りに子どもたちを公文教室に通わせ、国語と英語を学ばせるようになった。長女は５歳から公文に通い始め、次女は３歳から通うようになっている。今、長女は小学校の授業進度より２学年先のカリキュラムに進んでいる。さらに、英語について、公文教室に通うと同時に、数十万円もかかる子ども用の英語ビデオをも購入し、家庭で英語教育の環境作りに励んでいる。語学だけではなく、「子どもが小さい内は肝心だ」と考えているＱ子は、公文教室のほかに、ピアノ教室や水泳教室などにも通わせている。子どもの将来について、Ｑ子は以下のように語っている。

　　「女の子はこの仕事（農業）をするのもいいけど、家事をしなきゃいけない点ではちょっとね。男の子ならもっといい（向いている）と思う。男にとっては最高の仕事だね。家族と四六時中いられるし、会社の人間関係で悩む必要もないし。
　　……子どもたちは、（地元から）出られるなら、独立できるけど、出られないなら、哀れだね。ここにはいい仕事がないからね。……でも、なんといってもここは彼らの根でもあるけど。」

Q子は、自らの家族をしっかりと作り上げる気持ちは人一倍にあると推測できる。そして、彼女は、「農家の嫁」の性別役割について、一生懸命にあわせ、それほど葛藤を表面に現さなかった。彼女は、地元のスタイルに合わせ、主要な農作業の働き手であると同時に、炊事をはじめとする家事、育児もこなしている。それは、早い段階で来日したので、日本で「社会化」を経験したと自ら解釈している。彼女は、比較的理解のある日本人家族に恵まれたことと、自らの努力によって、自分の「居場所」が確保できている。家族を築くことを大事に思うQ子は、A市を自分の永住の地に思い、将来は子どもがそばにいてほしいと思っている気持ちがどこかにある。できれば、農業を継いでほしい気持ちもある。しかし、農業の大変さと娘たちの将来を考えると、地元から出ていったほうがいいとの迷いもあり、揺れている。母親として、娘を「農家の嫁」になる大変さから解放させたい。この点は、日本人農家の、娘を農家ではなくサラリーマンのところに嫁がせたい気持ちと似ている（岩澤1995）。

　しかし、日本での生活にうまく適応しているように見えるQ子でも、家族は彼女という外国からやってきた「嫁」に完全に安心していないことを感じ取っている。

　　「やっぱり私は外国人だ、彼ら（家族）は何も言わなくとも、私のことで安心できないことがわかる。やっぱり違う、たとえ青森からきたお嫁さんでも、彼らは心配しない、日本人だから。私はいくらがんばっても、心配されるんだね。彼らは言わないけど、でも感じる、安心していないこと。」

　彼女は日本人家族からの不安を感じると同時に、外国人であることが、子どもに何らかの被害を与えることを、母親としてもっとも懸念している。

　　「もし中国なら、私は母親として100％子どもにやれる。けど、ここでは自信がない。この国で外国人はいつまでも外国人だ。…母親が外国人だから子どもに悪影響が生じるのではないかと将来はすごく心配。子どもの就職、結婚とか。まったく可能性があるのよ。そうしたら、うちの子ども

がかわいそう。」

　日本の熱心な教育ママとはそう変わらないように見えるＱ子は、実は外国人として日本で暮らすことに常に不安や疎外感を感じているので、子どもに最善の努力を払いたいと考えている。さらに、両国の教育信念が違っており、その違いに葛藤を感じている。それは、両国の教育についてある程度の情報をもち、両方の教育システムを体験した結果としての葛藤である。このような葛藤に直面し、自らの教育態度を形成していった。

　　「日本の（学校）教育は将来性がないと思う。学校ではあまり勉強にならない、結局負担は全て親に背負わせてしまう。先生はより上に行けと導かないし、要求も低い。（公文に行かせるのは）彼らに勉強に興味を持ってもらうためだ。……中国（の教育方針）は競争させるけど、自分もそういう風に育てられた。でも日本では競争させない、平等。（それについて）すごく戸惑う。子どもは競争する内に力がついていくけど、そうしてはいけないと言われたら、どうしたら力をつけさせるのか、わからない。」

　Ｑ子は子どもに日本語を母語として教育する方針を立て、そのため、母子間の会話も積極的に日本語で行う。言語に関するＱ子の考えは、地域住民の考えをしっかりと把握して出した戦略でもある。移住先である地域の人々は、中国語というと劣ったイメージをもち、英語ができる人ほど憧れの的となる。Ｑ子も、このような価値観を身に付けるようになった。これは、Ｑ子の日本、しかもＡ市で根を下す決意と関連している。それを促進したのは、日本人家族の優しさや受容である。さらに、子どもが学校で落ちこぼれることなく順調に進級することが重要だと判断し、日本で子どもを一人前に育てるために、家庭内の葛藤や日中両社会の教育理念の違いによる葛藤と戦いながら、模索している。日本のみならず、母国の教育をも経験したからこそ身につけた教育態度である。したがって、Ｑ子は家族の安定と子どもの成長を願うため、家庭内および子どもの教育において、自らの母語などエスニシティ的な要素を弱め、マジョリティ社会に適合できるように自らのエスニシティ・チェンジをしてい

る。それは、外国人を母親にもつ子どもの、日本での成長におけるリスクを最小限にする教育戦略でもある。

　このように、母親となった移民女性は、多くの困難と葛藤を抱えながらも、子どもを自分の意志でしっかりと育てあげるという「主体的な働きかけ」をしばしば行っている。しかし、子どもに自らの言語文化を継承してほしいという願いを持ちながらも、諦めざるを得ない姿も現実にある。また、こういった戦略は日本人家族や地域との相互作用の中で修正されることもあった。これらの教育戦略は、母親が自らの経験を通し、境界に位置する子どものリスクを回避させるための教育戦略である。

第4節　教育戦略の映し鏡としての「移動の物語り」

　中国出身母親の教育戦略の形成に、母親自身の文化資本と学校経験が介在している側面は無論ある。しかしそれと同時に、自らの移動の経験も教育戦略に影響していると考えられる。彼女たちは、自身の移動過程をどのように意味づけ、さらにその意味づけの影響がどのように教育戦略に反映しているのかを本節で分析しよう。

（1）　教育戦略の形成――「移動の物語り」

　中国出身の母親たちの育児と言語、学校の各側面を含む教育戦略の実態を通じて、母親たち自身の意味づけは物語りとして浮かび上がる。つまり、教育戦略には、母親が期待する子どもの将来像や教育達成の側面があると同時に、母親自身の願望の側面もある。教育戦略には、この相互投影の両面性があり、同時に中国出身母親と子どもの両方の戦略でもある。移住してきた母親は、物語りにおいて、子どもの教育戦略と自らのアイデンティティを結びつける。そして、中国出身母親の「移動の物語り」には、これまでの結婚移住に伴う経験という過去への解釈、および将来へ向かう「見取り図」という時制的な関係が生じる。

　3人の教育戦略はそれぞれ、付加価値の高い女性、独立型のマージナル・マ

表7—3　中国出身母親の教育戦略と希望する移動形態

事例	育児戦略	言語戦略	学校戦略	子どもに希望する移動形態
Y子	付加価値の高い女性	中国語失敗→日本語中心	中国大都市国際学校→中国の大学	地域間・国間の移動
L子	独立できるマージナル・マン	中国語を重視	大学および大学以上	国間〔中国を念頭〕の移動
Q子	優秀な「日本人」	日本語を母語	—＊	地域内・近辺地域間の移動

＊　母親の語りの中で、あまり触れられていないことを示す。

ン、優秀な「日本人」である。教育戦略の内実はそれぞれ異なるが、共通している部分もある。それは、子どもを「自立できる・移動できる」人に育てることである（表7—3）。「自立できる」とは、将来において安定した職業につくことが期待されることを指している。

　具体的にみると、Y子は、娘にピアノやバレエなど女性の素質を高める稽古を受けさせ、女性としての付加価値を高めることで、よい相手を得て幸せな結婚生活を送ってもらいたい。だが、娘の配偶者選択には、農業男性は対象として避けてほしいと考えている。農業以外の職業に就かせるため、将来娘が地元から出ていく期待がうかがえる。L子は、娘のマージナルな立場を利用することで娘の言語学習を重視する戦略を採っている。彼女は、娘を日本の学校に通わせながら、中国語と英語学習に力を入れることで、言語能力の卓越さで職業を選んでほしい。Q子は、娘たちを日本人として育て、かつ「優秀な日本人」としての教育戦略をとっている。そのため、娘たちに完全に日本語を母語、英語補助の方針を立てる。その上、学校の学科学習を重視する。それは、Q子の、日本で暮らす以上、外国人母親をもつデメリットと立ち向かえるための強さを備えてもらう期待である。

　このような教育戦略における差異は、彼女たち自身が自らの移動をいかに評価しているかということと密接な関連があると考えられる。彼女たちの来日前の母国での生い立ちはそれぞれ違うが、それが海外への結婚移住の可能性を生じさせ、移動の物語りへの橋渡しともなった。Y子は、自らが「価値の高い」女性ではなかったため、競争の激しい大都市でよい結婚と職業に恵まれずに日

本へやってきて、不本意の生活を送っていると解釈している。L子は、文化大革命のせいで自分の教育は手遅れになり、よい職業に就かなかったと解釈している。この2人の女性はどちらも国営企業に勤務していたが、改革開放期における政策見直しで、失業を経験した。それまでは、社会主義制度と職場が守ってくれたが、急に個人の能力が市場と直接に結びつくようになり、彼女らは能力と自立の大切さを痛感している。一方、Q子は、留学のために、高卒後出身都市から日本へやってきたが、両親の離婚とそれぞれの再婚と子どもの誕生によって、自らの「居場所」は故郷と結びつきにくくなる経験をもつところから、現在の教育戦略が由来すると考えられる。

　日本で結婚するとともに、彼女たちの「移動の物語り」の幕が開く。Y子とL子は仲介型の「国際結婚」で、夫とは短い接触で結婚に至った。Q子は知人の紹介後、交際を経て結婚に至った。日本の近郊農村で結婚生活を送ることは、彼女たちはアジア系の外国人として、女性として、エスニシティおよびジェンダーにおいて、マイノリティである性質をもつ。しかし、3人はエスニシティおよびジェンダーへの受け止め方が必ずしも一致していない。教育戦略についての語りの中で、エスニシティの側面をもっとも感受しているのは、L子である。L子は、地域で、中国人として排除を強く感じており、地域の日本人に対して批判的である。Y子は家庭において、中国人蔑視を経験している。一方、Q子は、現実の生活の場としての家庭あるいは地域に関するエスニシティへの違和感を具体的に取り上げていないが、もっと広いレベルの日本文化の閉鎖性や、「国際結婚」で生まれた子どものような異質な要素を持つ者に対する排除の可能性を述べている。3人の違いは、それぞれ置かれている環境と日本語能力の差異などと関連があると考えられる。Q子は、日本語能力が高く、家族および地域住民との意思の疎通を問題なく図ることが可能である上、家族関係も良好である。Y子は限りある日本語能力を使い、何とか反論するようにしている。L子の「移動の物語り」は、弱い日本語能力ゆえに反論できない悔しさのため、差別が排除の経験として解釈されている。

　また、教育戦略への語りにおいて、ジェンダーの側面にとりわけ注目しているのはY子である。彼女は、日本の女性は「嫁」的な性別役割観念に縛られ、低い地位を強いられていると認識している。自分自身も、日本人の夫をはじめ

とする家族にそう要求されることに苦痛を感じている。さらに、夫の教育方針における女性差別意識も感じている。一方、ジェンダーについてあまり語っていないL子は、核家族である上、夫は理解を示しているため、さほど問題を感じていないと考えられる。Q子自身は、日本の「農家の嫁」の役割を受け入れていると語っているが、農家において男性に比べ、女性の負担が重いことを示し、娘に継いでもらうことに躊躇もみせている。

　以上の各側面の「移動の物語り」は、彼女たちの教育戦略を形成していく。このように、中国出身母親は、移動の経験を基盤にしながら、教育戦略を立てていくことになる。それは、母親たちの過去への振りかえりだけではなく、将来への展望も含んでいる。

（2） 移動するための教育戦略——「移動の物語り」の彼方へ

　中国出身母親の教育戦略の内容には、「移動」も重要視されている。最後に移動について考察しよう。

　移動は、農村で成長する子どもが、社会的地位の移行と、日本国内の農村—都市という地域間移動や、さらに中国を含めて外国へ地域移動ができることである。母親による教育戦略の根底には、実は子どもの教育達成を通じて、実現させたい将来の生活に関する母親自身の願望が隠されている。この3人の母親はいずれも、子どもの将来の移動形態に見合った住み方を選択したいと考えている。

　まずY子は、娘に幸せな結婚を願うと同時に、将来は農業ではなく、他の一定の職業を持つ女性として成長してもらいたい。そして、移動の可能性を秘めた高い素質をもつ女性に育てたいと考えている。この教育戦略からは、移動できる娘に追随し、あまり未練のない農村地域から出ていくというY子自身の意図がうかがえる。そして、L子は、娘のマージナル・マン的な立場を見極め、子どもがその立場に立ち向かうことができるよう自立意識をもつこと、農業に従事する自分と違いホワイトカラーになってもらうことを願っている。この場合、日本の農村部から移動して出るだけでなく、外国へ、とりわけ中国への移動の可能性が秘められている。L子の教育戦略において、娘の国を跨る移動、とくに中国への移動を念頭に置いているのは、彼女の故郷への帰還という

将来の希望と合致している。最後に、Q子は、子どもが学校の勉強や就職、結婚の際に、母親が外国人であることが障害にならないようにリスクを最小限に止め、万一なんらかの障害になる要素があるとしても、優れた実力で勝ち抜いてほしいという願いを込めている。Q子は、日本社会のあり方に必ずしも同意できない部分があるが、日本の近郊農村に自分の「家＝居場所」があるため、永住するつもりである。そのため、娘たちを最大限に守るために日本への同化戦略を選びとる。同時に、子どもに母親のそばに住んでほしいという期待が込められているが、当該地域には将来性のある職業が少ないので、近辺の地域間移動を望んでいる。

　以上は、中国都市出身母親の教育戦略とその背後にある移動の物語りに関する事例研究である。このように、3人の母親は、子どもの教育戦略を通して、自分自身の安住の地に向けた生き方を主体的に選択している。それは、現状を変えていきたい、あるいは変えていきたくない意思を示すものである。とりわけ、移住の過程において自らが受け身的であったと自ら認識している母親は、子どもを通して人生を選び直したいという傾向がうかがえる。

　本章で取り上げていないが、農村出身の中国出身母親たちも子育てに励んでいる。彼女たちは都市出身の母親たちとは違う様相を見せている。大半の農村出身母親たちは、都市出身者と比較すると、子どもの養育にとどまり、教育までに至らない状況にある。この女性たちは、夫の歳が離れていることが多く、労働力が慢性的に不足している農家に嫁いだので、貴重な農作業の担い手そして家事、育児の担い手として多忙な毎日を送っている。日常生活に追われていることだけではなく、子どもに何らかの方針を取って教育することにあまり必要性を感じない人も少なくない。その傍ら、都市出身母親の子育ての風景を目の当たりにして、意識を変えて少しずつ教育にかかわるようになる母親もいる。農村出身の母親たちの子育てに関する意識レベルの変化には、日本人夫は子育てに対してどれだけ関心を持っているかということにかかわりがあるようにも見える。この点は今後の研究対象にしたい。

注

1) 農村部の親は、勉強ができ、大学進学の可能性がある子どもには投資するが、そうでない子どもには早い段階の就業や出稼ぎを期待する（杨善华・沈崇麟、2000、『城乡家庭——市场经济与非农化背景下的变迁』浙江人民出版社）。

終章

日本における中国人女性の「国際結婚」

第1節　本書の要約

　日本で暮らしている日本人男性と「国際結婚」をした中国出身女性は、社会および家庭の両面において、エスニック・マイノリティである。さらに、彼女たちは女性であることと移民であることを併せ持つ結果として、さまざまなカテゴリの人々が抱える課題を重層的に負っている。本書では、以下のことを課題にした。まず送り出し社会における周辺化のメカニズムが、中国人女性結婚移民が移動していくプッシュ要因を促したことを究明した。つぎに、日本人家族との相互作用において、中国人「嫁」の付与された役割に対する葛藤、および葛藤に対する対応を浮き彫りにした。最後に、母親になった女性たちの、映し鏡となっている子どもへの教育戦略と自らの移動のプロセスへの意味づけを明らかにした。

　第1章では、日本の「国際結婚」に関する先行研究を検討した結果、外国人男性と結婚した日本人女性および日本人男性と結婚した欧米人女性に関する研究と、日本人男性と結婚したアジア人女性に関する研究との、基盤となる研究スタンスが異なっていることを明らかにした。すなわち、前者が異文化問題への適合に、後者が受け入れ社会への一方的な文化への統合にウエイトを置いているという点での違いである。「国際結婚」における欧米人「妻」と日本人「妻」については、結婚する男女が異なる文化を持ち寄っているという認識の基盤の上で、個人がいかなる段階を踏んで異文化に適応し、あるいは葛藤し、さらに家庭を営むかを問題にするのが研究の特徴である。彼らの結婚は異文化

同士の結婚という視点に立っている。これに対して、「国際結婚」におけるアジア人「嫁」については、女性を迎える自己本位的な日本側のあり方、およびアジア人「嫁」を束縛する各種の社会規範が指摘されていた。つまり、異文化結婚による移住を経験するアジア人「嫁」自身の適応、あるいは不適応よりも、受け入れ側の視点に立ち、同化されていく過程を提示している。欧米人「妻」・日本人「妻」に関する個々人の異文化経験をより重視する研究を「異文化適応」研究というならば、アジア人「嫁」の日本社会への一方的な適応を強いられる過程を記述する研究は「同化」研究と称することすら可能である。

　第2章において、先行研究の限界であるアジア人女性へのまなざしの画一性を乗り越えるために、「アジアからきた花嫁」に行為者として焦点を当てるミクロ的研究の必要、そして移動のプロセスにある、受け入れ国のみならず送り出し国での経験をも研究射程に収める必要が浮かび上がった。研究者がアジア人女性の文化適応過程におけるミクロ的研究で適応段階の特徴を浮き彫りにしない限り、彼女たちは単なる「農村の花嫁」というぼんやりとした一括りの存在として位置づけされるだけになる。それは、日本人「妻」、欧米人「妻」の結婚が対等な文化間の結婚とみなされ、彼女たちの多様性のある適応パターンが描かれていることとは、かなり状況が異なる。

　そこで、本書では、中国人女性という行為者の「移動に伴う経験」に目を向け、そこで着目した場合に見えてくる送り出し社会と受け入れ社会における周辺化のメカニズム、中国人「嫁」の押し付けられる役割への葛藤、日本人家族、地域の対応の変化、女性たちの自らの移動への意味づけ、さらに多文化社会への契機を明らかにすることを課題とした。

　以上の課題を解明するために依拠しうる分析視点として、「移動」を捉え直した。移動には、移動と場所の関係、女性の移動における再生産労働、移動する人の置かれる地位の3つの側面からさらに詳しく分析した。そのほかに、本書では、行為者と物語りという概念を用い、「移動に伴う女性の経験」という物語りを描きだした。

　そこで、各章で以上の視点に立って、中国人女性結婚移民自身の「語り」に着目し、彼女たちが置かれた状況を解釈し、そしてたえずに更新され変化しうる、よりダイナミックな移動のプロセスを理解しようと試みた。

(1) 「国際結婚」の送り出し側の社会排除――プッシュ要因の分析

　大量の海を渡る花嫁を作り出した原因を突き止めるには、送り出し社会である中国の社会排除の現状を理解する必要がある。そのため、第3章では、まず中国における婚姻および家族にかかわる観念として、伝統中国の「男尊女卑」観念、現代中国都市を中心とする「男女平等」観念、加えて、都市とは異なる要素を持つ男系重視の村落文化を理解しなければならない。このように、中国は進歩的側面と封建的側面が交錯しており、矛盾している。それとも関連し、さらに人為的な制度的要素と経済発展の格差の下で、「打工妹」をはじめする「弱勢集団」となる女性たちが出現する。中国側から中日国際結婚の様相を眺めた結果、日本人男性の花嫁となる中国人女性像が浮き彫りになった。

(2) 「国際結婚」の受け入れ側から――プル要因の分析

　第4章では、受け入れ社会である日本の農村社会における「日本人嫁不足」と「外国人嫁入り」という現象が生じることを究明するため、まず日本の「家」観念と農村の「家」、そして「村」社会の特徴を明らかにした。現在に至っても、農村の既婚女性は、「家」の矛盾が凝縮し顕現しやすい位置におり、強固とした役割分業に縛られやすいため、日本人女性は「農家の嫁」という役割から逃避した。そのため、農村男性の結婚難問題というプル要因が発生した。このように、送り出し側のプッシュ要因と受け入れ側のプル要因が手を組んで連動してはじめて、大量の仲介型「国際結婚」が国境を越えて成立することが可能となる。その際、媒介要因である国際結婚紹介所の働きを無視してはいけない。仲介業者である国際結婚紹介所は、送り出し社会と受け入れ社会を媒介し、連結させていく。そして、調査地である都市近郊農村A市も、こうした男性の結婚難問題が深刻であることを明らかにした。

(3) 移民女性の「国際結婚」選択過程――送り出し要因の分析

　第5章では、日本で「農村の花嫁」と呼ばれてきた女性は、そもそもなぜ母国から日本へ移動してきたのか、あるいはなぜ移動しなければならなかったのかについて、送り出し国の社会や文化における文脈から分析した。中国の国内政策的にもまた物理的にも中国都市居住者に比べて外国への移動が困難な中国

農村出身者3人に、また農民女工の出稼ぎ先である発展した地方都市出身者1人に焦点を当て、彼女たちの結婚移住への経緯を解明した。中国人女性の結婚移住のプッシュ要因として、主要因と副次要因を析出した。主要因としては、経済的要因に加えて中国国内移動の観点を付加するとともに、ジェンダー的要因を見出した。副次要因としては、憧憬維持のメカニズムを見出した。考察を通して、インフォーマントは経済、ジェンダー、そして面子の重視がもたらす憧憬維持のメカニズム、国際結婚紹介所の働きといった各側面、とりわけジェンダーにおいて、出身社会の周辺に位置づかされていたことが判明した。さらに、どの女性も単次元ではなく、多重な要因によって周辺化されていることも明らかになった。彼女たちは、与えられた「国際結婚」しかないという状況で、海外へ結婚移民する道を「最善」として選択した。この「国際結婚」への選択は、出身社会から多重にはじき出された結果であった。

(4) 移民女性の移住先での適応過程——準拠枠と準拠集団選択

第6章では、中国人女性が来日後、都市近郊農村でどのように適応していくかを捉えた。そのなかでも、家族との相互関係において、「農家の嫁」役割をいかに意味づけるかを中心に検討するため、母国において農業未経験者の3人の事例を取り上げた。中国人「嫁」の語りを通して、中国人「嫁」と日本人家族との人間関係における葛藤を解明するため、主に中国人「嫁」の解釈から、双方の準拠枠の違いおよび準拠枠の変容を分析した。「農家の嫁」になった時点で、3人とも所属集団である日本人家族が提供した準拠枠—役割期待に拒絶反応を起こした。しかし、家族の対応の変化と地域にある外部集団の準拠枠の取り入れの有無によって、のちに3人が全く違う準拠枠を取り入れたことが判明した。中国人「嫁」はそれぞれ違う準拠集団を選択したという。結果は、相互作用における双方の葛藤への対応、すなわち準拠枠の調整の仕方と深く結び付いていることが明らかになった。

(5) 移民女性の将来的展望——教育戦略と移動の物語り

第7章では、中国人女性が、日本の農村部で子育ての際、いかなる教育戦略を持って実践しているか、あわせてその教育戦略に至る経緯を検討した。この

章では、現在生活している農村部という環境からかけ離れた中国大都市出身の母親に焦点を当てた。母親たちの子どもを「自立できる・移動できる」人に育てようとする戦略では共通している。「移動できる」ことは、地理的な移動だけではなく、階層的、職業的な移動をも指している。しかし、各自の移動の経験によって、それぞれの具体的な教育戦略は異なる。「自立できる」に加えて「移動できる」能力を願う背後に、母親は自らの移動が「女性」という属性による資源をもって実現した移動であって、能力をもってできた移動ではないと認識したという事情がある。中国出身母親たちは、子どもに属性による移動ではなく、真の能力による移動を望み、そのため、力を身につけさせたいというトランスナショナル的発想に由来する教育戦略をとっている。また、子どもへの教育戦略には、母親の将来移動の可能性が秘められている。

第2節　理論的インプリケーション

　本節では、以上の研究から導き出される理論的インプリケーションについて、中国人女性結婚移民の周辺化ゆえの移動・移動ゆえの周辺化、そして物語りにみられた生き抜くための戦略とその多様性、さらに他のアジア系外国人女性の「国際結婚」問題への示唆といった観点から考察する。

(1)　周辺化ゆえの移動・移動ゆえの周辺化

　女性結婚移民の周辺化は、移動の前もしくは移動の後のどちらかで生じるものと捉えるべきではなく、移動のプロセスを貫くものだと考えるべきである。つまり、女性結婚移民の周辺化される状況は移動後のみならず、移動前から始まっている。家族再結合や就業や就学のための移動よりも、家族形成のために女性が単身で行う移動は、往々にして、母国で何らかの周辺化された状況に基づく移動だと考えられる。

　移動する前の段階に関して、周辺化の問題は決して経済的な「貧困」だけではない。女性結婚移民に関して、従来の貧しい「アジアから来た花嫁」のイメージのみでは捉えきれない。第5章で示されたように、結婚移住への動機づけは、一つだけではなく、複数の要因が絡んでいることが判明している。「人の

移動は、問題系としてとらえられるものであり、独自の理論から分析されるのではな」く（伊豫谷2007：10）、さまざまな要因が重なりながら、諸事象が人の移動という現象に投影している。とくに、近代における人の移動は、経済的要因によることが多いとはいえ、ある目的に一元的に分類できるものでもなく、多様な目的や意図から、人は移動するのである（伊豫谷2007）。

　中国人女性結婚移民の移動を導く多様な要因について、経済的要因を否定するわけではない。しかし、本書を通して導き出した経済的要因は、貧困や国間格差が代表するような経済的要因とは若干異なる。第5章で判明したように、中国人女性結婚移民が経済的な側面で周辺化を経験するのは、まず政策的に作り出された国内格差をはじめとする経済的要因によるものである。

　また、中国人女性移民にとって、ジェンダー的要因を最も重要な要因として分析する必要がある。このことは、経済的要因を重要視する研究者がこれまで軽視してきた。本書で明らかにしてきたように、中国人女性結婚移民は、中国的家父長制的ジェンダー要因、新国際分業におけるネオ家父長制的ジェンダー要因によってすでに母国で周辺化されていた。パレーニャス（2007）は、グローバリゼーションにおける国境を越える家事労働者について、以下のように述べている。「移動が女性にもたらす矮小化された解放のありようを明らかにすることができる。それは、自分の故国／家庭（home）での家父長制の制約から逃避することが、別な家庭でのジェンダー不平等に行き着く、というものである」（パレーニャス2007：144）。本書の考察を通して、この観点において、「家事労働者」同様に、中国人女性結婚移民もこの性質をもつ。したがって、女性の移動は、しばしば、ひとつの家父長制から別の家父長制への移動であること、家父長制は消滅せずむしろ移動のプロセスにおいて保持されていくという事実を、研究者は見落としてはならない（伊豫谷2007、ペサール1999）。このようにジェンダー的要因は、移動の前のみならず、移動の後においても周辺化をもたらす可能性がある。

　これらの多様な要因は、女性を送り出し社会において周辺に位置づかせると同時に、彼女らの国境をまたがる移動をも促した。女性たちの家族形成を目的とする移動は、周辺化ゆえの移動であり、「移動という未知の海原への"自殺航海"（suicidal voyage）へ乗り出していく」とまでいえよう（ヨー2007：156）。

なぜなら、ダブル・スタンダードをもつ男性主義的秩序に絡めとられていた女性たちは、リスクを冒しながらも「家庭／故郷」(home) から抜錨するという「賭け」に打って出ているからである（ヨー 2007）。日本人男性との結婚は、必ずしも彼女たちが求めていた解放を手に入れられるとは限らない。そのうえ、現実では、移住先の新たなジェンダーの側面における周辺化が移動によってもたらされていく。女性の海外への移動が、出身地のローカルな制約からの解放になるかどうかという判断は容易ではない。女性は、送り出し社会の家父長制というローカルな制約から逃れるために、日本へやってきたが、受け入れ社会における家父長制という新たな制約に入っていく。新たな家父長制として、「農家の嫁」準拠枠を中国人女性結婚移民に押し付けてきたことが挙げられる。他者化される存在としての移民は、近代世界が源において抱え込んできた差別を露わにする。

　来日後、彼女たちは、農業労働分野の生産力および家事、育児、さらにいえば人的生産という再生産力として再定義されている。第6章では、「農家の嫁」をめぐる葛藤、第7章では、「母親・教育」めぐる葛藤を描写した。とくに教育に関する葛藤には、家父長制的な制限とともに、エスニシティ的な周辺化も顕著に表れている。女性の、周辺から脱出し、中心に近づくことを求めての移動は、かえってさらなる周辺化をもたらしている。これは、まさに移動ゆえの周辺化である。だからこそ、中国出身母親は、周辺化から逃れるように、子どもを自立的・自由に移動できる人に仕上げようとする。

（2）　生き抜くための戦略・その多様性

　これまでのマクロ的な視点での研究においては、女性結婚移民は、受動的な「判断力喪失者（judgmental dope）」、「被害者」として扱われ、アジア人「嫁」の能動的な「行為者」である側面、および女性たちの自分自身の意味づけは見落とされた。

　女性結婚移民は、多重に周辺化された状況に応じて、戦略的に行動する行為者でもある。第5章で検討したように、さまざまな面で取り残されている農村出身の女性は、不利な生得的地位（ascribed status）をリセットし、結婚によって獲得的地位（achieved status）を得てやり直すことを期待し、上昇婚による移

動を選んだ。この行為は、女性自身にとって、生き延びるための戦略である。また、第5章と第7章で取り上げた都市部女性でも、新たな家父長制への抗議として、また社会体制の変換期で職を失い、その結果、海外への道を選択した。これらは、母国の周辺化された状況から抜け出すための戦略である。

　さらに、日本の農村部において、従来のジェンダーにおける不平等と、アジア系外国人ゆえのエスニシティにおける不平等が交差して、家族は中国人女性にとって「葛藤の場としての家族、不平等が実践される場としての家族」（竹ノ下 2003）となっている。女性結婚移民は、日本の農村部で「日本人家族との人間関係」（桑山 1996：32）という、彼女たちが体験するストレスのうちで最も大きなものと遭遇する際、困難な状況から抜け出すために、行為者として多様な生き抜く戦略を見せてくれた。しかし、中国人女性結婚移民は一様な戦略ではなく、各自に多様な戦略を見せている。第6章で示されたように、「農家の嫁」役割をめぐって、嫁ぎ先の日本人家族と葛藤に陥る際、中国人配偶者のなかで、移住先の外部集団を選択すること、夫を説得して役割を変革すること、さらに離婚して葛藤から解放することなどの戦略をとり、危機的状況から脱出しようとする。中国人女性結婚移民は、決して付与された社会環境に強いられるままの存在ではない。彼女たちは主体的に、家族、とりわけ日本人夫へ働きかけることで、家族から要請される「農家の嫁」が自分自身に適合しやすいように変更することもある。

　また、中国人配偶者が戦略的に準拠集団を選択する現象に着目することは、マートンの機能主義的「準拠集団」概念に新しい視座を加える。つまり、システムの機能要件を妨害する「逆機能」のあらわれというべき社会状態から、「問題」を訴える人々の社会的活動過程の研究へと視座を転換することである。本書では、解釈的パラダイムに基づき、個々人を行為者とみなし、行為者の解釈を重視することで、準拠集団が準拠枠を与えるのではなく、準拠枠が準拠集団の選択を規制する側面があるという可能性を提示した。

　最後は、子育てにおける中国出身母親の戦略である。中国出身母親は、片方向的な言語的序列性の影響や、日本人家族による母親の母語の軽視などにより、次世代に母語を伝達し難い現状に直面する。そのうえ、本書で取り上げた都市出身母親は、ゆとり教育という日本の学校文化に馴染まず、自らがもつ中国都

市部的な能力主義・競争主義の経験が、日本人家族との葛藤をもたらしていた。しかしその際、中国出身母親は、地域と家庭における不均衡な勢力関係に流されるだけの無力な存在ではなく、自らの教育戦略を達成するため、妥協をしつつも、家族とせめぎあい、子どもへの教育に積極的にかかわっている。彼女たちは、自ら依拠する中国都市部の子育て文化を取り入れ、戦略的に行動していることが判明した。しかも、中国出身母親がとった教育戦略は、一様ではなく多様である。たとえば、付加価値を高める戦略、独立できるマージナル・マン戦略、「優秀な日本人」戦略などが見いだされた。それらは母親が思い描いた子どもの将来像に向かい、境界にたつ子どもの「リスク」を回避するためにとった戦略であると同時に、母親自身の将来の安住の地に向かう戦略でもある。

(3) アジア系外国人結婚移民研究への示唆

最近、アジア系外国人女性と日本人男性との「国際結婚」問題に、関心が向けられるようになり、それに伴い、研究は以前に比べ充実しつつある。しかしながら、ごく少数な研究を除き、大半の研究は、第1章ですでに指摘した通り、依然として「国際結婚」による移住を経験するアジア人女性自身の適応、あるいは不適応よりも、受け入れ側の視点に立ち、彼女たちが同化されていく過程を明らかにするのみである。

本書で行なった中国人結婚移民が経験する「国際結婚」に関する論考を通して、他の発展途上国の女性と日本人男性との「国際結婚」、とりわけ仲介業経由の「国際結婚」に関する研究に対して、いくつか示唆を与えられると考える。

まずは、女性結婚移民を「行為者」としてみることである。本書では、中国人女性結婚移民を、従来の研究でみなされていた「被害者」や「一括りの存在としての『農村の花嫁』」という限界を乗り越えようとし、女性たちを主体性をもつ能動的な行為者として捉えた。他のアジア出身の女性結婚移民に関する考察を行う際も、インフォーマントを客体化するのではなく、主体性をもつ行為者として見直すべきである。アジア人女性結婚移民の生の声を拾い、彼女たちの解釈に耳を傾け、そして、極力彼女らの目線に沿って、彼女たちを囲む社会をみることが重要である。さらに、研究者は、自らの研究者という立場による尊大さと、彼女たちの主体を軽視した研究方法によって、社会の弱者である

女性移民にさらなる周辺化をもたらすことについて十分に注意すべきである。そして、自らの偏見を払拭するために、インフォーマントとのラポール関係を築くことが有効である。このように、研究対象者への視座の見直しをすることで、今までみえてこなかった混沌とした女性結婚移民の生活世界をよりクリアで明晰にすることができ、マジョリティ側の解釈と異なった主体を持つ「生」の人間を見つめることができる。

　次は、女性結婚移民研究に「移動」の視点をもつことである。従来のアジア人女性と日本人の「国際結婚」は、受け入れ社会である日本側から眺められることが多かった。本書は、女性たちを行為者とみなすと同時に、移動の観点を重要視し、女性の経験を送り出し側と受け入れ側がつなぐ一貫した移動のプロセスの上にあるものだと考えている。その結果として、今まで軽視されてきた送り出し側の文脈を含めた移動の経験についても目を向けることができた。従来の研究でも、多少ながら送り出し側の説明がなされているが、それは表面的な観察にとどまっていた。さらに、そういった不十分な説明は、場合によっては従来からのステレオタイプを強化する恐れもある。けれども、一人一人の女性結婚移民の経験と解釈が織り込まれたライフストーリーを根拠とする分析は、こういう事態を避けることができるだろう。とりわけ、送り出し社会における移動の経験とその原因、さらに、家族関係や家族に果たすべき（期待される）役割の特徴を見逃してはいけないのである。

　最後は、「国際結婚」研究でジェンダーの視点を取り入れることの重要性である。国境を越える移民について語られるときは、しばしば性別にはとくに配慮されずに分析されてきた。しかし、その場合、男性移民を暗黙の対象とされることが多く、「女性」に伴う特有な問題は軽視されていた。「国際結婚」の場合はとくに、女性という属性によって、外国人男性の場合の「国際結婚」と異なった傾向がみられた。本書において見えてきたように、「国際結婚」を選択せざるを得ない状況、送り出し社会と受け入れ社会の両方での生きにくさなどは、どちらも女性だからこそ生じるジェンダー的な差異と深くかかわっている。そして、ジェンダー的なバイアスは、当の女性たちにさらなる周辺化される状況をもたらしている。ジェンダーの視点は、他のアジア人女性への研究でも同様だろう。たとえば、フィリピン人女性やタイ人女性が母国で期待される家族

への貢献、日本での性産業への従事、また韓国人女性、台湾人女性への儒教的影響などが例示できる。したがって、「国際結婚」の研究を行う際、女性結婚移民の母国と移住先のジェンダー的な経験と解釈に十分に注意すべきである。そうすることで、両方の社会のジェンダーに関する文脈を深く分析でき、より「国際結婚」の深層を掘り出せるのである。

　このように、中国人女性移民自身が抱える葛藤と向かいあった結果として、葛藤に対抗する彼女たち独自の戦略が現われてくる。移民女性を行為者とみなした結果、彼女たちの生き延びるために取った戦略の多様性も見えてくる。さらに、本書では、移動する女性は、単なる「被害者」ではなく、主体的に行動する行為者であり、さらに同時に、一般に思われがちな日本人男性を利用して捨てる「わがまま」で「ずるい」人々でもない。「わがまま」や「ずるい」などと、移動する女性を逸脱と決めつける枠組み自体が問題視されるべきである。中国人を含む発展途上国出身の移動する女性の生の現実を見つめることは、逸脱のまなざしを見直す契機ともなる。

第3節　実践的インプリケーション

　これまで論じてきた点を踏まえて、日本農村部に嫁いだ外国人女性結婚移民の幸福（well-being）に応えうる社会保障と地域づくりはどのように構想しうるであろうか。この問題について、中国人女性の送り出し社会および受け入れ社会の双方においては、どのような問題が存在し、どのように変革していく必要があるか、という観点から考えてみたい。

（1）　女性の結婚移動に関する問題点
1）　社会経済制度による女性の周辺化
　日本の農村部に嫁いできた中国人女性は、何らかの原因で送り出し国で周辺化された経験を抱えると本書では指摘してきた。中国では、制度によって都市と農村という国内格差が維持され、国民は人為的に都市人と農民とに差別をされ、農民は、同じ国民であっても、都市人の次という二等市民的な地位が与え

られる。農村そして農民の差別化は、農村出身者を中国社会の周辺へ追いやることとなる。また、新国際分業の下で、グローバル企業は輸出加工区で若年農村出身女性を使い捨てることで、農村出身女性は更なる周縁に位置づけられている。近年来日している都市部出身者のなかには、珠江デルタのような経済先進地域での女性の地位の後退や、本人あるいは両親が計画経済から市場経済への転換期において、リストラされ、社会経済制度の犠牲者になった経験をもつ人が少なくない。それは、社会保障制度が経済体制の転換によって不健全になったために生じた、国民への犠牲の転化である。もしくは、一部の地域の発展を保証するために他の地域——ここでは農村部あるいは中西部であることが多い——が、犠牲を押し付けられている。この犠牲の受け皿となるのは、農民あるいは都市労働者階層であることが多い。しかも保障なき女性は、上述の問題を男性より深刻に影響を受けている。それだけに、社会保障制度の充実が求められる。

2) 監督不在の国際結婚紹介所の問題

　本書の調査対象者の多くは、国際結婚紹介所あるいはそれに近い性質の個人が関与して、来日した。多くの女性は、国際結婚紹介所が約束した来日後の生活と現実とが大きくかけ離れていたと指摘している。国際結婚紹介所は、結婚相手の情報を隠蔽したり美化したりすることがあり、また、両国の間という法律の隙間を利用し、両国から行政および法律による管理監督を免れている。そのため、女性の置かれた環境を把握しているこれらの斡旋業者は、彼女たちの「周辺化」されている状況を思う存分利用している。国内で周辺化され続けた女性に対し、まるで日本人男性と結婚することで「中心」に位置づく機会を獲得できるように見せかけ、説得する。「国際結婚」の仲介業者は、「より良い暮らし」という海外中産階層の妻の生活像を女性たちに与える（Nakamatsu 2003）。しかし、来日後、本書で見た事例の大半は、言葉が通じず、結婚までに1、2回しか会わなかった日本人男性と困難な暮らしを送り、日本でのさらなる周辺化を免れない。斡旋業者が意識的に、中国で周辺化された女性をターゲットにすること自体、適応困難な日本農村部の結婚生活から逃げられないようにするためであろう。

他方、仲介業者は日本人男性向けには、外国人女性との結婚により男性が優位に立てることや男性が女性をコントロールできることが繰り返し強調されている。結婚難問題を抱える男性は、日本人女性との結婚をあきらめ、やむを得ずに「顔も文化も似ている」中国人女性と結婚し、彼女たちを「旧き良き時代」の日本人女性のように期待する。本来、異文化間の結婚であるはずなのに、「異」の部分をわざわざ消そうとするのである。このことは、必然的に外国人女性の日本への移住、結婚生活に暗い影を落とすことになろう。それゆえ、国際結婚紹介所への何らかの規制も必要になってくるであろう。

3）同化圧力による外国人「嫁」の幸福の制限

昨今の農村部では、農業後継者男性の結婚難が深刻となっている。その原因として、農業の産業としての後退と、「農家の嫁」の性別役割分業の問題が指摘されて久しい。こうした背景で、日本人女性の代わりに、外国人女性が仲介業者によって「嫁入り」してきた。地域の伝統文化は、保存と継承が必要であり、重要であると考える。しかし、日本人男性側が文化を有しているだけでなく、女性結婚移民も自分の文化を有していることが忘れられがちである。夫側の文化のみを尊重する一方通行的な結婚生活は、不安定要素をもたらすと同時に、女性移民である外国人女性の人権が侵害される恐れもある。彼女たちは、日本に来ている以上、日本文化を知り、尊重することが大事である。他方、日本人男性が相手女性の文化を知り、尊重することも必要である。

4）「居場所」の欠如

異国に嫁いできた外国人女性にとって「居場所」が必要不可欠である。ところが、外国人女性がマイノリティとして単独でマジョリティ社会で生活する場合、孤立しやすく、「居場所」を得るのは非常に困難である。なぜなら、親密性の高い家族がマジョリティとマイノリティによって構成され、マジョリティの権力性が存在する限り、家庭が「居場所」になる保証がないからである。だからこそ、「居場所」となる準拠集団をどこに求めるかは彼女らにとって切実な問題となる。例えば、外国人女性が、自発的に自助グループを立ち上げることも有用であろう。同時に、マジョリティ側が積極的に彼女らに「居場所」を

提供することに手助けが必要である。

(2) 複合的マイノリティの結婚移動に関する提言

複合的マイノリティである中国人女性の移動先社会への適応を考えるときには、関連するすべての者が意識を持って対処する必要がある。それぞれの立場について、今後の課題を考えてみたい。

1) 受け入れ社会の自治体
① 自治体の対応

A市に居住している外国人のなかに、「国際結婚」により来日したアジア人女性と並んで、農業研修生の割合も高い。外国人住民が地域に溶け込んでもらうことは、昨今の市政の課題にもなっている。市としては今、地域レベルで多文化共生を推進すると同時に、男女共同参画の視点での国際交流・協力も目指している。

数年前に、市議会である議員は初めて「国際結婚」家庭への対応について言及した。それを受け、市の福祉部は「国際結婚」家庭の悩み事、とくに子どもについて相談の場の必要性を感じ、「外国人母子交流会」を開催するようになった。「外国人母子交流会」は当初、年に1回であったが、現在は年に2回開催されている。開催時、保健師が相談に乗り、通訳も同席する。参加者は入学前児およびその母親である。それとは別に、保健師による家庭訪問も実施しており、地域から疎外されていないかどうかを含め、育児に関する相談を受ける。また、A市のすべての保育園において、不安定な家庭状況を抱える家庭を把握するように取り組んでいる。小学校、中学校には、語学相談員を用意しており、授業の終了後に日本語を教える仕組みができている。

国際交流を目的とする市国際交流協会は1990年に設立されている。当初は、姉妹都市などの国際交流事業が中心活動であったが、2000年よりサロン形式の日本語教室ができ、日本人のボランティアが1人につき1～3人の形式で外国人に日本語を教えてきた。また、アジア人配偶者が集住しているB地域も、2003年にNPO団体が立ち上がり、日本語教師資格をもつ者がボランティアで日本語を教えている。参加者は、中国人の女性配偶者と研修生がほとんどであ

る。現在では、通常の日本語学習のかたわら、日本語能力試験対策を取り入れており、上級合格者も出ている。地域で、草の根の活動もなされるようになった。さらに、ある元学校教員が地域の有識者とともに、女性配偶者を組織して定期的に日本語学習の会を開いている。そこでは、日本の風習、生活情報、そして小学校の国語の教材を中心に教えている。教室が開催するときに合わせ、保健師や通訳などもボランティアで参加し、健康、子どもの発育、メンタルヘルスなどに関する相談にも乗ってもらえる。元教員はこの会を開く動機として、近所にアジア人の配偶者が増えているなか、彼女たちに元気を与え、寂しい思いをさせたくなく、そして地域で定着していくことを願っていたからと語る。

このように、A市では、市の行政、NPO団体、個人の連結で少しでも外国人女性たちにとって暮らしやすい地域づくりに努力している。この一環である保健師のきめ細かな指導や相談によって、外国人女性は異国で初めての妊娠や出産を乗り切ることができ、また乳児を養育する自信を持つことができたこともある。異国で出産や育児する外国人女性の不安を最小限にするという点では、大きな意味がある。厚い人情、緊密に連結する地域住民、そして細やかな行政ケアなどの特徴においては、大都市ではカバーできない範囲まで及んでおり、人口の少ない農村地域だからこそできることである。他方、ますます増える農村の国際結婚によって外国人女性に対するサポートに積極的に関与することについて、国際結婚仲介業者も負担すべきとの先入観から行政はまだまだ戸惑いを隠せない。

② 自治体への提言

外国人女性のケアについて、仲介業者も負担すべきという見解は自治体の内部にある。しかし、居住のきっかけはどうであれ、外国人女性はA市の土地を踏みはじめたときから、大切な住民であるという認識も可能ではなかろうか。外国人女性配偶者の到来は、地域の活性化、脱過疎化、脱少子化、そして多文化化に大いに貢献している。しかし、現状では彼女らが地域に貢献しながら、永遠に「外国人」としてみなされることがある。女性たちが「真の住民」になるためには、行政、NPO、そして地域の人々のさらなる認識が必要となる。具体的にいくつかの提言を挙げると次のようなものである。

a　相談体制

　先述の保健師をはじめとする保育園や学校での相談体制が整備されていると考えられがちである。しかし、じっさい仕事の多忙により相談の密度が薄く、また互いの信頼関係や言語のハンディギャップなどの関係で、問題を把握しきれないことがあるようにみえる。場合によっては、深刻な問題を抱えている当事者に、市の相談体制の姿がまだ薄いと言わざるを得ない。そして、悩み事は理解したとしても、解決に至りにくい。それは、悩みや困難は往々にして背後にある嫁姑問題や夫婦関係、家族成員の生活態度、経済問題など複数と絡んでおり、一分野のエキスパートでは問題の解決の糸を見つからない場合ある。そこには、各分野の連携が必要となる。一つの問題の解決にあたり、市の各部署はもちろん、教育機関、自治体、場合によってはボランティア、研究者、さらに「ヂルイ」などの家族のつながり、近所、お寺などの地域の力も借りることが有効になる。そのため、自治体には外国人女性配偶者や他の定住外国人の問題を統括できる部署を設置すると便利である。

b　真の交流

　地域においては、外国人に対する偏見を減らすため、国際交流＝多国籍料理教室だと考える表層に限るような交流にとどまらず、複合的な文化、社会の状況を理解し尊重する取り組みが必要である。各自治体、あるいは団体はよく外国人女性に自国の料理を披露したりしているが、これだけでは外国の文化への理解の深化に至らない。逆に、異文化を矮小化してしまう恐れがある。文化は非常に広くて深い世界である。そのため、入り口としてとある外国の概況を映像、ポスター、実物などの可視手段を用いて紹介すると、一定の効果がある。その後、外国人女性の母国に関して研究者などエキスパートによる文化の紹介などを行うべきである。たとえば、移住者出身国の家族制度や家族文化、そして文化における相違点などの背景を知ることで、目の前の個人の価値も認識できるはずである。とくに、外国人女性の国の文化習慣を紹介する必要性があるだろう。さらに、同じ国でも地域性や民族性を配慮し、当事者の女性たちはさらに具体的に伝達する役となる。そこで、何よりも成功といえるのは、女性たちおよび彼女たちの文化に地域の人々が興味を持つようになることである。

c　日本語学習

Ａ市周辺に日本語学校といえるものがなく、外国人女性配偶者の日本語学習はほぼすべてボランティアが運営する日本語教室に頼っていると言わざるを得ない。それでも、通わせない日本人家族が少なくない。実際、コミュニケーション困難の問題は、女性が嫁いで５年以上経ってもなお改善されない例が散見される。主婦、会社員、職員など地域の有識者は休み時間を削って、外国人の日本語教育に熱意を注ぐ。しかし、問題もある。まずボランティアに多大な負担となり、健康状態や家庭生活などの限界で活動が続けられない場合がある。また、ボランティアの教育レベルはまちまちで、教育方針も一致していないため、学習者が行き場足り当たり感がある。さらに、運営も、メンバーの能力、熱意、考え方次第であり、持続可能な体制として維持していくには困難なときがある。したがって、自治体は外国人女性配偶者が来日後すぐに日本語能力に応じて、学習プランに基づき、クラス分けを実施すべきだと考える。家族が反対することもあるが、女性の日本語学習の権利を保障することが必要不可欠である。

　d　情報提供の脱差別化

　情報提供の脱差別化を実現するには、徹底的に多言語によるサービス、そして十分な周知が必要である。現在、外国人女性配偶者は、日本語能力の制限や日本的学校文化への不案内によって、とりわけ子育てにおいて、さまざまな苦労をしている。日本の学校文化は、独自性が強く、なかなか外国人に理解されにくい。情報提供というのは、こういった日本人にとって当たり前の情報をきめ細やかに提供することである。たとえば、「日本の保育園と小学校のシステムとはどのようなものか」といったテーマの講習会を開くことも有効であろう。ほかに、先輩外国人母親の経験談を紹介したり、教育委員会もしくは教育現場の教員による質疑応答を実施したりすることも一つの方法である。さらに、地元の日本人母親にも参加してもらい、知り合うきっかけをつくる。日本人抜きの外国人同士の交流では、外国人女性配偶者は永遠に「よそもの」のみにとどまってしまう。またこのような取り組みにより、外国人女性配偶者は日本語学習の重要性への理解を深め、学習意欲も高まるであろう。

　e　母親の言語・文化に親しむ

　小・中学校では、外国人児童・生徒の学習支援プログラムがあるが、両親と

もに外国人である児童・生徒に対するものが多い。片方が日本人親であると、学校も安心してしまう傾向がある。しかし「国際結婚」で生まれる子どもたちの一部は、学習言語としての日本語を習得しているとは限らないので、些細なことにも注意を払うべきである。また、こういった支援は、子どもの片方のルーツへの否定になってはならない。そうなってしまうと、外国人の親（多くは母親）は、「子どもの喪失」感を味わうだけではなく、子どもの健全な成長とアイデンティティの形成にも支障が生じかねない。学校では、親の母語・母文化に触れるプログラムを用意し、外国へのルーツをもつ子どもたちが親の文化に誇りをもつ。そうすることで、国際児が健全に心身ともに発達していく環境づくりに貢献できる。これらのプログラムは、当人だけではなく、日本人児童・生徒にも多文化共生意識を幼いうちから触れさせる。生徒にクラスメートの多様なバックグランドを自覚させることを意図し、異文化接触と異文化間コミュニケーションのスキルを促進するアクティビティを用意すべきである。

　f　同化を避ける家族関係に

　外国人女性配偶者は日本社会で生きる以上、日本語が必要不可欠である。しかし、外国人側が一方的に日本文化・日本語の学習をすることは、日本文化へ同化させる懸念もある。したがって、さまざまのトラブルを軽減するため、日本人夫をはじめとする家族は、相手国の母語をある程度学習すると同時に、自治体は相手国の文化を紹介できる専門家を招き、家族に文化コースを履修してもらう。文化としては、とりわけ、社会制度、男女の役割分担意識、家族文化などである。これらの講座は、地域住民のなかでも、とりわけ外国人女性を迎えた日本人男性およびその両親が参加することを義務づけていく必要性がある。

　本書で行なった研究によって、いままで抽象的で一括りでしか語られなかった「農村の花嫁」が、より鮮明に具体的に見えてきた。この作業を通して、農村で生きる中国人女性の来日までの経緯、そして、来日後、イメージのギャップを経て、農村と農業に適応する際の特徴、日本語習得とネットワークの違い、性別役割分業の日中の相違がもたらす影響、母親の教育方針などは、人によって違うパターンをみせていることがわかる。そして、同じ中国人といっても、それぞれ来日時期、出身地、戸籍上の身分（都市住民か農民か）、農業に抱く認

識、学歴など諸々の要素によって、日本の農村部での適応が異なっていくことが調査を通して判明した。したがって、行政、NPOなどは支援する際に、もっと相手の属性に応じた施策も求められる。言い換えれば、外国人だから、あるいは「お嫁さん」だからと一括するのではなく、きめ細かなサービスを提供することを期待したい。そのために、外国人女性配偶者はたとえ文化や言語が違ってもまず同じ住民であることを認識した上、彼女たちが異なる環境で懸命に適応しようとする過程に、それぞれの立場からもっと寛容になり、そして援助の手を差し伸べるべきだと思慮する。

2） 受け入れ社会のその他の集団、個人および日本人家族

経済的背景などの社会的要因が背景にある「国際結婚」の場合、しばしばネガティブなイメージが付きまとい、また外国人女性たちは一括りのあいまいな存在に捉えられがちで、行為者としての個人が見えにくくなる傾向を指摘してきた。ラポール関係を築き、中国人女性に焦点を当てることで、中国人女性の移動には主体的な要素があり、自ら移動を選択し、準拠集団に帰属し、戦略を立てて生活していることが判明した。彼女たちは極めてポジティブな存在であり、そうした側面を喪失させないことは重要なことである。移民女性の不適応が深刻化しないため、受け入れ社会の各方面から惜しみないサポートが必要となる。

とはいえ、サポートを行うにあたっては、友人、PTA、ボランティア、雇用主等さまざまな立場があるため、単純化して提言をすることは難しい。ただ、一方通行の関係では成り立ち得ないし、外国人女性配偶者が、地域や家庭に対して重要な役割を果たしているという認識が必要であるということは指摘することができる。こうしたことができて初めて、外国人女性が社会の構成員として帰属意識をもち、相互により良い影響を与えあえるはずである。

「国際結婚」が同化的に適応するのではなく、相互適応であることを意識する必要がある。日本が先進国に位置づけられていることから日本人家族はあらゆる点で他国の者より優れていると過信しがちである。また、中国に関するネガティブな報道や、個別な中国人女性配偶者の離婚騒動や不祥事があると、すべての中国人女性配偶者に逆風が吹き、偏見をもって対処する傾向が見受けら

れる。こうした見方が、妥当性に欠けていることは明らかである。そして、自らが高いレベルにいるといった幻想や相手に対する偏見は、十分なコミュニケーションによって払拭できるはずである。本書のなかでは取り上げなかったが、受け入れ家族が中国人「嫁」を囲い込み、外部との接触を断って中国人「嫁」に情報を与えないことで家族関係を維持しようとする事例がある。

中国人結婚移民は日本人と対峙する存在ではなく、共同の生活を形成するパートナーであり、子どもは夫婦の両方からの文化等を引き継いで一つのものとなることを明確に意識すべきである。結果として、日本人家族がこうした意識を持ち、自らも変化した場合に、「国際結婚」はより良い家族関係の構築につながり、子どもに未来の展望が拓けてくるだろう。

3） 中国人女性結婚移民

本書で取り上げてきた中国人女性の一部は、国際結婚紹介所の宣伝文句を無条件に信じ込んだ結果、自らの嫁ぎ先や移住先に関する情報収集を怠っている。それは、「国際結婚」による海外移住を安易に決断することにつながり、さらに移住後の適応にも影響を与えている。他方、過去の生活経験の中で客観的な立場から一歩離れて物事を見るという経験を積んできていないこともあって、まだ互いの価値観や考え方を理解する能力が足りない部分もある。一部の女性は、自らの文化体系でできた思考経路で、相手の言動を当てはめ、評価する傾向が存在している。しかし、異文化と接触する回数が増えるに従い、理解を深め、こころで触れ合えることも可能になる。

したがって中国人女性は、来日前において、よりアンテナを立てて情報収集にあたり、宣伝文句に疑問をもち、仲介業者のうまい口車に乗せられないことをつねに自分に言い聞かせることが重要である。そして来日後、自らの文化と異なる相手の生活習慣や文化に対し、一方的に否定するのではなく、冷却期間を置くべきである。双方の葛藤が相手の人格に由来するものかそれとも文化に由来するものかを見極める必要がある。もし文化による違いであれば、違いをまず認めたうえで互いにいかに納得できるかを検討すべきである。そのためにも、日本語学習に労を惜しむべきではなく、また日本文化への理解を深めることが必要となる。

二つの異なる文化背景を持つ同士の結婚生活は、多くの困難や挑戦に満ちた生活であることを結婚前後にしっかりと認識すべきである。

4）　送り出し社会の政府やその他の団体

　送り出し社会も、女性の周辺化というネガティブな立場からではなく、ポジティブな立場から「国際結婚」を選択しうる環境整備をすることが求められる。中国社会の変化がそれに沿う形になっていくことが期待される。

　第一に、政府は農村―都市のさまざまな格差の是正に有効な政策を練るべきであり、とくに農村出身者の地位の改善が必要である。それと同時に、農村都市問わず、女性の再就職支援や単親家庭、単身女性への社会の多岐にわたる支援が求められる。

　第二に、政府は仲介業者を管理するための法整備を急ぐことである。また、政府の責任の業者に対する監督責任を明確にすることも重要である。

　第三に、政府は海外へ嫁いだ女性の置かれた状況を把握すると同時に、その状況を国内に向けて着実に、有効に伝えることである。そのことで、国内の仲介型「国際結婚」予備軍に判断の材料を提供できる。また、問題があった時の何らかの相談窓口を設けておき、必要なときに大使館による中国人女性に対する救出が迅速に行われ、結婚移民が母国から移動した後にも、孤立しないように適切なサポートを得られるようにするほうが望ましい。

　第四に、「国際結婚」の子どもたちに母親側の文化を学ぶ機会を与えるような手段を充実させることである。例えば、夏休みや短期間を利用して短期留学などの手段を構築したり、中国での学校教育を受ける上でのサポートを与えたりすることも考えられる。

第4節　今後の研究課題

　研究成果の活用ということでは、先に提言で述べたように、本書で分析した中国人女性結婚移民の置かれている状況や葛藤を、行政や地域のNPOを含む住民に還元して、受け入れ家族を含む受け入れ側と結婚移民やその家族を含む送り出し側との円滑な関係構築に寄与することが大きな課題として残されてい

る。結婚移民の生の個人としての行為者性を伝える役割を果たしていかなければならない。実践面における活用はさておき、研究自体にも継続した努力を要する。

　第一の残された研究課題として、女性結婚移民にとって、日本近郊農村に嫁ぐことは、移動の終着点を意味するのか、それとも移動の一地点に過ぎなかったのか、注視していく必要があることである。移住先は移動の一環に過ぎないということになれば、彼女たちは、安定だと思われがちな結婚生活の形態をつき破ってまで移動する要因を検討しなければならない。この研究は、彼女たちの解釈に基づいて検討すべきである。さらなる移動をもたらす個々人の差異が出てくるとすれば、大きな要因の一つとして現在の「居場所」において各自の準拠集団を含め、「居場所」を得たかということが挙げられる。さらに、女性結婚移民は、移住先を永続的ないし中長期的な居住の場所と考えているとしても、本人の意識の変化や社会との結びつき等によって、新たな局面を迎えるはずである。これには、ラポール関係を維持して、更なる分析が必要である。

　第二に、母親は、現時点の教育戦略を立てた後、子どもの成長に伴い、子どもに対する教育戦略を書き換える可能性があることである。そのため、子どもの教育戦略の変化に合わせ、母親の「移動の物語り」も書き換えられる可能性がある。今回扱った事例における子どもたちの年齢は低く、学齢期に達しているものが少ないことから、母親は、子どもの成長に応じて教育戦略を随時修正していくと推測される。そして、教育に関する家族の勢力関係が家族によって、異なるベクトルを示していく可能性もある。したがって、子どもに対する教育に関する家族のあり方、親の変化、および母親の教育戦略を考察し続けることと、母親の未来にかかわる「移動の物語り」について、継続調査しなければならない。

　第三に、都市近郊農村で、日本人父親と中国人母親の「国際結婚」によって生まれた子ども自身にも、光を当てるべきことである。現時点では、年齢が低いために子どもの意思はまだ表立っていないが、成長とともに、子ども自身の考え方が重要になってくる。「国際結婚」で生まれた子どもの言語習得、アイデンティティの確立および変化について、母親の「移動の物語り」と同時に追跡すべきである。

以上は、個人である中国人女性結婚移民に関する今後の研究課題である。加えて、個人と社会は常に密接な関係を持ち、個人の「国際結婚」に何らかの影響を与えていると考えられる。社会の変化により、「国際結婚」そのものが変化する可能性が否定できない。したがって、個人を取り巻く社会についての追跡調査も不可欠である。
　第四に、受け入れ社会に着目すれば、移民政策に変化が出る可能性があることである。日本において、高齢化・少子化・晩婚化が続いていること、外国人単純労働者の受け入れの圧力があること、留学生を増やす政策が打ち出されていることなどの現状がある。こういった状況が続いていくならば、受け入れ社会における「国際結婚」、そして女性結婚移民の境遇に対し、何らかの変化が起こる可能性がある。また、体験したことがなかった外国人女性結婚移民の存在について葛藤している日本の地域社会と日本人家族は、時間の経過の中で多くの経験を積み、たとえば、文化的受容の方法に成熟したり、他方偏見もうかがわれたり、またプラスマイナス両面において社会の構成員の変質という状況も生まれている。こうした受容過程の変遷には継続的な研究が必要である。
　第五に、送り出し社会の急激な変化は、女性結婚移民にも影響してくるはずであり、とくに中国に関して言えば、改革開放以後の経済発展や国民の意識の変貌は目を見張るばかりである。来日中国人女性の出身地域はすでに都市ばかりでなく、従来は存在しなかった農村にも及んでいる。さらに中国においても、男女の人口比のアンバランス、および農村部、とりわけ発展が遅れている農村部の女性が、海外や国内経済先進地域へ流出していく問題を受け、男性の結婚難もすでに発生しており、今後さらに深刻化していくと予想されている。こういった地域に、周辺の国々から嫁いでくる女性による中国人女性の穴埋めが昨今始まりつつある。したがって、近年の「国際結婚」の予備軍である、海外へ移動する可能性をもつ女性農民工、および経済的に裕福になりつつある中国にやってくる外国人女性結婚移民については、今後も研究を進めていく必要がある。
　第六に、本書が行なった調査対象地の他に、日本国内の都市部等の他地域の「国際結婚」や、「intermarriage」と称される中国人女性結婚移民と日本以外の国の男性との結婚や、中国国内における異民族間結婚に、本書の視点や手法

を適用して、分析を行なったり、比較したりすることも、今後の課題である。

引用・参考文献

日本語文献

浅野慎一，2003，「多民族社会・日本における階級・階層構造と文化変容 —— 中国人・ベトナム人・ブラジル人・日本人調査を主な素材として」，関西社会学会『フォーラム現代社会学』2，世界思想社，pp. 59-67.

安達三千代，1995，「地域は変われるか？ —— 外国人妻たちを迎えて八年，新たなパラタイムへ歩み出した山形」『社会教育』473 (7)，pp. 21-28.

天児慧他編，1999，『岩波現代中国事典』岩波書店.

池田恵理子，1989，「問題をはらむ国際結婚 —— 女性ディレクターの眼より」，佐藤隆夫編著『農村と国際結婚』日本評論社，pp. 71-112.

石井由香，1995，「国際結婚の現状 —— 日本でよりよく生きるために」駒井洋編『定住化する外国人』，講座外国人定住問題（第2巻）明石書店，pp. 73-102.

石川准，2001，「マイノリティの言語戦略とポスト・アイデンティティ・ポリティクス」，梶田孝道編著，『国際化とアイデンティティ』ミネルヴァ書房，pp. 153-181.

石沢真貴，2004，「定住外国人の現状と地域コミュニティの課題 —— 秋田県羽後町の外国人妻に関する聞き取り調査を事例にして」，『秋田大学教育文化学部研究紀要』59，pp. 63-72.

石原邦雄編，2002，『家族と職業 —— 競合と調整』ミネルヴァ書房.

── 編，2004，『現代中国家族の変容と適応戦略』ナカニシヤ出版.

伊藤るり，2002，「国際移動とジェンダーの再編」，原ひろ子編著『比較文化研究 —— ジェンダーの視点から』放送大学教育振興会，pp. 229-252.

伊豫谷登士翁，2007，「方法としての移民 —— 移動から場所をとらえる」，伊豫谷登士翁編『移動から場所を問う —— 現代移民研究の課題』有信堂高文社，pp. 3-23.

岩澤美帆，1995，「過疎地域における『親子関係』と『女性』」，『相関社会科学』第5号.

岩本純明，1995，「農村の結婚難」，吉川弘之他編『結婚』，東京大学公開講座60，東京大学出版会，pp. 211-233.

上野千鶴子，1990，『家父長制と資本制 —— マルクス主義フェミニズムの地平』岩波書店.

江原由美子，1988，『フェミニズムと権力作用』勁草書房.

王寧霞，2005，「日中国際結婚に関する研究」，『鹿児島大学医学雑誌』第56巻3・4号，pp. 35-43.

小ヶ谷千穂，2001，「『移住労働者の女性化』のもう一つの現実」，伊豫谷登士翁編

『経済のグローバリゼーションとジェンダー』明石書店，pp. 161-186.
小川騰，1995，『国際結婚第一号――明治人たちの雑婚事始』講談社．
尾嶋史章，1993，「ラポール」，森岡清美・塩原勉・本間康平編，『新社会学辞典』有斐閣．
笠間千浪，1996，「滞日外国人女性と〈ジェンダー・バイアス〉」，宮島喬・梶田孝道編『外国人労働者から市民へ――地域社会の視点と課題から』有斐閣，pp. 165-186.
梶田孝道，2003，「在日外国人問題の変容――『統合パラダイム』と『トランスナショナル・パラダイム』に着目して」，関西社会学会『フォーラム現代社会学』2，世界思想社，pp. 68-77.
春日桂一郎，1993，「外国人花嫁と地方自治体」，『現代のエスプリ』3．
片岡栄美，2001，「教育達成過程における家族の教育戦略――文化資本効果と学校外教育投資効果のジェンダー差を中心に」，『教育学研究』68（3），pp. 259-273.
片桐雅隆，2000，『自己と「語り」の社会学――構築主義的展開』，世界思想社．
葛慧芬，1999，「国際結婚に対する地域ケアシステム作りの必要性――中国人花嫁の事例から」，『日中社会学研究』7，pp. 146-165.
上子武次，1979，『家族役割の研究』ミネルヴァ書房．
嘉本伊都子，1992，「国際結婚の動向と研究課題―F・ニッタ論文とA・B・コットレル論文の比較検討を通して―」，『明治学院大学社会学大学院』，pp. 231-250.
―――，1996，「国際結婚をめぐる諸問題――『境界線』上の家族」，『家族社会学研究』第8巻，pp. 53-66.
―――，2001，『国際結婚の誕生――〈文明国日本〉への道』新曜社．
―――，2008，『国際結婚論!?【現代編】』法律文化社．
神原文子，1991，『現代の結婚と夫婦関係』培風館．
木下謙治，2001，『家族社会学――基礎と応用』九州大学出版会．
熊本苑子，1996，「農家家族における個人化」，野々山久也・袖井孝子・篠崎正美編著『いま家族に何が起っているのか』ミネルヴァ書房．
―――，2002，「農家における家族関係と経営・労働」，石原邦雄編『家族と職業――競争と調整』ミネルヴァ書房．
黒柳晴夫，1989，「開拓農民の生活史」，庶民生活史研究会編『同時代人の生活史』未來社．
―――，1997，「企業進出に伴う複合農業の変容と村落社会」，牧野由朗編『豊川用水と渥美農村』岩田書院．
桑山紀彦，1995，『国際結婚とストレス――アジアからの花嫁と変容するニッポンの家族』明石書店．
―――編著，1997，『ジェンダーと多文化――マイノリティを生きるものたち』明石書店．

──────，1999，『多文化の処方箋――外国人の「こころの悩み」にかかわった，ある精神科医の記録』アルク．
小井土彰宏，1997，「国際移民システムの形成と送り出し社会への影響――越境的なネットワークとメキシコの地域発展」，小倉充夫編『国際移動論――移民・移動の国際社会学』三嶺書房，pp. 33-65．
厚生労働省大臣官房統計情報部編，2010，『人口動態統計平成21年上巻 婚姻』厚生統計協会．
賽漢卓娜，2006，「『国際結婚』研究における『異文化』と『同化』――アジア人妻へのまなざしをめぐって」，『名古屋大学教育発達科学研究科紀要』53（1），pp. 75-87．
──────，2007，「中国人女性の『周辺化』と結婚移住――送り出し側のプッシュ要因分析を通して」，『家族社会学研究』第19巻第2号，pp. 71-83．
──────，2009，『「国際結婚」に関する社会学的研究』名古屋大学博士論文．
──────，2009，「周縁化される中国人女性の結婚移民」，(財)アジア・太平洋人権情報センター[ヒューライツ大阪]，『アジア・太平洋人権レビュー2009』現代人文社．
──────，2009，「中国人女性結婚移民の『移動の物語り』」，日中社会学会『21世紀東アジア社会学』2，pp. 90-105．
坂岡庸子，2004，「国際結婚をした日本女性の生活史――ハワイ州オアフ島在住米軍人の妻」，『久留米大学文学部紀要 社会福祉学科編』第4号，pp. 35-44．
桜井厚，2002，『インタビューの社会学――ライフストーリーの聞き方』せりか書房．
──────編，2003，『ライフストーリーとジェンダー』せりか書房．
笹川孝一，1989，「韓国からの『花嫁』と異文化交流――『国際識字年』を前に」，佐藤隆夫編著『農村と国際結婚』日本評論社．
佐竹眞明，メアリー・アンジェリン・ダアノイ，2006，『フィリピン―日本国際結婚――移住と多文化共生』めこん．
定松文，1996，「家族問題」，宮島喬・梶田孝道編『外国人労働者から市民へ――地域社会の視点と課題から』有斐閣，pp. 65-82．
佐藤隆夫，1989，『農村と国際結婚』日本評論社．
佐藤．H．バーバラ，1989，「国際結婚における日本人親族との心理関係」，『現代のエスプリ』5，pp. 144-153．
沢田ゆかり，2001，「グローバル化と華南の女性」，神奈川大学人文学研究所編『ジェンダー・ポリティクスのゆくえ』勁草書房，pp. 208-253．
篠崎正美，1996，「国際結婚が家族社会学研究に与えるインパクト」，『家族社会学研究』第8巻，pp. 47-51．
渋沢田鶴子，1994，「異文化間結婚―日本人男性と結婚している米国人女性の場合」『女性学研究』3，pp. 44-57．
志水宏吉・清水睦美編著，2001，『ニューカマーと教育――学校文化とエスニシテ

ィの葛藤をめぐって』明石書店.
宿谷京子, 1989, 『アジアから来た花嫁——迎える側の論理』明石書店.
施利平, 1999, 「国際結婚夫婦の婚姻満足度を規定する諸要因」, 『家族研究年報』24.
鈴木栄太郎, 1940, 『日本農村社会学原理』, 新潮社→1968, 『鈴木栄太郎著集集』未來社.
鈴木一代, 2000, 「国際結婚女性の再社会化についての研究——バリ島の日本人, ドイツ語圏出身者, 英語圏出身者」, 『東和大学紀要』26, pp. 189-198.
———, 2003, 「国際結婚者の国籍変更と文化的アイデンティティ」, 『埼玉学園大学紀要(人間学部編)』3, pp. 1-12.
———, 2007, 「国際家族における言語・文化の継承——その要因とメカニズム」, 異文化間教育学会『異文化間教育』26, pp. 14-26.
鈴木伸枝, 2010, 「日比結婚——コロニアル・グローバル・ナショナルの時空で」, 比較家族史学会『比較家族史研究』24, pp. 1-19.
鈴木未来, 2004, 「現代中国における女性と家族」, 山中美由紀編『変貌するアジアの家族——比較・文化・ジェンダー』昭和堂.
瀬地山角, 1996, 『東アジアの家父長制——ジェンダーの比較社会学』勁草書房.
竹内利美, 1969, 『家族慣行と家制度』恒星社厚生閣.
竹下修子, 1997, 「国際結婚カップルの結婚満足度」, 『ソシオロジ』129号, 42(1), pp. 41-57.
———, 2000, 『国際結婚の社会学』学文社
———, 2001, 「国際結婚における異文化適応——ヨーロッパに居住する日本人妻の場合」, 『愛知学院大学 教養部紀要』49 (1), pp. 53-61.
———, 2004 『国際結婚の諸相』学文社.
———, 2003 「国際結婚におけるエスニシティの表象としての宗教——外国人ムスリンと日本人女性のカップルの場合」, 『家族研究年報』28, pp. 14-26.
竹ノ下弘久, 2003, 「『国際結婚』家族におけるジェンダーとエスニシティの二重の非対称性——育児とサポートネットワークに注目して」, 『家族研究年報』28:2.
千葉悦子, 2000, 「農家女性労働の再検討」, 木本喜美子・深澤和子編著『現代日本の女性労働とジェンダー——新たな視角からの接近』ミネルヴァ書房.
恒吉僚子, 1996 「多文化共存時代の日本の学校文化」, 堀尾輝久・久冨善之編『講座学校第6巻 学校文化という磁場』柏書房, pp. 215-240.
塘利枝子, 2006, 「環境に埋め込まれた保育観と乳幼児の発達」, 山田千明編『多文化に生きる子どもたち——乳幼児期からの異文化間教育』明石書店.
鶴見利夫・河村はじめ, 2003, 『お嫁さん、ほしい。』鶴書院.
鳥越晧之, 1993, 『家と村の社会学 増補版』世界思想社.
内藤考至, 2004, 『農村の結婚と結婚難——女性の結婚観・農業観の社会学的研究』九州大学出版会.

中澤進之右，1996,「農村におけるアジア系外国人妻の生活と居住意識——山形県最上地方の中国・台湾，韓国，フィリピン出身者を対象にして」,『家族社会学研究』第8巻, pp. 81-96.
仲野誠，2001,「国際結婚がもたらす食文化の変容と創造——東北地方の『村の国際結婚』を事例として」, 味の素食の文化センター『食文化助成研究の報告12』, pp. 33-40.
永野由紀子，2004a,「現代日本の農村社会——農村女性の『個』の自立化をめぐって」, 岩本由輝・大藤修編『シリーズ比較家族第1期5 家族と地域社会』早稲田大学出版部, pp. 165-187.
―――, 2004b,「『家』・『村』理論の射程をめぐる論点と課題」,『山形大学人文学部研究年報』1, pp. 123-137.
那須壽編，1997,『クロニクル社会学——人と理論の魅力を語る』有斐閣.
新村出編，1994,『広辞苑』岩波書店.
浜口恵俊，1977,『「日本人らしさ」の再発見』日本経済新聞.
――編，1982,「日本人の間柄」『現代のエスプリ』178.
濱嶋朗，竹内郁郎，石川晃弘編，2005,『社会学小辞典』有斐閣.
原俊彦，1996,「国際結婚と国際児の出生動向」,『家族社会研究』8, pp. 67-69.
パレーニャス，ラセル，サルザール，2007,「女はいつもホームにある——グローバリゼーションにおけるフィリピン女性労働者の国際移動」, 伊豫谷登士翁編,『移動から場所を問う——現代移民研究の課題』有信堂高文社, pp. 127-147.
広田照幸編著，2006,『子育て・しつけ』日本図書センター.
宝月誠，1990,『逸脱論の研究——レイベリング論から社会的相互作用論へ』恒星社厚生閣.
法務省入国管理局，2010年3月,「平成21年における外国人入国者及び日本人出国者の概況について（確定）」.
本田由紀，2004,「『非教育ママ』たちの所在」, 本田由紀編,『女性の就業と親子関係——母親たちの階層戦略』勁草書房.
牧野由朗，1997,「豊川用水の開通と渥美農業・農村の変容」, 牧野由朗編『豊川用水と渥美農村』岩田書院.
町村敬志，2007,「エスニシティと境界」, 長谷川公一他『社会学——Modernity, Self and Reflexivity』有斐閣.
松島静雄・中野卓，1958,『日本社会要論』東京大学出版会.
松田智子，2000,「性別役割分業からみた夫婦関係」, 善積京子編『結婚とパートナー関係——問い直される夫婦』ミネルヴァ書房.
松本邦彦・秋武邦佳，1994,「国際結婚と地域社会—山形県での住民意識調査から（その1）」,『山形大学法政論叢』創刊号, pp. 126-160.
―――, 1995,「国際結婚と地域社会—山形県での住民意識調査から（その2）」,『山形大学法政論叢』4, pp. 178-206.
松本佑子，2001,「国際結婚における夫婦関係に関する一考察—フィリピン妻の意

識を中心に」,『聖徳大学研究紀要』第 12 号, pp. 17-22.
満蒙同胞援護会編, 1962,『満蒙終戦史』河出書房新社.
右谷理佐, 1998,「国際結婚からみる今日の日本農村社会と『家』の変化」,『史苑』59 (1), pp. 73-74.
光岡浩二, 1990,『日本農村の結婚問題』時潮社.
宮坂靖子, 2007,「中国の育児——ジェンダーと親族ネットワークを中心に」, 落合恵美子・山根真理・宮坂靖子編『アジアの家族とジェンダー』勁草書房, pp. 100-120.
森岡清美, 1993,「生殖家族」「定位家族」, 森岡清美・塩原勉・本間康平編『新社会学辞典』有斐閣.
安富成良, 2000,「『戦争花嫁』と日系コミュニティ (Ⅰ) ——ステレオタイプに基づく排斥から受容へ」『嘉悦大学研究論集』43, pp. 177-199.
————, 2001,「『戦争花嫁』と日系コミュニティ (Ⅱ) ——ステレオタイプに基づく排斥から受容へ」『嘉悦大学研究論集』44 (1), pp. 45-61.
山田昌弘, 1996,『結婚の社会学——未婚化・晩婚化はつづくのか』丸善ライブラリー 206, 丸善.
山本雅代, 1996,『バイリンガルはどのようにして言語を習得するのか』明石書店.
————, 2007,「複数の言語と文化が交叉するところ——『異言語間家族学』への一考察」, 異文化間教育学会『異文化間教育』26, pp. 2-13.
ョー, ブレンダ, 2007,「女性化された移動と接続する場所——『家族』『国家』『市民社会』と交渉するトランスナショナルな移住女性」, 伊豫谷登士翁編『移動から場所を問う——現代移民研究の課題』有信堂, pp. 149-170.
吉田義明, 2001,「農村労働市場と農家女性労働力——『いえ』の労働と自分の労働」, 竹中恵美子編『現代の経済・社会とジェンダー第 2 巻 労働とジェンダー』明石書店, pp. 219-243.
渡邉正, 1988,「農山村の視点から——農山村と『地方圏』の構想の課題」, 社会学研究会『ソシオロジ』102, 33 巻 1 号, pp. 44-55.

中国語文献
孟宪范主编, 2004,『转型社会中的中国妇女』中国社会科学出版社.
尚永清主编, 1991,『新汉日词典』中国商务出版社, 日本小学館.
刘开明, 2003,『边缘人』新华出版社.
阮新邦・羅沛霖・贺玉英, 1998,『婚姻, 性別與性——一个当代中国农村的考察』, 八方文化企业公司
中华人民共和国民政部编, 2010,『中国民政统计年鉴』中国统计出版社.
邱淑雯, 2005,『性別與移動——日本與台灣的亞洲新娘』巨流.
杨善华・沈崇麟, 2000,『城乡家庭——市场经济与非农化背景下的变迁』浙江人民出版社.
周曉虹, 2004,『中国社会与中国研究』, 社会科学文献出版社.

呂紅平，2003，「婚姻家庭观念及其变化」，国家计划生育委员会宣传教育司主编，『婚育观念通论』，中国人口出版社．
潘允康，2002，『社会变迁中的家庭——家庭社会学』，天津社会科学院出版社．
张尔玺，2006，『角色期望的错位——婚姻冲突与两性关系』，中国社会科学出版社．
黄宗智，1986，『华北的小农经济与社会变迁』，中华书局．
费孝通，1985，『乡土中国』，三联书店．
李银河，2003，『生育与村落文化・一爷之孙』，文化艺术出版社．
杜芳琴，2003，「中国妇女研究的历史语境——父权制，现代性与性别关系」，杜芳琴，王向贤主编，妇女与社会性别研究在中国（1987-2003）』，天津人民出版社．
熊秉纯，2003，「质性研究方法刍议——来自社会性别视角的探索」，杜芳琴，王向贤主编，『妇女与社会性别研究在中国（1987-2003）』，天津人民出版社．
沈立人，2005，『中国弱势群体』，民主与建设出版社
吴鲁平・俞晓程・闫晓鹏・郑丹娘，2004，「城市青年农民工的现状，问题及其对策研究——对103篇学术论文的文献综述」，陆士桢主编，『中国城市青少年弱势群体现状与社会保护政策』，社会科学文献出版社．
李爽，1997，「重新看待'民工潮'」，『中国人力资源』，第10期
Rachel Connelly，Kenneth Roberts，郑真真，谢振明，2004，「外出打工对农村妇女地位的影响」，郑真真，谢振明主编，『人口流动与农村妇女发展』，社会科学文献出版社
谭深，2003，「珠江三角洲外来女工与外资企业，当地政府和社会之间的关系」，杜芳琴，王向贤主编，『妇女与社会性别研究在中国（1987-2003）』，天津人民出版社．
――――，2006，「流动妇女」，王金玲主编，『中国妇女发展报告No. 1（95＋10）』，社会科学文献出版社．
周庆华，1996，「农民工在城市内交往局限性探析」，『城市问题』第4期．

英語文献

Alexander, J. F., *et al.* (eds), 1987, *The Micio-Macro Link*, California UP.
Athens, L.H., 1980, *Violent Criminal Acts and Actors*, Routledge & Kegan Paul.
Bertaux, Daniel., (ed), 1981, *Biography and Society: The Life History Approach in the Social Sciences*, Sage Publications.
Bertaux, Daniel., 1997, *LES RECITS DE VIE: PERSPECTIVE ETHNOSO-CIOLOGIQUE*, Videndi Universal Education France（VUEF），(=2003, 小林多寿子訳『ライフストーリー——エスノ社会学的パースペクティブ』ミネルヴァ書房).
Blumer, Herbert., 1969, *Symbolic Interactionism: Perspective and Method*. Prentice-Hall, Inc., (=1991, 後藤将之訳『シンボリック相互作用論——パースペクティヴと方法』勁草書房).
Boserup, E., 1989, *Woman's Role in Economic Development*, Earthscan Publications.

Breger, Rosemary., Hill, Rosana., 1998, *Cross-cultural Marriage: Identity and Choice*. Oxford, U. K.: Berg（=2005，吉田正紀監訳『異文化結婚―境界を越える試み』新泉社）

Burgess, Ernest, Watson., Locke, Harvey, J., 1950, *The Family: from Institution to Companionship*, New York: American Book.

Cohen, S. M., 1988, *American Assimilation or Jewish Revival?* Bloomington: Indiana University.

Constable, Nicole., 2003, *Romance on a global Stage: Pen pals, virtual ethnography, and "mail order" marriages*. Berkeley: University of California Press.

Diggs, B. Nancy., 2001, *Looking beyond the Mask: When American Women Marry Japanese Men*, State University of New York Press, Albany.

Garfinkel, Harold., 1964,（=1989，北澤裕・西阪仰訳「日常活動の基盤――当たり前を見る」同『日常生活の解剖学』マルジュ社）.

Giddens, Anthony., 2001, *Sociology Fourth edition*,（=2004，松尾精文・西岡八郎他訳『社会学（第4版）』而立書房）.

Golding, Luin., 1998, "The Power of Status in Transnational Social Fields", Smith & Guarnizo eds., *Transnantionalism from Below*, Comparative Urban and Community Research, Vol. 6, New Jersey: Transaction Press, pp. 165-95.

Gordon, Albert, I., 1964, *Intermarriage: Interfaith, interracial, interethnic*. Boston: Beacon.

―――, 1998, Introducing mixed marriages. In R. Breger & R. Hill（Eds.）, *Cross-cultural marriage: Identity and Choice*, pp. 1-32, Oxford, U. K.: Berg.

Hage, G., 1998, *White Nation: Fantasies of White Supremacy in a Multicultural society*, Pluto Press,（=2003，塩原良和他訳『ホワイト・ネイション』平凡社）.

Heyzer N., Anijeholt G. L., Weerakoon N., Nijeholt G. L., 1994, *The trade in domestic workers: Causes, mechanisms and consequences of international migration*, Asian and Pacific Development center, pp. 31-101.

Imamura, Anne., 1990, "Stranger in a Strange Land : Coping with Marginality in International marriage", *Journal of Comparative Family studies*, vol. XXI: pp. 171-191.

Jacobs, Jerry, A., and Labov, Teresa, G., 2002, "Gender Differentials in Intermarriage Among Sixteen Race and Ethnic Groups", *Sociological Forum*, 17-4, pp. 621-646.

Joshi, Mary, Krishna, Meena., 1998, "English and North American Daughters-in-Law in the Hindu Joint Family", Breger, Rosemary., Hill, Rosana., *Cross-cultural Marriage: Identity and Choice*. Oxford, U. K.: Berg（=2005，吉田正紀監訳『異文化結婚――境界を超える試み』新泉社）.

Kahn, D., 1998, "Mixed marriages in Islam: An anthropological perspective on

Pakistan" *Journal of the Anthropological Society of Oxford*, 29, pp. 5-28.
Kalmijin, Matthijs., 1998, "Intermarriage and homogamy: Cause Patterns, Trends", *Annual Review of Sociological* 24, pp. 395-422.
Lareau, Annette,. 2003, *Unequal Childhoods: Class, Race, and Family Life*, University of California Press.
Maines, David, R., 1993, "Narrative's Moment and Sociology's Phenomena: Toward a Narrative Sociology", *The Sociological Quarterly* 34: 1, pp. 17-38.
Merton, R. K., 1941, "Intermarriage and the Social Structure", *Psychiatry*, No. 4, pp. 361-374.
―――― 1957, *Social Theory and Social Structure*, The Free Press, (=1961, 森東吾・森好夫他訳『社会理論と社会構造』みすず書房).
Nakamatsu, T., 2003, "International Marriage through Introduction Agencies: Social and Legal Realities of "Asian" Wives of Japanese Men", *Wife or Worker?*, Rowman & Littlefied Publishiers, pp. 181-201.
―――― 2005, "Faces of 'Asian Brides': Gender, Race, and Class in the Representations of Immigrant Women in Japan", *Women's Studies International Forum*, 28, p. 406.
Nitta, Fumiteru., 1989, *The Japanese Father-American Mother and Their Children: Bicultural Socialization Experiences in Japan*, University of Hawaii; Ph. D. Dissertation, (=1992, 藤本直訳『国際結婚とこどもたち』明石書店).
Ong, A., 1999, *The cultural Logics of Transnationality*, Dukes University Press.
Refsing, Kirsten., 1998, "Gender Identity and Gender Role Patters in Cross-Cultural Marriages: The Japanese-Danish case", Breger, Rosemary. & Hill, Rosana, *Cross-cultural Marriage: Identity and Choice*. Oxford, U. K.: Berg.
Sassen, S., 1988, *The Mobility of Labor and Capital: A study in International Investment and Labor Flow*, Cambridge University Press. (= 森田桐郎ほか訳 1992, 『労働と資本の国際移動』岩波書店).
Schvaneveldt, R, W., 1966, "Concept identification as a function of probability of positive instances and number of relevant dimensions". *Journal of Experimental Psychology*, 72, pp. 649-654.
Simmel, Georg., 1908, *Soziologie Untersuchungen uber die Formen der Vergesellschaftung, Dunker&Humblot*, (=1979, 居安正訳,「余所者について」『秘密の社会学』世界思想社).
Spickard, Paulr., 1989, *Mixed Blood: Intermarriage and Ethnic Idrntity in Twentieth-Century America*, University of Wisconsin Press
Strier, R. Dorit., Ezra, B. Dina., 2006, "Intermarriage Between Western Women and Palestinian Men: Multidirectional Adaptation Processes", *Journal of Marriage and Family*, 68, pp. 41-55.
Wilson, T. P., 1970, "Normative and Interpretive Paradigms in Sociology", Douglas,

J. S. (ed.), *Understanding Everyday Life*, Aldine.
Wilson, W. J., 1978, *The Declining Significance of Race: Blacks and Changing American Institutions*, University of Chicago Press.
Woods, Peter., 1979, *Sociology and the Schoo: an Interactionist Viewpointl*, RKP.
Yeoh, B. S. A., & S. Huang & K. willis., 2000, "Global cities, Transnatioanal flows and Gender Dimensions: The view from Singapore". Tijdschrift Voor Economische En Social Geograft, Journal of Economic and Social Geography, 2, pp. 147-158.
Znaniecki, Florian., (=1971, 下田直春訳, 『社会学の方法』新泉社).

あとがき

　研究への第一歩は、北京市少数民族委員会での勤務中にまかれた種だと思う。少数民族あるいは何らかのエスニック・マイノリティについてもっと勉強したいと思い、仕事を辞めて日本へ留学してきた。しかし、社会学を勉強しながら、日本国内で調査できるエスニック・マイノリティの研究対象には非常に限りがあることに加えて、地域的に離れていることもあって、当時の語学力や金銭的に私には不可能であると思われた。ちょうどその頃、周囲から国際結婚話が飛び出していて、そのテーマに関心をもったため、この研究に決めた。

　以来、愛知大学の学部時代には、国際結婚に関する文献調査を実施した。その頃はまだまだ研究が少なく、日本人女性と外国人男性の歴史的研究を読み込んだ覚えがある。名古屋大学の修士時代には、日中国際結婚カップル45組にインタビュー調査とアンケート調査を実施し、修士論文として『日中国際結婚における異文化接触』をまとめた。当時の調査対象者には、大学の教員や会社のホワイトカラー社員のエリートカップルが多かったが、それでも異文化摩擦がよくみられ、中国人側は孤独感が目立つことがわかった。それなら、農村部にいる国際結婚カップルはどんな深刻な状況を抱えているだろうと考えるようになり、博士課程では2人の「農村の花嫁」から研究をスタートし、40人ほど知り合ったお嫁さんから、親交ができた24人に調査対象者になっていただいた。そして、道のりは決して平坦ではなかったが、なんとか研究をまとめて博士論文を完成した。

　本書は、2009年3月に名古屋大学大学院教育発達科学研究科に提出した博士論文『「国際結婚」に関する社会学的研究──地方都市近郊農村における中国人女性移民を中心に』をもとに加筆修正したものである。この博士論文を進

める過程で、2005-2006年度トヨタ財団研究助成金を受けたことを記しておく。また、博士論文をもとにした本書は、日本学術振興会平成22年度科学研究費補助金研究成果公開促進費を受けて出版を実現することができた。

　本書の研究を行うにあたっては、多くの方々からご指導ご支援をいただいた。

　お世話になった方々のお名前をここですべて挙げることは到底できないが、ここでまず長年、私の調査に応じてくださった中国人女性のみなさんに感謝の意を心より申し上げる。異国で頑張る彼女たちの底ぬけに明るい姿にいつも感銘を受けており、そしてその力強さも学んだ。彼女たちのご理解がなければ論文の完成はなかっただろう。

　そして、名古屋大学大学院教育発達科学研究科の指導主査である、教育社会学専攻の伊藤彰浩先生と今津孝次郎先生に感謝を申し上げねばならない。中国で政府の少数民族関連の勤務を経て、社会学への興味を持ち始めてもう一度学習したいと日本へ留学していたが、大学院ではなかなか社会学を学べなくて方向を見失いそうだったとき、伊藤先生は快く受け入れてくださり、たえず辛抱強く指導と助言と励ましをいただいた。以来、先生が私のために割いてくださった時間と労力を考えると、ただただ感謝するばかりである。また、今津先生にも心より感謝を申し上げたい。先生の研究動向を見据えた斬新なアドバイスと豊富なアイディアは、研究の過程で立ち止まりそうになった私に、幾度となく大いなる力を与えてくれた。そして、先生の人情溢れる励ましも前進するエネルギーとなった。

　加えて、論文執筆の初期段階から、有益なご助言と温かいご支援をくださった、東村サロンという発表の場を提供し続けてくださった東村岳史先生（名古屋大学）、投稿論文に貴重なコメントをくださった家族社会学ご専門の田渕六郎先生（上智大学）、農村社会学のご示唆をいただいた黒柳晴夫先生（椙山女学園大学）、国際結婚研究分野で鋭くご指摘をくださった嘉本伊都子先生（京都女子大学）、トヨタ財団研究助成金の共同研究者になってくださり、ともに中国南方の調査を実施していた韓俊魁先生（北京師範大学）、中国南方家族関係について貴重なご助言をくださった楊善華先生（北京大学）にも、御礼を申し上げたい。

　他に、インフォーマントの日中両国のご家族の皆さん、NPOや支援者の皆

さん、並びに中国の関係政府機関、日本の自治体の関係者の皆さん、また力惜しまずに手助けをしてくださった北京の友人にも御礼を申し上げる。それから、大学院の今津・伊藤ゼミの先輩、同僚、後輩との交流は、論文執筆の励みとなってきた。投稿論文をはじめ日本語の訂正など数多くの方が熱心に助けてくれた。とくに先輩の内田良さん（愛知教育大学）、同僚の中島葉子さんのご支援は忘れられない。

　初めての出版を導いてくださったのは勁草書房の藤尾やしおさんである。本書の内容をご理解くださり、出版実現に大きなお力添えをいただいた。丁寧で確実な導きに心より御礼を申し上げたい。

　最後に、苦楽ともに味わってくれた家族に謝辞を呈せねばならない。父ヒシクトクトは研究者の先輩として、父親としてつねに適切なアドバイスや愛情たっぷりの励ましをくれた。母は北京から生活指導を、妹は米国からリラックスさせるすがすがしい笑い声を電話線の彼方から届けてきた。そして、夫　真は論文執筆の為に最上の環境を作り、深い愛情と忍耐力をもって支えてくれた。言葉で尽くせないほどの感謝の意を表したい。

2011年2月

賽漢卓娜

人名索引

ア行

秋武邦佳　　9, 30
天児慧　　59
池田恵理子　　10
石井由香　　5, 13, 30, 39
イマムラ（Imamura, A.）　　24, 42
伊豫谷登士翁　　45, 46, 48, 177
ウィルソン（Wilson, T. P.）　　48
ウィルソン（Wilson, W. J.）　　20
エツラ（Ezra, B. D.）　　42
小ヶ谷千穂　　47
尾嶋史章　　64

カ行

ガーフィンケル（Garfinkel, H.）　　50
カーン（Kahn, D.）　　42
笠間千浪　　30, 39
嘉本伊都子　　12-14, 24, 39
黒柳晴夫　　97
桑山紀彦　　9, 11, 32-34, 39, 41-43, 49, 179
コーエン（Cohen, S. M.）　　36
ゴードン（Gordon, A.）　　36

サ行

坂岡庸子　　26, 28
桜井厚　　53-56
佐竹眞明　　49
定松文　　30, 39
サッセン（Sassen, S.）　　125
佐藤．H．バーバラ　　24, 25
沈崇麟　　59, 170
沈立人　　74, 75
施利平　　39
篠崎正美　　19, 38
渋沢田鶴子　　24, 25

志水宏吉　　52
清水睦美　　52
宿谷京子　　10, 31, 32, 44, 96
シュッツ（Schütz, A.）　　50
ジンメル（Simmel, G.）　　21
鈴木栄太郎　　89
鈴木一代　　26, 27, 42
ストレイヤー（Strier, R. D.）　　21, 42
ズナニエツキ（Znaniecki, F.）　　56

タ行

竹下修子　　26-28
竹ノ下弘久　　22, 39, 179
譚深　　76, 77
ディグス（Diggs, B. N.）　　24, 25
鳥越皓之　　88, 89

ナ行

中澤進之右　　33, 44, 49
永野由紀子　　87-92
ナカマツ（Nakamatsu, T.）　　47, 123, 132, 183
ニッタ（Nitta, F.）　　13, 21, 24, 93, 156

ハ行

バージェス（Burgess, E. W.）　　9
原俊彦　　37, 38
ヒル（Hill, R.）　　20
藩允康　　70, 71
ブルーマー（Blumer, H.）　　48, 51
ブレガー（Breger, R.）　　20
ヘイザー（Heyzer, N.）　　47
ベルトー（Bertaux, D.）　　54-56, 64
宝月誠　　50
ボズラップ（Boserup, E.）　　46

マ行

マートン（Merton, R. K.）　19, 20, 127, 128, 140, 142, 144
松本邦彦　9, 30
右谷理佐　31
メインズ（Mains, D.）　53

ヤ行

山田昌弘　6, 95, 96
杨善华　59, 202

ヨー・ブレンダ　177, 178

ラ行

李銀河　72
レフシング（Refsing, K.）　26, 28, 29
吕红平　69-72
ロック（Locke, H. J.）　9

ワ行

渡邉正　11, 97

事項索引

ア行

間柄主義　89
アイデンティティ　23-25, 29, 166, 193
「アジアから来た花嫁」　30, 32, 33, 176
安住の地　170, 180
家　31, 86-99, 174
　——共同体　9
生き延びる（生き抜く）ための戦略　52, 178-180
イスラム　27-29
移動する者（主体、人、人々）　45-48
移動の視点　44-46
移動の物語り　53, 146, 167-169, 193, 194
居場所　47, 141-145, 164, 168, 174, 184, 193
異文化結婚　12, 14, 25, 26, 29, 31, 36, 38, 173
異文化適応　23-25, 27, 33-35, 42
「異文化適応」研究　37, 173
「異文化」的結婚　23
インスタント国際結婚　11
インターマリッジ　12-14, 19, 20, 38, 195
永住者　8
エスニシティ　12, 13, 19, 20, 22, 39, 41, 42, 52, 53, 123, 146, 157, 161, 165, 168, 178, 179
越境結婚　15

カ行

改革開放　8, 60, 73, 74, 78, 105, 107, 118, 121, 168, 194
解釈的客観主義　15, 55
解釈的パラダイム　48, 179
解釈と物語り　44, 51
階層性　41
階層問題　41, 42, 59, 151
華僑　7, 78, 79, 106
核家族　66, 71, 87, 89, 132, 134, 151, 154, 160, 162, 169
獲得的地位　124, 178
華人　79
家族の物語り　52, 53
家父長制　24, 27, 29, 42, 47, 92, 94, 118-122, 177, 178
帰化　8, 9, 61, 99
帰納論　55
規範　10, 12, 13, 20, 27, 35, 36, 43-56, 89, 140, 141, 147, 148, 173
規範的パラダイム　35, 47
教育戦略　16, 17, 44, 52, 53, 146-171, 175, 180, 193
境界線　12-14, 30
近郊農村　3, 11, 15, 57, 93, 96, 129, 133, 143, 150, 168, 170, 174, 175, 193
計画経済　77, 130, 152, 183
経済的要因　16, 44-48, 76, 103, 104, 117, 118, 124, 175, 176
結婚難　4, 9, 10, 18, 31, 32, 49, 58, 93-96, 99, 122, 174, 184
行為者　14, 16, 36, 37, 44, 48-53, 139, 143, 145, 147, 173-182, 190, 193
交換理論　19, 20
興し　6, 17
交婚（intermarriage）　12, 13
国際移動　4, 44, 47, 94
カギカッコつきの国際結婚　31, 32, 192
国際結婚紹介所　4, 15, 17, 81, 82, 95, 99, 107, 116, 122-125, 130, 132, 174, 175, 183, 184, 186, 191
国際見合い結婚　9
国籍　4, 7, 9, 12-14, 17, 41, 61, 78, 81, 99
　——という境界線　14

――法　61
国連女子差別撤廃委員会　6
個人化現象　91
子どもの喪失　156
雇用の調整弁　120
孤立した成員　142
混住社会化　11, 93

サ行

再生産力　93, 135, 146, 178
雑婚　12, 13
3歳児神話　148, 149
ジェンダー　16, 21, 22, 29, 46, 53, 83, 104, 118, 119, 121-124, 146, 154, 168, 169, 175, 177, 179, 181, 182
ジェンダー・アイデンティティ　29
市場経済　81, 130, 152, 154, 183
質的研究　15, 43, 53
小姐（シャオジエ）　114-116, 119, 125
社会内部の境界線　12, 13
社会文化的（な）要因　47, 104
弱勢集団　74, 174
ジャパゆきさん　10
周辺化　3, 13, 15, 16, 21, 24, 46, 55, 73, 74, 76, 77, 94, 103, 117, 118, 123-126, 139, 142, 172-183, 192
出身階層　59, 61
準拠集団　16, 126-129, 139-145, 175, 179, 184, 190, 193
準拠枠　126-128, 132, 134-144, 175, 178, 179
渉外婚姻　64, 65, 78-84, 105, 106
女性農民工　74, 76, 194
所属集団・非所属集団　127, 128, 139-144
人身取引　6
シンボリック相互作用論　49-51
ストレス　11, 33, 49, 126, 133, 137, 141, 179
生殖家族　16, 47, 66, 88, 128, 140
生得的地位　124, 178
制度的家族　9, 10, 87
性別役割分業　24, 25, 29, 30, 44, 70, 92, 134,

136, 139, 184, 189
戦争花嫁　26
宗族　70, 71
祖霊観　88
村落文化　72, 73, 174

タ行

打工妹（ダゴンメイ）　76, 77, 174
男女平等　29, 70-73, 83, 121, 134, 135, 150, 153, 174
男尊女卑　69, 73, 118, 121, 150, 153, 174
地域共同体　9
仲介型　30, 94, 168, 174, 192
中国戸籍制度　118
中国人女性に対する呼び方　44
中国民政部　63, 78, 79, 81, 82, 85, 106
直系家族　71, 86, 88-92, 94, 99, 105, 130, 134, 151, 152
地類　96, 97
通称名　61
出会い型　30
定位家族　15, 16, 47, 59, 66, 85, 105, 128, 143, 150, 155
適齢期　84, 107, 108, 119
同化　9, 14, 21, 22-39, 61, 139, 146, 170, 172, 179, 183, 187
「同化」研究　37, 173
「同化」的結婚　23
憧憬維持　122, 124, 174
当事者の解釈　21, 35, 51

ナ行

ナラティブの転換　53
（都市と農村の）二元構造　74
日常生活世界　50, 51
二文化家庭　13
農家の嫁　16, 92, 93, 126-129, 132-144, 146, 147, 150-155, 164, 169, 174, 175, 178, 179, 184
農民工　74-76, 104, 193

ハ行

媒介要因　　15, 95, 117, 122-124, 174
排除の経験　　160, 161, 168
バイリンガル　　21, 156
判断過程　　50, 51
判断作業　　50, 51
判断力喪失者　　50, 178
被害者　　17, 36, 46, 50, 135, 139, 145, 178, 180, 182
二重の非対称性　　22
ピラミッド化　　21
フィリピン人（女性）　　6, 10, 22, 31, 33, 37, 41, 181
付加価値　　97, 119, 155, 158, 166, 167, 180
複合的マイノリティ　　3, 17, 185
父権　　69, 70, 118
プッシュ要因　　16, 44, 47, 48, 69, 86, 103, 104, 106, 117, 118, 123-125, 172, 174, 175
プル要因　　15, 44, 86, 87, 93, 96, 103, 117, 123, 174
文化資本　　59, 150, 166

マ行

マージナル・マン　　158, 160, 166, 167, 169, 180
マイノリティ　　3, 15, 17, 20, 22, 42, 53-55, 139, 145, 147, 168, 172, 184, 185
───の戦略　　147
マジョリティ　　3, 15, 16, 21, 139, 145, 148, 165, 181, 184
ミクロ・マクロ（的研究）　　35, 37, 43, 44, 48, 49, 139, 178
民工潮　　75
面子　　122, 175
物語り　　15　　ほか多数

ヤ行

山形県　　10, 31, 33, 90, 103
友愛的家族　　9, 10
雪だるま式サンプリング　　56, 64
輸出加工区　　76, 120, 183
余所（よそ）者　　20, 21
嫁不足　　15, 49, 86, 93, 94, 174

ラ行

ライフストーリー　　15, 53-56, 180
ラポール関係　　15, 65, 105, 181, 190, 193

著者略歴

1971年　中国・北京に生まれる。モンゴル民族。
2009年　名古屋大学大学院教育発達科学研究科博士後期課程修了。
　　　　博士（教育学、名古屋大学）
現　在　名城大学・愛知学院大学非常勤講師、東京外国語大学アジア・アフリカ言語文化研究所共同研究員
主　著　『移民政策へのアプローチ──ライフサイクルと多文化共生』（共著、明石書店、2009）
　　　　『アジア・太平洋人権レビュー 2009　女性の人権の視点から見る国際結婚』（共著、現代人文社、2009）

国際移動時代の国際結婚
日本の農村に嫁いだ中国人女性

2011年2月25日　第1版第1刷発行

著　者　賽漢卓娜（さいはんじゅな）

発行者　井村寿人

発行所　株式会社　勁草書房（けいそうしょぼう）

112-0005 東京都文京区水道2-1-1　振替 00150-2-175253
（編集）電話 03-3815-5277／FAX 03-3814-6968
（営業）電話 03-3814-6861／FAX 03-3814-6854
精興社・牧製本

© Saihanjuna　2011

ISBN978-4-326-60233-9　Printed in Japan

JCOPY 〈(社)出版者著作権管理機構　委託出版物〉

本書の無断複写は著作権法上での例外を除き禁じられています。複写される場合は、そのつど事前に、(社)出版者著作権管理機構（電話03-3513-6969, FAX 03-3513-6979, e-mail : info@jcopy.co.jp）の許諾を得てください。

＊落丁本・乱丁本はお取替いたします。

http://www.keisoshobo.co.jp

著者	書名	サブタイトル	シリーズ	判型	価格
佐久間孝正	外国人の子どもの教育問題	政府内懇談会における提言		四六判	2310 円
佐久間孝正	移民大国イギリスの実験	学校と地域にみる多文化の現実		四六判	3150 円
児島 明	ニューカマーの子どもと学校文化	日系ブラジル人生徒の教育エスノグラフィー		A5 判	4410 円
清水睦美	ニューカマーの子どもたち	学校と家族の間の日常世界		A5 判	4725 円
宮寺晃夫	教育の分配論	公正な能力開発とは何か		A5 判	2940 円
田中智志	他者の喪失から感受へ	近代の教育装置を超えて	〔教育思想双書1〕	四六判	2520 円
松下良平	知ることの力	心情主義の道徳教育を超えて	〔教育思想双書2〕	四六判	2520 円
田中毎実	臨床的人間形成論へ	ライフサイクルと相互形成	〔教育思想双書3〕	四六判	2940 円
石戸教嗣	教育現象のシステム論		〔教育思想双書4〕	四六判	2835 円
遠藤孝夫	管理から自律へ	戦後ドイツの学校改革	〔教育思想双書5〕	四六判	2625 円
西岡けいこ	教室の生成のために	メルロ＝ポンティとワロンに導かれて	〔教育思想双書6〕	四六判	2625 円
樋口 聡	身体教育の思想		〔教育思想双書7〕	四六判	2625 円
吉田敦彦	ブーバー対話論とホリスティック教育	他者・呼びかけ・応答	〔教育思想双書8〕	四六判	2625 円
高橋 勝	経験のメタモルフォーゼ	〈自己変成〉の教育人間学	〔教育思想双書9〕	四六判	2625 円
教育思想史学会編	教育思想事典			A5 判	7560 円
A.オスラー・H.スターキー 清田夏代・関 芽訳	シティズンシップと教育	変容する世界と市民性		A5 判	3780 円

＊表示価格は 2011 年 2 月現在。消費税は含まれております。